# 寫給
# 庇里牛斯山
# 的情書

馬修・卡爾——著
林玉菁——譯
Matthew Carr

The Savage Frontier

The Pyrenees
in History and
the Imagination

蠻荒與瑰麗、澎湃與抒情，一個歷史與想像中的野蠻邊境

# 目次

地圖一　一七一七年古地圖　7
地圖二　當代庇里牛斯山周遭　8
前言：來自聖山　11

## 第一部：完美邊界

第一章　土地　23
第二章　消失的邊界　37
第三章　「非洲始於庇里牛斯山」　53

## 第二部：跨越庇里牛斯山


第四章　學者、朝聖者與吟遊詩人　73

第五章　戰區　93

第六章　安全天堂　131


## 第三部：魔法山脈


第七章　拓荒者：「發現」庇里牛斯山　165

第八章　訪客　201

第九章　失落王國　247


## 第四部：世界之上的家園


第十章　山民　275

第十一章　野東西　295

第十二章　鬼城　323

後話：過去的未來——二十一世紀中的庇里牛斯山 343
致謝 351
註解 353

地圖一：一七一七年古地圖

當代庇里牛斯山周遭
0
50
100 km
0
50
100 mi
Lambert Conformal Projection
1° E
2° E
3° E
4° E
44° N
43° N
42° N
41° N
洛澤爾省
阿韋龍省
米約
加爾省
塔恩－
加龍省
加龍河
法 國
阿爾比
塔恩
南庇里牛斯山大區
艾豪省
蒙佩利耶
卡斯特
隆格多克－
胡西庸省
土魯斯
上加龍省
貝齊耶
卡卡頌
奧德河
加龍河
歐貝都河
聖高登
帕米耶
奧德省
聖高登
阿列日省
富瓦
薩拉河
阿列日河
蒙特賽古爾
獅子灣
朱紅海岸
奧德河
佩皮尼昂
泰特河
阿內托峰
3404m
埃斯塔特峰
3143m
東庇里牛斯山省
卡爾利特峰
2921m
安道爾
維內－
勒－班恩
卡尼古山2785m
科利烏賀
安道爾城
利維亞
楓－
哈謬
泰什河
勒白度
波文德
斯
山
塞黑
班尼優
艾古埃斯托特斯與
聖莫利西湖國家公園
普威格塞爾達
普威格瑪爾山
2910m
普拉德
克魯斯角
勒莫洛－
拉普萊斯特萊
特爾河
費古埃雷斯
玫瑰灣
希羅納省
特爾河
希羅納
貝古爾角
加泰隆尼亞自治區
維克
布拉瓦海岸
耶達省
巴塞隆納省
馬雷莎
巴利阿里海
特拉薩
馬利斯瑪海岸
巴塞隆納
塔拉貢那省
雷烏斯
塔拉貢那
多拉達海岸

3° W
2° W
1° W
子午線
44° N
43° N
42° N
41° N
大 西 洋
比 斯 開 灣
馬奇查可角
伊古埃爾角
洛特－加龍省
阿讓
朗德省
蒙德瑪森
亞基丹大區
阿度爾河
達克斯
熱爾省
奧許
巴約納
比亞希茲
畢爾包
聖賽巴斯提安
亨岱
拉渾那山907m
大西洋庇里牛斯省
雷薩卡
蘇加拉穆爾迪
基普茲科亞
巴茲坦
阿邁烏爾
（瑪雅）
波城
古爾
阿度爾河
塔伯
巴斯克
自治區
露德
上庇里牛斯省
歐希峰
2017m
隆塞斯瓦耶斯
巴格內－
德－畢高爾
奧博內
畢高爾中峰
2872m
索拉烏倫
奧索中峰
2884m
圖爾瑪萊隘口
維托利亞－蓋斯泰茲
科特黑
潘普洛納
內烏維耶勒峰
3091m
松波特隘口
維涅馬雷峰
3298m
加爾瓦涅
納瓦拉
佩迪多山
3355m
波賽特峰
3303m
哈卡
庇
馬拉德塔峰
3312m
艾伯洛河
洛格羅尼奧
里
牛
奧德薩與佩迪多山國家公園
拉里歐拉
烏埃斯卡省
圖德拉
烏埃斯卡
卡斯提亞
與雷翁自治區
阿拉貢自治區
札拉戈薩
耶達
索利亞
札拉戈薩省
艾伯洛河
西 班 牙
卡斯提爾－
拉曼查自治區
特魯埃爾省
艾伯洛河
瓜達拉哈拉省
卡斯特利翁省

# 前言：來自聖山

我們並不是那些腦袋裡只裝著書本，只接收書本刺激的人。我們習慣在戶外、散步、跳躍、攀登、跳舞時思考；最好是在孤獨山區或海濱，在這些地方，就算小徑也令人沉思。

——尼采，《快樂的科學》1

二九六九英尺（九百零五公尺）高，法語稱為拉潬那山（La Rhune），巴斯克語則稱拉倫山（Larrun）的一座庇里牛斯山峰，比起中部庇里牛斯山脈舉目可見的一萬英尺（三千公尺）高峰，理論上不算是特別困難的挑戰。拉潬那山削尖的錐形峰頂跨越法國—西班牙邊界，此處正是法國大西洋庇里牛斯省（Atlantic Pyrenees）開始由平緩的海岸線升起，往南接西班牙納瓦拉行政區（Navarre），北接法屬巴斯克區的拉布爾省（Labourd）。對於縱走庇里牛斯山從大西洋到地中海的登山客來說，拉渾那山不過是塊墊腳石，經此往東邊更高的山群。半天時間就能輕易上下，法西兩國家庭經常以此為週末健行去處。

數以千計一日遊的遊客也搭乘登山鐵道「拉渾那山小火車」，從法國這一側的聖伊格那斯山口（Col de Saint-Ignace）直通山頂。有些人在山頂餐廳用餐，活動筋骨，享受山區景色。有些人則是受到拉渾那山的聖山祕史所吸引。這裡的山坡上散布著新石器時代巨石群，而山頂則在十六、十七世紀時，一度與魔法、驅魔與魔宴（*akelarre*，原意為公山羊牧場）——巴斯克用語，意指女巫的神祕集會——有關聯。晚至十八世紀時，會有一位修士長居山頂阻止黑暗力量接近。

今日，絡繹不絕的遊客讓這類監守看似多餘。二〇一五年八月，有史以來最熱夏季中最熱的一天，我與妻女徒步登上聖山。拉渾那山雖然相對不高，但陡坡與炙熱仍令這次攀爬出乎意料的辛苦。晴空萬里下緩慢沿著石徑而上，經過土色的庇里牛斯山牛群，以及小群野生波托克（Pottok）矮腳馬，我們很快變得疲累不堪。拉渾那山過去曾覆滿森林，然而多數樹木早已遭到砍伐，清空成了牧草地，或供應給法國、西班牙海軍木料。有少數殘留了下來，在我們上山的半路上，便有一處高大松樹林讓我們停下來午餐。一小群波托克馬也在此乘涼，靜靜佇立著，帶著惠特曼（Walt Whitman）在動物身上觀察到的淡漠毅力與純真。

看見我們用餐，幾匹馬緩緩朝我們走來，期待地磨蹭我們的帆布背包。不久之前，才因為製作臘腸，幾乎遭到趕盡殺絕的這些美麗的動物，牠們晶亮的眼神令人難以拒絕。我們分享了一些野餐食物，我回望大海藍天，沉浸在置身庇里牛斯山間常有的狂喜時刻，暫時脫離二十一世紀歷史亂流，重新連結永遠平靜且仁慈安穩的山岳世界。感覺如此愉悅，我甚至不想再踏回炙熱之中，繼續蹣跚的登頂路程。

很快地，山徑逐漸陡峭，周遭有幾十名登山客或是沿著彎曲山徑徒步往上，或是直接攀爬半埋在土裡像是巨大墊腳石的岩塊。抵達山頂時，女兒跟我臉色泛紅缺水，一邊在擁擠的遊客中心裡大口灌下含糖飲料，一邊等著妻子會合。無論拉潭那山過往如何，目前山頂這些餐廳、咖啡廳與紀念品店可說是毫無神聖氣息可言。在一堆野餐的家庭與登山客的下方，可以看見登山鐵道在小拉潭那山（La Petite Rhune）的上方，沿著陡峭的岩脊像蜈蚣一樣蜿蜒向上，以及西邊湛藍的大西洋。我們的東邊則可以見到庇里牛斯山脈削瘦的群峰消失在藍色霧靄中，一路朝向兩百七十英里（四百三十五公里）外的地中海而去。

從我們所在之處，可以看見法西邊界上的亨岱鎮（Hendaye）。一六五九年，法國與西班牙的首席部長在此地簽下「庇里牛斯條約」（Treaty of the Pyrenees），正式劃定兩國的政治邊界。順著海岸線往北，可以看見聖尚—德呂茲（Saint-Jean-de-Luz）；一六〇九年，邪惡的法國法官皮耶．德．朗克（Pierre de Lancre）在此成立總部，主導了歐洲歷史上最致命的獵巫行動之一。更遠處則是巴約納（Bayonne）；一八〇八年，拿破崙在此迫使天真愚蠢的西班牙國王查理四世遜位，將兄長約瑟夫推上西班牙王位。這次帝國擴張點燃西班牙歷史上最恐怖的戰爭之一。

這場戰爭在一八一三年秋天結束，當時西班牙─英國─葡萄牙的聯軍在未來的威靈頓公爵（Duke of Wellington）亞瑟．衛斯理（Arthur Wellesley）的領導下，將法軍逐出西班牙。這場戰事稱為「庇里牛斯山戰役」（Battle of the Pyrenees）。一八一三年十一月八日，威靈頓從我們所在的同一處山頂，眺望山下的法國士兵正在小拉渾那山建築壁壘，這是對抗半島軍隊跨越尼維爾河（Nivelle River）的最後一搏。「這些人認為自己堅不可摧，但我將擊潰他們，輕而易舉。」威靈頓信心滿滿地向心懷疑慮的軍官宣布。兩天後，英軍狂掃拉渾那山上的法軍據點，並大破法軍的防守線，這條十七英里（二十七公里）長的戰線由大西洋延伸至位於納瓦拉的隆塞斯瓦耶斯隘口（Roncesvalles Pass）。

從拉渾那山往下眺望，四處都是歷史。從山頂可以看見一九九五年我曾駕車經過的海岸道路，當時我和廣播節目製作人一同前往巴約納錄製一部廣播紀錄片，是關於西班牙政府僱用殺手，在南法暗殺巴斯克分離組織ETA（全名為「巴斯克祖國和自由組織」〔Euskadi Ta Askatasuna〕）的成員。就在邊境前，我們在同一條路上停下車，徒步尋找社會主義政府僱傭兵曾用來藏匿護照、槍枝與金錢的貨櫃。當時我沒注意到俯瞰這條公路的山脈。此刻，二十年後，我再次前來拉渾那山，不只是要觀賞眼前景象，而是為了寫一本關於庇里牛斯山及其歷史的書。

這個決定需要再進一步解釋。拉渾那山並不是我的首次庇里牛斯山脈之旅。一九九〇年代住在巴塞隆納期間，我經常駕車或搭火車前往庇里牛斯山城鎮村莊，例如利貝斯—德弗雷瑟（Ribes de Freser）、坎普羅登（Camprodon）、歐洛特（Olot）或貝格特（Beget），或靠近法西邊境的努利亞山谷（Vall de Núria），或者到更遠的艾古埃斯托特斯（Aigüestortes）國家公園與阿拉貢地區（Aragon）雄偉的奧德薩峽谷（Ordesa Canyon）。有時我在附近走走或開車到處看看，或者在山裡度過週末，但當時從未想過關於庇里牛斯山的寫作。二〇一四年夏天，我再度前往奧德薩，為一本背景設定在十六世紀庇里牛斯山的偵探小說進行研究。當時我已多年未曾來到庇里牛斯山，可能是因為年紀關係或太久沒來了，那個夏天讓我意識到自己過去未曾充分地欣賞到它們的美麗雄偉，而至今我仍不時為之觸動。

這些山岳令人驚豔，不僅來自觸目可及的自然之美；這些並不讓我驚訝。反而是那些已經出現在我的小說中，我們散步或駕車會經過的城堡、羅馬式教堂、哨塔、中世紀古城鎮及村落，是它們不斷提醒我流經庇里牛斯山豐富且錯綜複雜的歷史洪流。我第一次發現，這段歷史也值得以小說之外的形式書寫。

至少在英語世界中，我知道這段歷史還未被道出。庇里牛斯山的歷史經常以片段方式呈現，被視為山脈兩側國家重要歷史的附帶，或是健行者、登山客或遊客的指南中生動畫面的裝飾。就我所知，英語世界中還沒有專書以庇里牛斯山的歷史文化為主題進行寫作。寫作這本書的意圖，不僅是填補這段空白。多年來，我一直想寫一本關於地景與場所的書，探索真實與想像之間的互動，亦即拉丁文中所稱的「場所精神」（*genius loci*）。

在那個夏天，我突然明確感受到這樣一本書的主題就在眼前。如同西蒙．夏瑪（Simon Schama）曾說，一切地景都是「心智地景」，不單受到具體部分，更受到關於它們的思考、記憶與書寫所定義。[2] 庇里牛斯山的場所精神，無疑與作為國家、文化及文明之間的邊境區域這樣的歷史角色不可分割。庇里牛斯山作為「野蠻邊境」的強烈印象，不只是歸屬於地理與地緣政治，更是心智建構出來的，也經常模糊扭曲了庇里牛斯山在歐洲及世界史中的真正定位。山岳相關書籍經常圍繞著類似主題：登山者與登山、艱難與存活下來的故事以及征服了知名高峰——關於這些壯麗、危險與體能挑戰，多數讀者都傾向隔著安全距離沉思，而非親身體驗。我也曾是這些讀者之一，但這些並非庇里牛斯山吸引我的原因。庇里牛斯山的歷史不只是在頂峰與高山探險，同時也是關於戰爭、難民及異議人士的偷渡、國家與文明衝突、觀點與藝術形式的流動，還有那些投射在山景上持續轉換著的印象與預期，這是在人類開拓居地的漫長歷史中，關於一座山的諸多不同想像。

庇里牛斯山同時作為邊界以及邊境區域，在「真實」與想像之間，這些矛盾從本質上吸引著身為作家的我。但若對自己夠誠實，寫這樣一本書，其實更是出自個人情感。十一世紀入仕日本宮廷的清少納言，也是《枕草子》的作者，曾整理出「讓心跳加速的事物」清單。我的清單上肯定包含山岳。我生命中最快樂、最值得回憶的某些時刻，就是在丘陵與高山健行時。

羅伯特・麥克法倫（Robert MacFarlane）曾對登山者寫下扣人心弦的觀察，認為他們「半是愛上湮滅之感」。[3]但這從來不是山岳對我的吸引力。我並不攀登，也寧可避開毫無遮蔽的山徑、深谷與陡降。但我確實熱愛山岳。我愛它們的寂靜，不同於世上任何其他寂靜。我熱愛它們的體能挑戰、它們的戲劇性、美麗與超脫塵世的空無。我熱愛手腳並用地爬過裸岩、越溪、在滿是岩石巨礫的路段涉過雲海，然後在一天辛苦攀爬後輕鬆穿越山林下山。我熱愛屹立於前的高山，也熱愛在山頂向下俯視——但會避免靠近懸崖。我熱愛山岳帶來的友誼，跟健行山友或山上人家談天說地。

關於山岳與湮滅的關係，山通常在我內心激起一種十分不同的反應。威廉・哈茲利特（William Hazlitt）在〈論死亡恐懼〉（On the Fear of Death）一文中曾建議，若我們更關注百萬年前進入世界之前的「前生存狀態」，而非「死後的存在」，死亡將顯得不那麼恐怖。[4]山岳地景特別會讓人想起那種「前生存狀態」。山岳甚至比人類出現在地球上還要更早了好幾百萬年，它們豎立起人類渺小短暫的明證，而這總是讓我感到謙卑、寬慰，且止不住地振奮。「我請求曾登上全球一些頂峰的人來見證，」偉大的庇里牛斯山科學家與探險家路易—法蘭索瓦・哈蒙德・德・卡邦尼耶荷（Louis-François Ramond de Carbonnières）這麼寫道：「是否有任何一個人不曾有重生的感受？是否有任何一個人當他將他的軟弱、體衰、憂慮、困頓——簡言之，就是存在體比較脆弱的部分以及內心的傷口——留在山腳下時，不曾感到驚訝？」[5]

不論路程多麼困難，每次登山歸來，我總覺得身體比出發時更輕盈，生命力更強烈。過去幾年，我也在英國與歐陸地區帶領健行團，隨著步入了六十歲的年紀，我逐漸意識到終有一天我將無法再度入山。那時我將像十七世紀日本旅人及詩人松尾芭蕉一樣，「唯弱如扶病，雙眉含霜」①，再也無法行走於高峭山徑。[6]因此書寫庇里牛斯山不僅是一次寫書的機會，也是再次進入山岳的機會，並將我生命核心看似相互矛盾的書寫與行走這兩種活動，合而為一。

我無法像雨果一樣，一邊徒步於庇里牛斯山，一邊寫下註記。但我可以試著寫出一本尼采設想過的那類書，也就是抽離出圖書館與作家書房「罩住的天花板和圍閉的空間」。[7]書寫庇里牛斯山歷史時，自然應當盡可能待在山裡，設法看見並體驗他人曾經看見並體驗的一切。這些種種相異的動機與渴望成就了這本書。

接下來將呈現的，不是旅遊指南或健行筆記，亦非完整歷史，而是對於我感興趣的庇里牛斯山歷史文化面向的個人探索。這些篇章中，讀者不只將發現步道、山脈與頂峰，還有藝術家與詩人；溫泉鄉與集中營；牧羊人、中世紀修士及封建領主；包．卡薩爾斯（Pau Casals）的音樂（英語世界通常稱為帕布羅．卡薩爾斯〔Pablo Casals〕）；喬治．桑（George Sand）與波特萊爾的文字；熊及其慶典；十字軍、女巫及宗教審判官；無政府主義游擊隊與難民。追隨他們與我的步伐，我希望讀者能更了解並賞識歐洲最偉大的地景之一，感受我站在拉渾那山頂以及這片雄偉山脈的各處之時，內心經常升起的殊榮、著迷與感激。

①譯註：文出《奧之細道》卷尾第四十五〈素龍跋〉。素龍為芭蕉同時代歌學者、書法家，一六九二年冬與芭蕉相識，受託繕寫《奧之細道》原稿。

# 第一部：完美邊界

王國之間的高牆壁壘，足以抵禦征服者及敵方大軍進攻。這就如法國與西班牙之間的庇里牛斯山，或法國與義大利之間的阿爾卑斯山。

——尚・法蘭索瓦神父（Jean François），《地理科學》（*La science de la géographie*, 1652）

# 第一章　土地

山脈之所以成了神話寓言長期流傳下來，大致不脫以下因素：低矮處缺乏隘口、或是沒有縱谷能夠深入一系列山脈的核心，而且它位於國與國之間往來動線之外，確切成了彼此的政治邊界，最後還有時勢因素。這一切以一股特殊的力量，在庇里牛斯山同時運作著。

——《地理期刊》（*The Geographical Journal*, 1984）[1]

《世界朝聖》（*Perigrinación del mundo*, 1680）一書中，十七世紀西班牙的傳教士佩德羅．古貝羅．賽巴斯汀（Pedro Cubero Sebastián）警告讀者要注意「庇里牛斯山，在古代的宇宙學家之間是如此著名，又如此難以穿越……峰頂看似滑落開來，彷彿要倒向行經此地之人；那裡什麼都沒有，只除了因為嚴苛天氣或被巨石壓覆而喪命於此的死者屍體；無疑地，越嶺者難免心驚膽顫」。[2]古貝羅誇張地喚起這些恐懼並非特例；當時歐洲旅人經常以類似語詞描述山岳。但他形容庇里牛斯山為「難以穿越」的地景，是許多庇里牛斯山作品中熟悉的主題。大多關於它們的歷史，都將庇里牛斯山描繪成難以穿越的「牆」，是人類行動的障礙，或是橫阻於部落、文化、帝國、國家之間。此種意象，透過持續反覆傳播，傾向將庇里牛斯山定義為荒蕪、艱困與難以抵達的地景，完全符合古法文對此地的描述：「野蠻邊境」。

現代旅人則傾向賦予庇里牛斯山更正面的特質。一九五〇年代，英國外交官羅賓・費登（Robin Fedden）在他經典的馬拉德塔山（Maladeta，庇里牛斯山的一部分）這座「迷人山岳」的登山探險回憶錄中，寫下「那種不真實感，感覺像是被施了咒的地景，是旅行者在庇里牛斯山區會一再注意到的」。[3]十九世紀末旅經安道爾（Andorra）與中庇里牛斯山的英國政治家哈洛德・史班德（Harold Spender）則認為：「庇里牛斯山的高山景致有某種近似超自然的東西，缺乏和緩的前景來消除山岳的蠻荒……就像身處月球上的山脈，有著愈顯冰冷的地殼。這是夢中的奇思異想之景。」[4]在《山》（*The Mountain*, 1872）一書中，法國史學家朱勒・米歇雷（Jules Michelet）做出了比較：「庇里牛斯山驚人的魅力……那些怪異且看似不相容的部位，卻以難以言喻的神來一筆和諧地彎曲成一體，」相對之下，「雄偉山脈背後潛藏的野蠻恐怖，就像躲在青春美人面具下的怪物。」[5]

無論正面或負面的想像，這些庇里牛斯山「野蠻」的重現，除了反映庇里牛斯山本身的奇特及殊異之外，更映照出了旅行者對於這樣一座山脈——從一開始吸引外在世界的注意後，就無止盡地被塑造與重塑——所提出的假設。古典時期的地理學者認為庇里牛斯山的名稱取自貝布利克斯王（Bebryx）的女兒比琳（Pyrene）；仍為處女之身的她在大力士海克力斯正要前往對抗怪獸格里昂（Geryon）之時，遭其酒醉性侵。在布匿戰爭史詩中，羅馬詩人西利烏斯．伊塔利庫斯（Silius Italicus）描寫比琳如何逃進山區，後來卻遭野獸撕成碎片。海克力斯酒醒後充滿悔恨，決心找回比琳屍首給予安葬。懺悔的英雄在找回比琳四散肢體時，喊叫著她的名字，直到「高山頂為吶喊聲重捶著，也不禁為之顫抖；高聲悲嘆中他呼號著比琳；所有山崖與野獸棲地迴盪著比琳之名」。[6]

其他地理與歷史學者則認為庇里牛斯山（Pyrenaei Montes）一名，源於凱爾特語的*pyren*或*pyrn*，意為「高山」。有些人認為庇里牛斯山名源自古希臘國王庇魯斯（Pyrrhus），傳說中他曾炸開穿越山脈的隘口，焚燒森林開通道路。在西元前六十至三十年間寫成的《歷史叢書》（*Bibliotheca historica*）中，希臘地理史學家西西里的迪奧多羅斯（Diodorus Siculus）宣稱庇里牛斯山是由古代牧人引燃的一場大火所創造，大火燒盡整座山脈，並留下「大量銀溪」及「大量濃密森林」的遺跡，且這些在當時都還看得到。[7]

庇里牛斯山的位置與範疇也有爭議。希羅多德（Herodotus）認為庇里牛斯是座城市，而非連綿山脈。希臘地理及歷史學者史特拉博（Strabo）將伊比利半島（Iberian Peninsula）比擬為「一張由西向東整個撐開來的牛皮，前端（頸部）朝東，寬幅則是南北向的」，並且不正確地形容「綿延的山脈不受阻地由北向南一路延伸，將凱爾提卡（Keltica）與伊比利分隔開來」。[8]直到十六世紀，西班牙編年史家仍舊認為庇里牛斯是源自一場人為大火，讓山脈因此覆滿森林、露天銀礦與其他貴金屬。

阿拉伯史學家摩爾人安達魯斯．阿赫麥德．伊本．穆罕默德．馬卡力（Al-Andalus Ahmed ibn Mohammad al-Makkari, 1578-1632）形容庇里牛斯山為「隔開安達魯西亞與大陸的山岳屏障，在那裡包含了許多不同的語言。山區有數個隘口或關口，這些是在一名希臘國王的令下，利用火、醋及鐵在岩石上開鑿出來的。在他之前，安達魯西亞與大陸之間並無交通。」[9]即使在當時，馬卡力都還未能完全確定庇里牛斯山的地理位置或方位，他形容這些隘口面向馬約卡島（Majorca）和米諾卡島（Minorca），換句話說，面向東方而非南方。

## 史前史

距離地質學家、地理學家與科學家首度將庇里牛斯山納進地表的整個歷史之中，不過才兩百年出頭。現在我們知道，整個山脈的形成是經過了抬升及摺曲過程，地質學者稱為造山運動，明確來說是發生於三億七千萬年到兩億九千萬年前的華力西或海西造山運動（Variscan / Hercynian Orogency）。當時伊比利小陸塊旋轉並撞上歐亞大陸板塊的南緣。千百萬年來，這些巨大的板塊壓力將柔軟的伊比利沉積陸塊，擠向較堅硬的石英岩，庇里牛斯山高原上至今仍以此類岩塊為主。撞擊結果大約於一億至一億五千萬年前的白堊紀早期，形成長達五百英里（八百公里）的坎特布連—庇里牛斯山脈（Cantabrian-Pyrenean）。

三千五百萬至四千萬年前，第二次撞擊使坎特布連—庇里牛斯山脈再次抬升隆起。隨後又於一千一百萬年前發生了另一波地質運動，讓庇里牛斯山在一千萬年間累計增加了約三千三百英尺（一千公尺）。這些地殼的巨大騷動造成了這片山脈，連綿長達二百七十英里（四百三十五公里），最寬處則有八十英里（一百三十公里）。坎特布連山從大西洋岸緩緩升起，然後一路延伸到地中海岸的克雷烏斯角（Cap de Creus）。事實上，庇里牛斯山系包含了二座山脈，第一座始自大西洋岸邊，一路往東及往南朝向阿蘭山谷（Val d'Aran）延伸；從阿蘭山谷又興起另一道山脈略微向南，然後消失在地中海岸。氣候變化及侵蝕作用又更進一步形塑地貌，削磨刻蝕著山脈南側的石灰岩主體，形成聳峭山脊及刀鋒般尖銳的岩石形態，足以輕易割裂手腳。

山脈各處都可以發現這些地質激變的證據：例如整片由山上滾落的巨石，法國人稱為「亂石」（*le chaos*）；加爾瓦涅冰斗（Gavarnie Cirque）上，岩石碾壓成一騷亂巨作，層理、渦漩與斷層線以驚人的方式繁複交構，讓十九世紀製圖師法蘭茲・施瑞德（Franz Schrader）一度形容為「地質詩」；在納瓦拉與阿拉貢的淺色石灰岩喀斯特地形，受到風化及水蝕作用的削尖、鑿穴及挖空，形成奇詭的異世界地景；在森林中突然拔地而起的巨大岩塊，彷彿是天外掉落的彗星碎片。

庇里牛斯山冰川所屬的沃姆（Würm）冰原，大約在七萬年前第四冰河期的第三階段中也覆蓋了阿爾卑斯山，但庇里牛斯山的覆冰範圍比較少。不像阿爾卑斯山，庇里牛斯山下方谷地中冰河融灌成的大型湖泊較少，但山區卻充滿水源，從河川溪流、瀑步、小型湖泊到冰蝕湖，打破山脈兩側高山的荒涼景象。庇里牛斯山大型瀑布多半分布在法國那一側，例如有六、七條溪流由四面八方向西班牙橋（Pont d'Espagne）下方匯集成澎湃洶湧的急流，再向下傾瀉到原本為溫泉鎮的科特黑（Cauterets）。板塊運動同時也給予庇里牛斯山豐富的溫泉與地下伏流，形成歐洲幾處最大型的洞穴。

庇里牛斯山素來以難以接近的障壁聞名，這並非來自高度。這座山脈低於阿爾卑斯山，也比歐洲其他山系低矮。史湯達爾（Stendhal）曾稱此為「侏儒山」，並戲稱自己根本找不到它。[10]山脈最高峰是阿內托峰（Pico d'Aneto），高一一一六八英尺（三千四百零四公尺），比西班牙境內最高峰，位於安達魯西亞內華達山脈（Sierra Nevada）的穆爾哈森峰

（Mulhacén）還低，後者高一一四一三英尺（三四七八・六公尺）。而阿爾卑斯山脈擁有上百座超過一萬三千英尺（三九六二公尺）的山峰。不像庇里牛斯山，阿爾卑斯山很少被形容為屏障，這種形象部分來自地形，部分則歸功地理。看一下阿爾卑斯山的地勢圖，你會發現彎刀狀山勢，由義大利蜿蜒向奧地利與斯洛維尼亞延伸，七百五十英里（一千二百公里）的弧形受到一系列縱向谷地劃開，並包含許多其他山脈。

相較之下，庇里牛斯山實際上是將伊比利半島與歐洲其他部分隔開，只有山脈兩端幾英里不受阻攔。兩側之間有幾十個平行山谷，垂直開向南北兩側，就像從脊椎延伸出去的肋骨。除了東西兩端狹窄的海岸地帶，這些山區被數十個關口或隘口——通稱為西班牙文的「大門」（*puerto*）——切開，但這些開口有許多到了冬天仍舊難以通行。在主要關口之間還有諸多更小的山路和小徑，幾世紀以來成為走私客、牧羊人與難民的途徑。因此，從遠方看去，庇里牛斯山非常形似一堵巨牆，這種印象在法國側看起來特別明顯。從波城（Pau），或更東方的露德（Lourdes）及阿列日（Ariège）往庇里牛斯山接近時，它們看似籠罩了整個地平線，絕對符合法國地理學者艾曼紐・德馬東（Emmanuel de Martonne）的形容：「法國邊境最巨大難破的壁壘。」[11]

從法國側切進山區的狹窄森林谷地並未稍減這樣的印象，因為它們會隨著眾多溪流（gave）中的一條往上攀爬，朝著由山坡或峭壁邊緣猛然奔騰而下的瀑布接近。在西班牙側則顯得和緩多了，隨著寬闊平原轉為丘陵，山勢逐漸開展，往上一路跨過賽格雷河（Segre）、蓋耶格河（Gallego）、辛卡河（Cinca）與阿拉貢河等庇里牛斯山的大河。從札拉戈薩（Zaragoza）與烏埃斯卡（Huesca）之間如月球表面的不毛之地推進，一直要到越過了烏埃斯卡附近由多節瘤的紅色岩石形成的巨大窪地後，庇里牛斯山的高山峻嶺才會進入眼簾。庇里牛斯山在歷史上作為障壁的印象，通常來自冰河侵蝕而成的冰斗，這些被稱為「粥碗」（*oule*）、到處增生的冰斗，是中央庇里牛斯山的特色。任何見識過加爾瓦涅巨大的圓弧峭壁或阿拉貢自治區裡奧德薩峽谷的索沙冰斗（Cirque de Soasa）的人，立刻就能理解庇里牛斯山為何經常被描述成人類遷移的障礙。

乍見時，這些令人震撼、心生敬畏的天然屏障似乎坐實了庇里牛斯山難以跨越的歷史聲名，人類必須冒著生命危險跨越。但是對於不斷在蠻荒與田園景致之間交錯變換的這片地貌來說，嶙峋荒蕪的高原只是其中一部分罷了。單單一天的徒步行程，就可能從白樺與橡樹林走過，然後穿越滿是綿羊和馬的豐潤山谷，以及錯落著巨石或銳利石灰岩塊如月球表面的荒蕪土地，最後下降到似乎難以有任何生命存活的陡直峽谷。而就在荒涼景象開始令人感到壓迫甚至心生畏懼之時，你會發現自己在涼爽的巨木森林包圍下，開始沿著清透溪流或山湖，穿越草原谷地。

再次地，從山脈一側跨向對側時，這些變化最是明顯可見。在法國側，庇里牛斯山通常潮濕翠綠，較少直接曝曬在陽光之下，特別是山脈西側因為鄰近大西洋，維持著較為涼爽濕潤的氣候。南側則受到地中海吹來的強烈東風或稱黎凡特風（levanter）的影響，形成更乾燥、日曬的崎嶇岩石地表，布滿杉樹與山松。你若在白天由法國村莊萊斯孔（Lescon）進入西班牙，一開始將步行穿越古老落葉林、翠綠原野與綿延牧地。不到兩小時，森林開始消失，經過一段陡峭的爬坡後，會來到最後一處牧羊人共享小屋（*cabane*），接著進入碎石巨岩形成的嚴酷地貌，完全印證了十七世紀英國人對於這座山脈的形容：「大自然的垃圾箱」。從這道正好位在佩特拉切馬峰（Petrachema）下方尖銳的山脊開始，你會隨著一條彎曲小徑踏入西班牙，然後下降至白色石灰岩形成的陡峭峽谷。峽谷中一景一物全都顯得尖銳、焦黃與荒涼，直到最後你再度沒入松杉林中。而此地的松杉林也比法國側來得蒼白稀疏。

訪客常常會提起這些氣候和土地的差異，將西班牙庇里牛斯山的「野蠻」與法國側的宜人可親作比較。但這類分野並非總是涇渭分明，法國與西班牙兩側的冬季同樣漫長嚴峻。直到最近，山脈兩側的隘口都經常為大雪所阻，其中部分隘口過去曾長達數月時間難以通行。在庇里牛斯山的歷史中，大雪、雪崩與山洪都是家常便飯，直到近年來才因為重新植林、擋雪設施與河渠興建而獲得緩解。庇里牛斯山氣候以難以預料且不穩定而惡名昭彰，一如黑王子愛德華（Edward the Black Prince）的軍隊跨越隆塞斯瓦耶斯隘口入侵西班牙時所發現到的。

一晚，我跟朋友史帝夫抵達加爾瓦涅冰斗附近羅蘭隘口（Brèche de Rolande）下方的山屋。就在即將到達山屋之前，我們跨過一條還沒超過腳踝的小溪。當晚大雨傾盆，到了次晨小溪已經長成洶湧急流，風勢強大到人們建議我們最好下山，改從更西邊的布哈盧埃羅港（Puerto de Bujaruelo）進入西班牙。我們一整天都在涉水跨越一條又一條溪流，風勢大到有時甚至可以讓人躺臥風裡，或將手中的地圖扯掉。

另一次，我帶領一群人進入阿拉貢庇里牛斯山區。抵達時的溫度高達華氏九十三度（攝氏三十四度），隔天我們在雷雨冰雹中前進時，降到了四十三度（六度）。

這些變化與對比都屬於這片山區地貌的一部分，數千年來擊退、吸引卻又重挫了無數旅人。與地質學家或史前地理學者以百萬年計的漫長壯闊時間尺度相比，現身於庇里牛斯山才不過千年的人類足跡，只不過是一條微不足道的註腳。第一批採集狩獵者開始在比較低的庇里牛斯山腳下形成聚落，也不過是四萬年前的事。其後代子孫開始由狩獵轉向牧養牛羊，則是一萬兩千年前最後一次冰河期結束時。

在那樣短的時間裡，人類改變了庇里牛斯山。他們建立鄉村、城鎮及都市，設置了道路、橋樑以及鐵路。他們建造蓄水池，引導山區裡的湖泊與河水用在水力發電系統上，為山脈兩側部分大都市供應電力。他們還建造了城堡、修道院及滑雪勝地。他們在山脈底下炸出隧道，在其深處與表面開挖鐵、銅及其他金屬。人類砍伐大片森林作為木材或燃料，用來建造船隻或開發成新的牛羊牧地。某些動物遭到捕獵以致絕跡，同時人類又引進新物種。

在這段人類聚落形成的漫長世紀以來，庇里牛斯山也在歐洲與世界歷史上取得獨特地位，雖然並非一直受到認可。「數世紀以來，庇里牛斯山經常站在歷史主流之外；這塊域外之地，只有牧羊人、獵人與走私客知曉。」二〇〇二年《每日電訊報》（Daily Telegraph）上一篇旅遊報導如此寫著。[12]這一傳諸後世的庇里牛斯山標準印象經常被提起，用以塑造出一種謎團般的歷史氛圍與觀光上的吸引力，卻也略去了很大部分。首先，庇里牛斯山實際上就算有也極少置身世界歷史「之外」。相反地，重複的事件讓世界歷史一再地穿越這座山脈。在很多時候，國家與帝國的命運都操縱在庇里牛斯山上的交戰及圍攻。打道庇里牛斯山偏遠隘口的軍隊，曾經推翻國王，也讓政府改朝換代。一八一三年秋天，歐洲的政治未來更是懸在納瓦拉與巴斯克區庇里牛斯山口上展開的幾個星期的壯烈抗爭。

庇里牛斯山地景的獨特性及其處於法西邊境的地理位置，共同賦予了它在歷史上特殊的形貌與紋理。隨著法國、西班牙或歐洲歷史的潮流變化，這座山脈有好幾回都成了難民、異教徒與異議人士這類人生死交關的邊界，他們從山脈的這一側跨越到另一側，逃離戰爭或宗教迫害。數世紀以來，庇里牛斯山形成歐洲基督教王國與伊比利半島伊斯蘭文明之間的實質分野，也是中世紀基督教學者、修士與朝聖者穿越山脈尋求知識或救贖的主要門戶。

庇里牛斯山遠非域外之地，它堅實地屬於兩側這兩個偉大國家的歷史，同時更屬於歐洲與世界史的潮流。這些互動的證據散布山脈各處：古代的山洞壁畫；聖地牙哥德孔波斯特拉（Santiago de Compostela）朝聖之路上，葬有中世紀朝聖者的墓地；偏僻山野村落墓石上的銘文；慶典時，村人裝扮成熊與處女；阿蘇斯特（Assouste）這裡的人在十二世紀時為聖地牙哥朝聖者興建了一座羅馬式教堂，教堂上有兩個精巧的石刻天使拿著耶穌聖名頭兩個希臘字母；在大革命後遭到夷平的門楣上仍留著保皇黨鳶尾花飾；十六與十八世紀時，貝恩（Béarn）的村落裡，一家之長姓名前加綴著「萬歲」（*Vive*）；奧索山谷（Vallée d'Ossau）一座村落教堂裡的怪異雕像，是露出陽具的男性與拉起裙角的女性；廢棄的高山鐵道；牧羊人小屋與地處偏遠的隱士居所；許多紀念匾牌、歷史遺跡與「紀念性風景」，讓人回想起戰時危險的橫越、逃亡、鬥爭、戰役與傳奇將領。

很難想像世上還有其他山脈是如此地深入歷史，讓世界歷史潮流不時來到其中。不但不是域外之地，庇里牛斯山反而是我們世界的鏡子，映照出所有愚蠢、悲劇、殘酷與可笑。庇里牛斯山歷史也可以是個研究案例，關於一幅富於想像的創造景致，以及人類以不同方式投射出自身的恐懼、慾望及文化臆斷到自然世界裡——特別是山岳地景之中。藝術家、詩人與作家全都對庇里牛斯山的獨特地景作出回應，有些人來到山上創作，並以雕刻、繪畫、壁畫或具精巧之美的教堂等形式，在地景中留下印記。其他人則將意象與描述帶回外在世界，成為十八世紀以降，庇里牛斯山想像重構的一部分。

同一時期，科學家、登山客與探險家也開始深入庇里牛斯山。他們的探索旅程揭開幾世紀來圍繞著山岳的神話寓言與無知。他們的書寫也成為現代世界「發現」庇里牛斯山的一部分。觀光客與旅人；畢卡索與查爾斯．雷尼．麥金塔（Charles Rennie Mackintosh, 1868-1928）；托洛茨基（Leon Trotsky）與吉卜林（Rudyard Kipling）；庇里牛斯山溫泉鄉遊客；加泰隆尼亞民族主義詩人與健行者；環法自行車賽的法國車手；尋找卡特里派（Cathar）①失落寶藏的神祕納粹研究者；走私客與牧羊人。這些訪客都留下本書將追尋的足跡。

①譯註：卡特里派，又稱純潔派，其名稱源於希臘文katharoi，為「清潔」之意。為中世紀基督教教派，興盛於十二、十三世紀的西歐地區。卡特里派起源於巴爾幹半島，於一一四五年傳入法國南部的阿爾比（Albi），以此又稱阿爾比派（Albigenses）。前身原本是羅馬帝國晚期的摩尼教，後來透過十字軍東征，再度傳入西歐，以南法為活動中心。

# 第二章 消失的邊界

本條約如先前始自一六五六年馬德里協商所同意，自古以來分割高盧與西班牙的庇里牛斯山，今後成為兩國分界。

——「庇里牛斯條約」第四十二條，一六五九年十一月七日

今天，直到現在都還分隔六個歐洲國家——包含西班牙在內——的實際邊界消失了。無論是否歐洲人，欲由葡萄牙前往德國的公民，穿越法國、比利時、荷蘭與盧森堡，將不再遭遇任何阻礙或阻擋自由流通的長龍。

——《國家報》（El Pais），一九九五年三月二十六日

西班牙—法國邊界上，位於大西洋岸法屬亨岱鎮的雉雞島（L'île des Faisans）並非歐洲國家元首歷史性會議的熱門場景，與庇里牛斯山也無明顯瓜葛。想要找到此地還不太容易。附近一堆的邊境商店使得這座小島更顯失色，這些商店販售兩公升的瓶裝伏特加、佛朗明哥服與印著佛朗明哥舞者的毛巾。認真的觀光客會發現就在畢達索阿河（Bidassoa River）中間，有著覆滿樹林、大約一．七英畝（六千八百二十平方公尺）的土地，很難稱得上是一座島。若非岸上羅列的石碑，雉雞島可能比眼前所見更小。過去三百多年來，西班牙與法國共同維護此島，由伊倫（Irun）與亨岱地方政府每六個月輪流管理，雖然當地人與世界上其他人對此地並不太關心。

訪客不許上島，也沒有任何理由會想要來此。只有對岸亨岱鎮上的兒童遊戲區邊緣的一小塊說明牌，紀念著小島對於「穩定歐洲」的歷史貢獻。這是一六五九年十一月七日，西法兩國外交代表唐路易斯．德阿羅（Don Luis de Haro）與馬薩林（Mazarin）樞機在此會面的成果。這次會議屬於一六三五至五九年法西戰爭終結協商的一部分，由於算是結束三十年戰爭、一六四八年「西伐利亞和約」（Peace of Westphalia）的遲來成果，因此談判過程受到歐洲王公貴族注目。當年十月，流亡的英國國王查理二世（Charles II）前往札拉戈薩，在會議前會見西班牙首相唐路易斯．德阿羅，試圖拉攏西班牙加入天主教陣營卻未果。「關於西班牙行旅我獲得的消息大大謬誤，所有報告都讓我預料將乏善可陳且臥榻糟糕，然而我們發現宿處及肉品相當不錯。」他寫道，「我唯一的困擾是灰塵，此鎮特別嚴重。庇里牛斯山的這一側已經四個月未曾降雨。」[1]

多數領袖對於談判都寧可待在遠方觀望。法西兩國王室非常清楚受到的注目，因此選擇兩國中間的地點，讓兩位首相可以在兩邊都不丟臉的中立之地會面。今日很難想像這次奇異會面前的各種繁複準備，包含在島上建設大型木造宮殿，並在島的兩側都搭起浮橋，提供河兩岸各自的入口，通往各別私下的房間及一間大型中央會議廳，會議廳五十六英尺（十七公尺）長、二十八英尺（八．五公尺）寬及二十二英尺（七公尺）高，兩側都有大門讓德阿羅與馬薩林可同時進入。這兩位外交使節分坐在大廳兩邊的座位上，中間地板畫出一條線象徵分隔法西的界線，二人在此討論領土該如何達成協議，最後結果正式銘記在「庇里牛斯條約」中，亦稱「庇里牛斯和約」（Peace of the Pyrenees）。

歷史學者將這份條約描繪成西班牙軍事力量衰微的分水嶺時刻，確認了法國路易十四興起，成為歐洲超級強權。為了交換法國由庇里牛斯山南側的加泰隆尼亞領土退兵，並讓法國停止對葡萄牙反叛者的財務支持，法國除了進一步取得低地國（Low Countries，指歐洲西北部沿海地區的荷比盧等國）的領土外，還取得加泰隆尼亞的胡西雍省（Roussillon）以及庇里牛斯山北側其他傳統上也是加泰隆尼亞的地區。此外，西班牙同意讓菲利普四世（Philip IV）的女兒瑪麗亞—德蕾莎（Maria-Theresa）嫁給二十二歲的路易十四，伴隨嫁妝五十萬金克朗。婚禮於隔年六月在同一地點舉行。

一六六〇年四月，西班牙王室畫家迪亞哥・羅德里格茲・德希爾瓦・維拉茲奎茲（Diego Rodríguez de Silva y Velázquez）抵達雉雞島，以其長才任宮廷典禮官，代表西班牙監督所有籌備過程。維拉茲奎茲花了七十二天時間裝點宮殿，監督皇家行程安排，直到公主於六月七日出閣為止。同一天，維拉茲奎茲嚴重高燒，並於八月六日去世，享年六十一歲。[2]法國畫家雅克・羅摩斯尼爾（Jacque Laumonsnier）以畫筆捕捉了新娘與新郎的會面，從中顯示某些籌備

庇里牛斯山邊界到來：雅克・羅摩斯尼爾，《法國路易十四及西班牙菲利普四世在雉雞島的會面》（1659）。請注意背景的山——可能是維拉茲奎茲所繪。（泰賽博物館〔Musée de Tesse〕，公共財，維基共享。）

工作可能導致西班牙畫家的早逝。畫面裡可見到菲利普四世將女兒交給盛裝的路易十四，後者穿著褲襪，腳踝上繫著蝴蝶結，圍繞著同樣奢華裝扮的朝臣。大廳飾滿地毯、天鵝絨或緞質窗簾，以及庇里牛斯山風景織錦繡畫，這幅畫作可能就出自維拉茲奎茲之手。

事實上，公主已經在富恩特拉維亞（Fuenterrabía）的教堂婚禮中，「先嫁給」了代理太陽王①的德阿羅。因為根據哈布斯堡王朝的古老規範，禁止年輕新娘未婚渡河，而法王也不得跨河迎娶新娘。準備迎娶公主時，兩位國王先跪在分隔線兩側的墊子上，親吻聖經與十字架，宣示遵守條約，然後路易十四才帶著新娘前往聖尚—德呂茲教堂完婚。

兩位國王都向飽受戰禍的子民宣稱，條約是具有政治家風範的慷慨讓步，然而「和平」並未長久。不到七年，法國與西班牙再次開戰，部分是因為破產的西班牙王室付不出公主嫁妝。「庇里牛斯條約」雖未帶來太多和平，卻奠定了歐洲最長久的國家邊界之一，重要性地標維持三百餘年未曾改變。這份條約也確認了庇里牛斯山作為歐洲標誌性的「天然」邊界這一歷史角色，並演進成十九世紀地理學者艾利賽．賀可呂（Élisée Reclus）所稱的「世界上最完美的政治邊界之一」。[3]

---

① 譯註：路易十四自號為太陽王。

## 西班牙邊境

這一「完美」在法西兩國王權正式訂定雙方邊界的更久遠之前，早就顯得再清楚不過了。老普利尼（Pliny the Elder, 23-79）在《博物學》（*Natural History*）中就曾提及：「西班牙與高盧的行省之間，疆界是由庇里牛斯山脈形成的，岬角各自向兩邊海洋突出。」[4] 當時，山脈構成了羅馬帝國兩個行省的行政邊界，北邊是納邦高盧省（Narbonnese Gaul），南邊則是塔拉科省（Tarraconensis，又稱近西班牙〔Hispania Citerior〕），同時羅馬人在庇里牛斯山主要隘口建立碉堡與關稅檢查哨試圖控管，稱之為「門戶」（*claustrae*）及「關口」（*clausurae*）。

這些防禦一開始是為了保護羅馬不被來自伊比利，特別是迦太基人的軍事入侵。四、五世紀羅馬帝國瓦解過程中，庇里牛斯山門戶有了新的角色，成為西班牙對抗北方蠻族入侵的防禦戰線。西元五世紀，西班牙遭西哥德人（Visigoth）攻下，庇里牛斯山成為西哥德西班牙與法蘭克帝國的分界。西元七一一年開始，隨著阿拉伯—柏柏人征服西哥德西班牙，庇里牛斯山又取得新任務，成為法蘭克人與伊比利半島摩爾人之間的戰略與宗教疆界。七三二年，哥多華（Córdoba）統帥阿布都—拉赫曼（Abd-al-Rahman）帶領大批前來劫掠的遠征軍隊，經由隆塞斯瓦耶斯隘口穿越庇里牛斯山。這支軍隊在圖爾（Tours）與普瓦捷（Poitiers）遭遇法蘭克王「鐵鎚」查理．馬特（Charles Martel）率領的軍隊，因此受阻。這場勝利被十八世紀歷史學家愛德華．吉朋（Edward Gibbon）與其他無數人稱為歐洲歷史的決定性事件。

敗戰阻擋了摩爾人北進。到了七三九年，法蘭克人將穆斯林趕出納邦（Narbonne），而庇里牛斯山也成了拉丁基督教世界與屬於穆斯林王國的安達魯斯（Al-Andalus）之間的戰略屏障，經常受到來自兩邊的劫掠。七七八年，查理的孫子查理曼（Charlemagne, 742-814）在巴塞隆納穆斯林統治者蘇萊曼．亞克贊．伊本．阿拉比（Sulaiman Yaqzan ibn al-Arabi）的邀約下，協助其在札拉戈薩的叛變，對抗安達魯斯的烏邁亞王朝（Umayyad），好讓他藉力將邊界往南推進至艾伯洛河（Ebro River）。兩支法蘭克軍隊在札拉戈薩會軍，期待阿拉比的同謀者為他們打開城門。當時札拉戈薩的統治者拒絕開啟城門，使得這座城遭到短暫圍困，直到薩克森（Saxony）反抗法蘭克人的起義軍迫使查理曼帶著軍隊再次北返。

撤軍過程中，法蘭克人劫掠潘普洛納（Pamplona）作為補償，但很快後防卻在庇里牛斯山的隆塞斯瓦耶斯隘口，遭到巴斯克人報復突襲並毀滅。經歷這場災難性的遠征之後，法蘭克人不再發動大規模軍事入侵，反倒在庇里牛斯山南側建立一條基督教緩衝區，在法蘭克人保護下由具有不同角色的伯爵、子爵、侯爵及修院教團等負責治理。

這塊區域開始成了所謂的西班牙邊境（Limes Hispanicus）。庇里牛斯山只是這塊尚未固定下來的邊界一部分，整個邊境區域從北方的納邦與蒙佩利爾（Montpellier），延伸到納瓦拉、阿拉貢、加泰隆尼亞。隨著伊比利半島上的基督教統治者將力量伸入西班牙北方，並一步步逼進將摩爾人往南推，這條邊界幾乎是不固定的。除了有防守的主要戰略地點如城堡、哨塔及武裝城鎮，以及山區隘口之外，其餘皆為「爭議之地」，不論穆斯林或基督教統治者都未能全盤控制。對十一世紀安達魯斯的統治者穆拉比特王朝（Almoravid）來說，北方邊境（*thagr*）是毫無律法的無神論者世界，只適合最虔誠、謹守禁慾主義的聖戰士，也就是阿拉伯世界所稱的「拉比塔」（*rabita*），由他們派駐在邊界對抗無信仰者。基督教統治者通常也以類似想法看待這片邊境。一〇五七年，距離巴塞隆納十九英里（三十一公里）的聖古加特（Sant Cugat）的修士應召前往捍衛「荒蕪邊境與孤立之地，以對抗異教徒（穆斯林）」。這片邊境區域被稱為「最終邊境」（*marca última*），由「邪惡瀆神之人」所佔據的「恐怖顫慄」之地。[5]

此時，西班牙北部多數地區已經在基督徒的掌控之下，庇里牛斯山及向西延伸的坎特布連山脈則成為基督教的反攻基地，最終把伊斯蘭逐出西班牙。早在八七〇年，加泰隆尼亞伯爵「多毛威佛瑞」（Guifré el Pelós）受查理曼之孫封為烏爾海爾伯爵（Count of Urgell），並在加泰隆尼亞邊境建立強大的獨立王朝，權力中心設於巴塞隆納。第十與十一世紀間，隨著納瓦拉、阿拉貢與加泰隆尼亞的基督教統治者鞏固了對北西班牙的控制，並逐漸從法蘭克保護者旗下取得獨立地位，庇里牛斯山基本上已失去戰略重要性。

到了十三世紀，「西班牙邊境」作為伊斯蘭與基督教邊界的概念已經不合時宜。然而，一直要到卡斯提爾（Castile）與阿拉貢王權在十五世紀最後十年統一，以及格拉納達（Granada）最後的摩爾政權於一四九二年瓦解後，庇里牛斯山才真正開始演進成西班牙與法國的軍事政治邊界。在西班牙菲利普二世（Philip II）的統治期間（一五五六至九八年），庇里牛斯山又再經歷另一場形變，成為反宗教改革的西班牙與胡格諾派（Huguenot）統治的貝恩小國之間的「異端邊境」。即便當時，庇里牛斯山仍舊是一片「受爭議的」國家邊界。一五一二年以前，定都潘普洛納的納瓦拉是個橫跨庇里牛斯山兩側的王國。這一年阿拉貢的斐迪南（Ferdinand）派軍入侵納瓦拉，這場戰爭讓阿拉貢在一五一五年併吞了整個庇里牛斯山南側的納瓦拉領土。直到一六四〇年間，以阿拉貢王權為名的「複合君主國」，領土包含加泰隆尼亞大公國，更跨越庇里牛斯山南北兩側。這一年，加泰隆尼亞起兵反抗卡斯提爾統治，並向法國請求軍事支援，發生所謂的「收割者戰爭」（Reapers' War）。這個事後令加泰隆尼亞人十分後悔的決定，導致法軍長期佔領塞爾達涅（Cerdagne）與胡西雍，並從佔領轉向併吞。

## 測繪邊界

一六五九年十一月，德阿羅與馬薩林在雉雞島簽訂的條約，是為了正式確認前述領土的斬獲，並在兩國間畫下更精確肯定的邊界，而庇里牛斯山是其中核心的一環。建立這些分界線是個困難複雜的過程。根據「庇里牛斯條約」草案第四十二條的宣告：「自古以來分隔高盧與西班牙的庇里牛斯山，今後成為兩國分界。」然而執行此項決議實際上的困難，清楚顯現在共同決定指派代表的官員一事上，因為他們「應該協力依照承諾，斷定出是哪部分是庇里牛斯山……據此區分出兩個王國，並應劃出需要的界限」。6

由於西班牙這一方的談判者試圖透過外交找回一些戰場上失去的土地，因此對於後續界定「哪部分是庇里牛斯山」一事毫無助益。一六六〇年三月，法國與西班牙的劃界代表在胡西雍的塞黑鎮（Céret）會面，欲將條約文字轉換為行政管理上的事實。除了胡西雍，法國同時宣稱擁有加泰隆尼亞的塞爾達涅，以及其他庇里牛斯山的戰略性領土，包括孔弗隆（Conflent）、瓦耶斯皮爾（Vallespir）與卡布希爾山谷（Capcir Valley）。西班牙代表則反駁這些主張，兩造都向古典地理學者尋求支持論點或反駁對方主張。法方代表皮耶．德馬卡（Pierre de Marca）於收割者戰爭期間負責治理法屬加泰隆尼亞，善辯的他引述史特拉博與李維（Livy）關於「西班牙邊境」的古代資料，主張法國在歷史上對於塞爾達涅的主權；西班牙則引用相同來源反駁主張。一度西班牙代表甚至建議邊境應該由「山中住民的理解來劃分」，並詢問當地牧羊人：「哪裡是庇里牛斯山？」以支持己方論點，認為法國主張的領土實際上位於西班牙境內。

當法國方拒絕放棄塞爾達涅大約三十三座村落時，西班牙人則宣稱部分村落實際上是西班牙小鎮（*villa*），因此法國無權管轄。即使西班牙與法國的婚禮隊伍在雉雞島會合了，這些言詞交鋒仍舊持續進行。到了最後一刻，西班牙幾乎對法國所有要求讓步，代表們才開始就河水、溪流等「天然邊界」和其他「分水嶺」，以及庇里牛斯山當地村落社區關於牧地權、森林與水源的使用等幾百年來的協議，進行調解。

這些中世紀即有的協議，在法語中稱為 *traités de lies et passeries*（協議使用條約），西語則稱為 *facerías*。原本是由個別庇里牛斯山村落或一群村落聯盟訂定，以規範放牧經濟，減少因為資源取得及牧地權而生的暴力衝突。在某些情況裡，這類地方協議被納入新的邊界規劃，但在其他不可行或戰略需求的狀況中，邊界就直接穿越私人土地甚至建築物。例如加泰隆尼亞的阿爾貝雷斯山脈（Massif des Albères）的潘尼薩爾斯峰（Col de Panissars），邊界就直接穿過一座修道院，教堂屬於法國，修士居處則落在西班牙側。

塞爾達涅山谷肥沃田地上的庇里牛斯山城利維亞（Llívia），位於法國境內十英里（十六公里）處，羅馬帝國時期就是塞爾達涅的首府。透過陸路連接加泰隆尼亞邊境城鎮希羅納省（Girona）的普威格塞爾達（Puigcerdà），利維亞是廣受歡迎的加泰隆尼亞山區度假勝地，吸引遊客的還包括擁有世界上最古老的藥局，及收藏北非猿猴骨骸的博物館。溯及西元四三〇至六〇〇年的這具骨骸，據信是當地知名戰士的寵物。三百多年來，作為法國境內的西班牙飛地——這個分割法完全來自「庇里牛斯條約」——讓利維亞聲名大噪。當時西班牙代表說服法國人，這是一座城鎮而非村落，因此並不包含在法國兼併塞爾達涅的範疇中。也因此還在條約裡寫進一條特殊協定，只允許從西班牙的普威格塞爾達經由一條指定道路連通利維亞。

這些談判達成結論許久之後，庇里牛斯山邊境地區仍持續受到質疑與爭奪，特別是新兼併的加泰隆尼亞地區，居民並不願意接納新統治者。反法抗爭在胡西雍及塞爾達涅地區經常發生，法西軍隊經常在兩國不間斷的戰爭衝突中，反覆佔領胡西雍部分區域。一七〇〇年，無能的西班牙國王卡洛斯二世（Carlos II），也是西班牙哈布斯堡王朝的最後一任君主，在病榻前指定由路易十四的孫子菲利普，也就是安茹公爵（Duke of Anjou），繼承西班牙王位。對於這項宣布，太陽王則歡欣回應：「庇里牛斯山再也不存！」

其他歐洲國家則以警戒眼光看待庇里牛斯山的「消失」及法國新強權崛起，並組成軍事聯盟防止菲利普繼承西班牙王位。其結果就是西班牙繼承權之戰（一七一〇至一四年），最終以菲利普取得西班牙王位但條件是放棄法國王位繼承權才結束戰爭。直到十九世紀初年，庇里牛斯山仍舊是兩國之間偶發的衝突區域。直到一八五一年，法國—西班牙共同組成的委員會才終於同意劃定明確邊界，並展開邊界地圖測繪，並於十五年後的一八六六年五月二十六日，簽訂了「巴約納條約」（Treaty of Bayonne），「明確劃定西班牙與法國間的共同邊界」。此後又花了兩年作業時間，委員會才立下界碑石作為邊境標誌，並且根據「劃界法定案」（Final Act of Demarcation）中的精確細節，例如四八四號界碑的設置應該「沿著同一面牆的方向，與法國一側的四八二號界碑呈一百六十二度角；在兩百三十五公尺外的牆面轉彎處立下界碑」。

巴約納條約終結了所有關於邊界的模糊矛盾之處，也見證了兩個歷史上敵對的國家合作的新氣象，過去的敵對讓庇里牛斯山成為商業貿易的障礙。一八四〇年代早期，法國下議院甚至討論興建「庇里牛斯山運河」來連結地中海與大西洋的可能性，試圖取代繞經直布羅陀海峽的長路。計畫所需資金從未進行籌措，最終也因為一八五七年加龍運河（Canal Latéral）興建而不了了之。加龍運河連接波爾多（Bordeaux）與土魯斯（Toulous）的南運河（Canal du Midi），讓船隻得以從大西洋穿越法國前往地中海。

二十世紀初年又有另一次企圖超越庇里牛斯山「天然」邊界的新舉，法國與西班牙工程師經由松波特（Sompont）隘口開鑿穿越山脈的鐵路隧道。一九二八年七月十八日，阿拉貢新的坎夫蘭克國際車站（Canfranc International Station）舉辦松波特鐵路正式啟用的盛大典禮。「如此盛大的儀式，令人遙想加萊與多佛隧道的開通典禮。」當天《曼徹斯特衛報》（Manchester Guardian）觀察到：「即便路易十四誇大說著『庇里牛斯山再也不存』，這座山脈還是永遠地構成了英倫海峽一般難以輕易跨越的戰略防線。」

西班牙內戰開打後，庇里牛斯山再度成為武裝前線。佛朗哥政權在山中建立防衛，防止盟軍入侵。直到一九九五年，隨著西班牙加入申根區域，西班牙與法國廢止關稅站與入境檢查，庇里牛斯山才卸下政治邊界的任務。當年三月，身為英國廣播公司的外派記者，我前往西班牙邊境城鎮拉洪蓋拉（La Jonquera），第一手見證這股轉變。作為報導的一部分，我被要求開車來回邊界，看看是否會遭人攔截或檢查護照。什麼也沒有。西班牙及法國警察都對我或其他人毫無興趣。今日，拉洪蓋拉成為古羅馬多米提亞大道（Roman Via Domitia）上的閃亮資本主義門戶，到處都是大型超市、酒商及販售性愛玩具的成人用品超市。

拉洪蓋拉同時也擁有歐洲最大妓院「天堂夜店」（Paradise Nightclub），性工作者在城鎮裡裡外外四處可見，穿著比基尼、高跟鞋與丁字褲的妖豔女子在車道上徘徊，或在靠近西班牙邊界巨大拖車停車場的陽傘下躲避豔陽。即便邊境廢除了，邊界兩側在價格及供需上仍有相當程度差異，使得拉洪蓋拉成為千萬名消費者的熱門去處。二〇一五年的邊境檢查哨仍舊如我最後一次所見，空無一人。

基於一切實際目的，德阿羅與馬薩林在雉雞島創造的邊境，已經成為歐洲另一處「無效」邊界；庇里牛斯山持續以地圖上的一條界線而存在著，也存於流傳後世的俗語及譬喻關聯中，同時持續定義著這座山脈在歷史上的地位。

# 第三章　「非洲始於庇里牛斯山」

當西班牙為穆罕默德人（Mohammedan）攻下，在第八世紀的第一代，亞洲人帶著異國道德信念，一度進入高盧時，庇里牛斯山成了邊界：一開始是壁壘；完全掌控之後，就成為我們文明對抗主要敵人的堡壘。

——希拉爾・貝洛克（Hilaire Belloc），《庇里牛斯山》（*The Pyrenees*, 1909）

很少邊境是完全「天然」，即便最天然的物理疆界，有時也會被加諸未曾預料的隱喻關聯，讓山岳、河流、水泥牆或鐵絲網成為象徵性邊界，定義或確認邊界兩側領土想像出來的分野。這一類分野可能包括對抗伊斯蘭的基督教「堡壘」，例如十六世紀哈布斯堡王朝沿著東邊與鄂圖曼土耳其的邊界建立的「軍事邊界」（*Militärgrenze*）或稱防疫封鎖線；又或者溫斯頓・邱吉爾提出的「鐵幕」；更近期，一些邊界如美墨邊界或摩洛哥境內的兩處西班牙飛地—休達（Ceuta）與麥里亞（Melilla），則成為第一與第三世界的斷點。

歷史上，「完美邊界」庇里牛斯山也引來不少想像出來的分野，最知名的莫過於大仲馬（Alexandre Dumas）在十九世紀初說的：「非洲始於庇里牛斯山。」大仲馬是否確實說過這句話，眾說紛紜，但許多同時代人也響應同樣想法，視庇里牛斯山為歐洲與非洲化的伊比利半島的分界線。對史湯達爾來說，「血緣、舉止、語言、生活及戰鬥方式，西班牙的一切都屬於非洲。倘若西班牙人是個穆斯林，他就會是個完整的非洲人。」[1]「將西班牙列入歐洲，是地理上的謬誤，」法國外交官多明尼克—喬治—費德列克・德富爾德普拉特（Dominique-Georges-Frédéric de Fourt de Pradt）在《西班牙革命中的歷史回憶》（*Mémoires historiques sur la revolution d'Espagne*, 1816）中如此寫道，「這裡屬於非洲：血緣、舉止、語言、生活及戰爭，西班牙的一切都屬於非洲。」[2]

這類想像令人訝異地歷久不衰。「過了庇里牛斯山就是非洲的起點，」美國人類學家與種族理論學者威廉・雷普利（William Ripley）在《歐洲的人種》（*The Races of Europe*, 1899）書中寫道：「一旦跨過天然邊界，我們就會面對純正的地中海人種。該人類現象與南方動植物的突然轉變完全一致。與歐洲其他地區隔離開來的伊比利人口，在所有重要的人類學面向上，與撒哈拉沙漠以北，從紅海到大西洋的非洲人口相符合。」[3]

無論這些分野是來自地景、種族、文化或宗教上的想像，庇里牛斯山一再被舉出作為其中的實體分界。很難想像還有任何其它山脈也常要面對這類的描述。以阿爾卑斯山為例，它經常被形容為屏障，或旅人與入侵軍隊的實際障礙，但從未取得常伴隨著庇里牛斯山的文化與文明邊界的名聲。這樣的名聲在想像性地建構庇里牛斯山為「野蠻邊界」時，扮演著重要角色。因此我們必須進一步了解伊比利的「非洲」是如何以各種不同的方式被想像，並探索它們如何使力在庇里牛斯山本身的想像性建構上。

## 羅蘭之歌

這種形象源自第八世紀伊斯蘭征服西哥德伊比利，並將西班牙與拉丁基督教主流世界切割開來之時。結果，庇里牛斯山變成歐洲另一座基督教堡壘（*antemurale christianitatis*），而阿布都・拉赫曼的軍隊在七三二年於圖爾及普瓦捷敗於法蘭克人之手，接著穆斯林撤回伊比利之後，這個角色更加受到強化。好幾代歷史學者都將庇里牛斯山形容為那場戰爭後阻擋穆斯林的核心防衛屏障。此一假設理所當然認定庇里牛斯山足以阻擋任何可能的入侵者。

庇里牛斯山一開始是因為中世紀史詩《羅蘭之歌》（*The Song of Roland*），在外界取得這種象徵性含義。這篇佚名創作的詩歌是一八三七年在牛津圖書館中被發現，描繪七七八年夏天發生在隆塞斯瓦耶斯隘口的知名戰役。當時查理曼的軍隊從札拉戈薩撤軍途中，受到摩爾人軍隊攻擊。多數學者相信這部經典的英雄史詩（*chanson de geste*）是於十一或十二世紀時第一次十字軍東征的背景之下創作的，可能是由修士與吟遊詩人（*jongleur*）口傳下來的傳奇與英雄頌歌抽取彙編而成。

這部詩篇幾乎通篇都是據傳七七八年八月十五日在隆塞斯瓦耶斯隘口發生的戰役之神話敘事。關於這個戰役，幾乎沒有確認的史實。甚至地點也充滿爭議，有些傳說宣稱地點應該要更往東，位於阿拉貢的地獄之口峽谷（Boca de Infierno）。一般公認查理曼撤軍遭到巴斯克人攻擊，是為了報復潘普洛納劫掠之仇。查理曼同時代的傳記作者艾恩哈德（Einhard）則宣稱是巴斯克非正規軍，而非薩拉森人（Saracen），在隆塞斯瓦耶斯隘口裡與附近的「狹道」攻擊法蘭克軍後衛，摧毀法蘭克步兵與不少騎士，包含「布列塔尼邊界統治者羅蘭」。然而在《羅蘭之歌》中，巴斯克人卻換成四十萬多名薩拉森人——以當時任何軍隊規模來說幾乎絕對不可能的數字——他們在背叛通敵的法蘭克騎士加內隆事先通報之下，偷襲並殲滅了羅蘭及其同僚，還包含神職人員戰士圖賓大主教（Turpin）。後續更進一步偏離史實，詩篇敘述查理曼軍在羅蘭敗戰後返回札拉戈薩進行報復，大敗薩拉森人，並處決加內隆。

整部詩篇中，羅蘭與同僚代表基督教戰士的理想，英勇、虔誠、自我犧牲，屠戮數千名薩拉森人，讓查理曼軍有機會撤退。相對地，薩拉森敵人根本既低下又卑劣。當羅蘭、圖賓大主教與其他士兵自願殉身換得滌淨罪衍，薩拉森人則所有的動機都是為了劫掠土地及「出身高貴的美人」，或是為了換來勝利而承諾獻給異教神祇的「黃金鑄像」。只有薩拉森將領巴利甘特（Baligant）展現一絲肢體魅力或高貴性格，讓詩人驚嘆：「主啊，多麼傑出的領主，他應該是位基督徒！」他統整軍隊

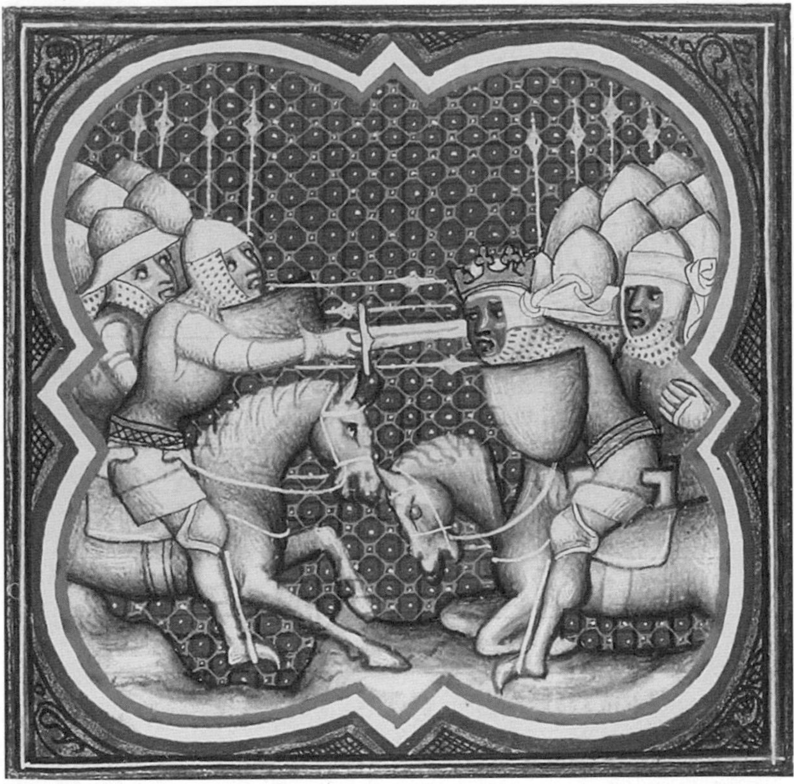

「無法無天的種族，全都比墨水還黑。」畫作《隆塞斯瓦耶斯隘口之戰》，十四世紀，佚名。（加利卡數位圖書館，維基共享。）

對抗折返的法蘭克人，卻死於查理曼手下。[4]

其他薩拉森人都沒有受到這種讚美。他們不只宗教奇異，許多更是黑人，詩篇中經常引述此一膚色作為野蠻且墮落的某種解釋。對羅蘭來說，看到這個「無法無天的種族，全都比墨水還黑／除了牙齒以外，沒一處是白的」，正是他與同僚將死於即將到來的戰爭之恐怖證明。無論如何，他們的生命也沒有白費，喪命前也殺了數千名薩拉森人。對羅蘭、圖賓與其他同夥英雄來說，殺死薩拉森人還不夠：他們的劍鋒刺穿人體，甚至刺穿馬身。頭顱破開，鮮血奔流。瀕死的羅蘭是最後倒地之人。重傷瀕死之際，他試著打斷自己的配劍「杜倫達爾」（Durendal），不讓薩拉森人使用，但寶劍劍柄嵌有太多聖物難以破壞，最後羅蘭死時手中還握著自己的劍，吹響象牙號角，呼喚查理曼軍隊回頭，直到天使將他的靈魂攜往天堂。

羅蘭的犧牲是有代價的，法蘭克人與盟軍回頭屠殺札拉戈薩的「異教徒」，查理曼也殺了薩拉森將軍巴利甘特，「以法蘭西之劍」擊毀他鑲嵌珠寶的頭盔，「……接著劈開頭顱，讓他腦漿塗地」。叛變者加內隆遭到絞殺，屍體餵狗後，大天使加百列下凡要求查理曼前往新的征途。

羅蘭傳說風靡了中世紀基督教世界，並以各種口傳及書面版本散布：透過《法蘭西大編年史》（*Grandes chroniques de France*）中出現的許多該戰役的插圖；靠著杜撰出來的羅蘭與真實地點的庇里牛斯山之間脆弱的連結，例如加爾瓦涅有一處名為羅蘭隘口（Brèche de Roland）的大門，是傳說中羅蘭以杜倫達爾劍破開岩石之地；透過聖地牙哥德孔波斯特拉朝聖之路，諸多朝聖者穿越隆塞斯瓦耶斯隘口，在羅蘭戰役神話的場景中沉思，接著繼續往南的旅程。

這是庇里牛斯山首度出現在歐洲文學想像的時刻：作為基督教美德與薩拉森敵人——不僅在宗教上與文化上相對低劣，其殘酷野蠻行徑也明顯展現出「非洲性格」——對抗的神聖戰場；作為懷著敵意的蠻荒之地，提供薩拉森人藏身之地，埋下了羅蘭覆滅之因，同時也成了查理曼軍隊回返時必定要克服的另一重實際障礙。《羅蘭之歌》作者寫下：「這些山丘與高聳岩壁／凹陷林地與恐怖溪流／隘口與荒原留在身後／他們進入西班牙邊境／在廣闊平台上紮營。」

無論隱藏在詩句中的假設是什麼，庇里牛斯山的「恐怖溪流」作為「堡壘」與「壁壘」的歷史時期，其實相對短暫。早在第九世紀，西班牙已經相當基督教化，不斷有朝聖者前往聖地牙哥德孔波斯特拉。中世紀多數時間，庇里牛斯山實際上是相互敵對的基督教王國之間的實體障蔽，而非穆斯林與基督徒之間的分隔。然而伊斯蘭顯然都已撤出伊比利了，西班牙仍舊被視為域外之地，帶著過往的摩爾人色彩，與歐洲其他部分有著明確的分野，庇里牛斯山也不斷地被稱為不同文明之間的分界線。

## 「西班牙是不同的」

這種形象並非單純來自伊斯蘭的軍事威脅——不論是真實還是想像——而是伊斯蘭的存在對西班牙在文化甚至種族上的衝擊，所做出的假設與結論。中世紀基督教旅人經常對此驚駭評論，並對伊比利半島基督教朝廷中流行的摩爾人飲食、音樂與時尚甚為反感。即便西班牙統一於基督徒統治之後，十六世紀清教徒宣傳冊子仍將西班牙描繪為一個不幸遭到摩爾人與閃族這段過往敗壞而不被信任的國家。

半島戰爭後的法國老兵經常談及西班牙的「非洲」與「東方」特質。據傳一八〇八年法軍在拜倫戰役（Battle of Bailén）敗北後，拿破崙曾說「西班牙是不同的」；許多法國軍人也深有同感。法國輕騎兵團第二軍團少尉，瑞士出身的亞伯特・德洛卡（Albert de Rocca），從駕輕就熟的德國職位調往西班牙時發現，「就知識與社會習慣的進步程度來說，西班牙至少比大陸其他國家晚一個世紀。由於距離遙遠，國家封閉，加上宗教機制的嚴厲管控，都讓西班牙人未能參與十六世紀歐洲激烈動盪終至啟蒙的諸多爭議論辯。」[5]

一名法國金融家形容自己的西班牙旅程，是從「所有過往痕跡都已消失的國家」，進入了另一個國家：「發現自己似乎回到好幾世紀前……著修院僧袍者交雜在人民之中……這是十七世紀的代表，也是真實上演的歷史。」許多老兵在西班牙人採取的游擊戰術中看到了這些特質的明證。「當時前往西班牙旅行的方式跟去阿拉伯無異：若脫離隊伍就可能碰上危險，」關於西班牙的游擊戰略，一名退伍軍人這麼寫道：「血液裡還能看到幾滴阿拉伯血緣的西班牙人，成了真正的貝都因人（Bedouins）：驅使他們的是劫掠狂熱而非愛國職責。」[6]

拿破崙軍隊並非唯一將敗戰歸咎於敵軍過於野蠻的佔領者。儘管如此，西班牙帶有宗教狂熱及倒退到舊政治社會體制的這種過時形象，也讓其他評論者心有所感。維塔・薩克維爾—威斯特（Vita Sackville-West）描述她十九世紀西班牙祖母貝比塔（Pepita）的故土時寫下：「那個驕傲、冷漠且無情的國家，仍舊躲在庇里牛斯山屏障之後自己自足；『西班牙貨』（*cosa de España*）事實上指的是本質上與歐洲任何其他部分完全不同的事物；西班牙人個性中克制、嚴肅與東方式不坦率性情的這一面，比起作為他們邊土的山岳，還更有效地讓他們自成一格。」[7]

對部分十九世紀旅人來說，西班牙與歐洲其他地方的差異是從地景本身得到確證。一七八〇年代經由勒白度（Le Perthus）隘口從西班牙旅途歸來的英國旅人亞瑟・楊（Arthur Young），將「加泰隆尼亞顯得悽慘的自然道路」和「彰顯出法國公路特色的堅實且壯觀的宏偉公路」作比較，他與同伴發現：「毋須渡越滾滾河床，這裡有建造精良的橋樑；從野地荒漠的貧困國度離開，我們發現自己身處文明進步之中。」[8]

半島戰爭期間任阿拉貢總督的路易—嘉布耶・蘇歇（Louis-Gabriel Suchet），是拿破崙手下最睿智的指揮官之一，他回憶起多數法軍都非常熟悉的西班牙景色，「持續曝曬的豔陽，毫無文化的高原，甚至沒出現任何活生生的東西打破其單調。」[9]對大部分士兵——後來追隨這些士兵足跡的十九世紀旅人——來說，一跨過庇里牛斯山，這些差異明顯可見。根據一八四〇年代英國旅人理查・福特（Richard Ford）的觀察：「法國側的山坡到處是夏季泡泉水的社交文明場所，西班牙側則仍舊是走私客及野生鳥獸的巢穴。」[10]

如此對比並非完全錯誤，但也非一體通用。在庇里牛斯山脈的西部與中部，法西兩側的氣候或植被通常差異不大。從土魯斯、蒙佩利爾與納邦驅車南下，你會發現豔陽下的波浪田野與棕櫚樹，比起邊界另一側地景的地中海與「非洲」風情毫不遜色。不過地貌、地形與發展程度的實際區別，通常比不上強加在西班牙身上這些想像出來的「非洲」差異與假設——它們有時充滿厭惡，有時則激發浪漫幻想。

## 「美麗的西班牙」

對多數十九世紀旅人來說，庇里牛斯山兩側地貌地形的差異，只是證明了他們的既有想法。就如一八三二年美國外交官與國會議員蓋拉博・庫辛（Caleb Cushing）所言，庇里牛斯山一如既往，「仍舊是相鄰王國之間的巨大國界」，而西班牙人「也一直還是和柯提茲與皮薩羅劫掠美洲時，或菲利普二世在暴風雪中仍於瓜達拉馬山（Guadarrama）的埃斯柯里亞爾（Escorial）修道院舉行陰沉的彌撒時一樣，既不像法國人，也不像歐洲其他國家的人」。11受到西班牙對抗拿破崙佔領軍的啟發，不少英國作家迷上拜倫爵士在《哈洛德公子遊記》（*Childe Harold's Pilgrimage*）中所稱：「美麗的西班牙！以浪漫著稱之地！」瑪莉・羅素・密特佛（Mary Russell Mitford）在敘事詩作〈卡斯提爾的布蘭奇〉（Blanche of Castile, 1813）中，盛讚：「浪漫的西班牙！……幻想精靈之地。」一八二五年，詩人與小說家雷蒂西亞・伊莉莎白・蘭登（Letitia Elizabeth Landon）則形容西班牙是個「橄欖與葡萄之地／聖者與軍人，寶劍與聖龕！」

法蘭索瓦—雷內・德・夏特布里昂（François-René de Chateaubriand）、泰奧菲爾・高提耶（Théophile Gautier）、普洛斯佩・梅里美（Prosper Mérimée）與華盛頓・厄文（Washington Irving）都描述西班牙是歐洲腳下一處異國風情的反常所在，充滿了穿戴披肩頭紗的傲人女子、火辣的吉普賽舞者、盜匪、走私客，以及受到古雅但顯得過時的榮譽、熱情與騎士精神驅策的唐吉訶德式夢想家。在詩集《東方人》（*Les Orientales*, 1829）的前言中，雨果歌頌了這一事實：「西班牙仍是東方；西班牙是半個亞洲。」一八二二年，後來成為法國首相的阿道夫・提耶爾（Adolphe Thiers）以記者身分來到塞爾達涅，報導為時短暫的西班牙立憲革命（Liberal Triennium）——一八二〇至二三年間《一八一二年憲法》支持者與獨裁的斐迪南七世（Ferdinand VII）之間的對抗——所衍生的暴力衝突。

在塞爾達涅的路易山（Mont-Louis）附近一處王室支持者營地，提耶爾驚駭地看到「這些修士，這些游擊隊，簡言之，這群圖畫般的人物，就像身處歐洲人之間的亞洲移民，」並將這些「亞洲」戰士與平凡的歐洲人作出比較，後者「經過了文明進化，幾乎全都軟弱成普通的典型樣子，僅僅顯現一個還算平靜快樂的社會。而西班牙山區卻特別能看到那種戲劇性且原始的野蠻世界……激起了想像，也展現壯觀的樣貌讓人探究」。[12]

其他作者也有類似感受。「（旅人）出於對極端文明的無趣單調一致深感厭倦，而越過了庇里牛斯山，」理查．福特寫道：「就為了見識非歐洲的新事物；他希望能在西班牙再次尋見……其他地方已經遺失且遺忘之事。」[13]對朱勒．米歇雷而言，庇里牛斯山構成了「嚴峻的、難以征服、難以打破的壁壘……歐洲與非洲之間的屏障——此非洲人們稱為西班牙，」在這裡，旅人經歷了「絕對且直接的割離，讓人沒辦法逐步適應……若從土魯斯出發跨過庇里牛斯山，從南坡陡降前往札拉戈薩，你已穿越到另一個世界了」。[14]如同福特與提耶爾，米歇雷也形容庇里牛斯山為「通往山脈那一頭的未知」的門戶，以及「浪漫且不可能的冒險之地」。

也許不令人意外地，西班牙人對於這類描述，並不總是滿意的。「非洲起自庇里牛斯山的這一名言在歐洲很常見，」一八六八年，西班牙小說家暨外交官璜・巴雷拉（Juan Valera）哀嘆道：「對我們的過往與現實的無知真是不可思議……外國人曾問我，我們在西班牙是否會獵獅；他們對我解釋什麼是茶，以為我可能從沒喝過或看過茶。」[15]十九世紀與二十世紀初的西班牙自由派，經常對這類西班牙有所差別的陳述感到挫折，無論是被想成正面還負面的。

一九六〇年代早期，佛朗哥政權的資訊與觀光部長曼努埃爾・弗拉卡・伊利巴爾內（Manuel Fraga Iribarne）將拿破崙在拜倫戰役的觀察，敏銳地轉變成一句輕易上口的標語，帶動西班牙快速發展的觀光產業。英文海報驕傲宣稱：「西班牙與眾不同：前進西班牙。」還配上沙灘、佛朗明哥舞者、鬥牛與復活節聖週遊行的照片。

今日，西班牙有所「差別」的概念已經甩掉多數曾有的負面意涵，航空旅行時代也早就侵蝕掉庇里牛斯山作為文化與文明間想像的「壁壘」或「門戶」的形象。每年幾千名旅人會經由陸路穿越棄置的庇里牛斯山關稅站旅行，或搭乘巴黎往巴塞隆納的高速火車，但很少人會視庇里牛斯山為文明的分界線，或進入文化停滯落後「非洲」的門戶。「想像的」庇里牛斯山邊界已隨著政治邊界一同消失。但歷史的陳腔濫調經常會衍伸出自己的來世。直到一九九九年，《大英百科全書》（Encyclopedia Britannica）仍舊形容庇里牛斯山為「人類移動的歷史性屏障……從法國與西班牙側邊的平原上拔地而起，只見陡峭峽谷與峭壁形成的天然半圓劇院，造成許多難以穿越的山峰……法國農民諺語所說的『非洲始於庇里牛斯山』，在強調庇里牛斯山作為西班牙發展障礙的歷史角色上，並非毫無事實根據」。

## 庇里牛斯山邊境

這些觀察給予庇里牛斯山的隱喻性重量，超過任何山脈所能承擔，也造成了很大量的模糊與忽視。每年的七月十三日，貝恩的庇里牛斯山巴海圖山谷（Barétous Valley）的法國村民，會交付三頭牛給鄰近隆卡山谷（Roncal Valley）的西班牙代表，並吟唱儀式的副歌：「和平優先，和平優先，和平優先」（pax avant, pax avant, pax avant）。「三牛獻禮」的儀式可以追溯至十四世紀，兩邊山谷居民會面以解決彼此間有時會造成暴力的長期衝突。談判結果同意巴海圖牧民每年可以在隆卡山谷放牧二十一天，條件是不得在牧地過夜。為了確保信守承諾，巴海圖居民同意每年交給西班牙盟友，擁有同樣牛角、牙齒與毛色的三頭牛。

此類古雅的中世紀遺緒已經成為某種非主流的觀光賣點，也許並不令人意外；但對於庇里牛斯山「障壁」的想像性建構裡很少著墨的跨邊境交流，「三牛獻禮」也成了一項明證。此類反常並非庇里牛斯山獨有。加諸在國家或歷史邊界的分野，經常要到後世或隔著一段地理距離才看得更清楚；越靠近端詳，反而愈發模糊。庇里牛斯山邊界，就像所有邊界，是一道人工界線，切割了寬廣且多面向的地理文化空間。而這些空間裡的居民彼此的共通性，往往遠高於跟各自所屬國家的共通性。對許多實際居住在山裡或附近的人來說，庇里牛斯山不是歐洲與非洲的邊界，甚至亦非法國與西班牙的邊界，而是共享的邊境，彼此之間的關聯與忠誠是跨越山脈兩側，也超越邊界現實的。

隆卡與巴海圖山谷村民間的協議，是許多「協議使用條約」之一，遠在西班牙—法國邊界劃定之前就已成立，也在邊界正式劃定後持續生效。一七一二年，西班牙王位繼承權戰爭的高峰時期，法軍與西班牙聯軍在西班牙戰場上情勢膠著，治理貝恩的官員發文給上級要求允許貝恩牧牛人在阿拉貢出售牲口，並提醒他們「法國與西班牙山區的居民會盡一切力量保住他們的合作，而這是即便在最慘烈的戰爭中，也未曾受過影響的」。[16]

在這場戰爭，還有許多其他戰事中，西班牙與法國軍隊指揮官經常對庇里牛斯山區聚落拒絕為本國軍隊而戰或提供支持而感到挫折。有些案例中，村落或法西村落聯盟集體拒絕參與各自政府發動的戰爭，甚至互為警示入侵軍隊的行蹤。一九一〇年，在「巴約納條約」簽訂將近半世紀後，法國歷史與地理學者亨利・卡瓦葉（Henri Cavaillès）發現邊界兩側的庇里牛斯山村落許多仍舊奉行互惠協議及可追溯至中世紀的「協議使用條約」。一九五二年，西班牙法律學者維克多・費倫・吉倫（Victor Fairén Guillén）提到：「庇里牛斯山存在著由人與社會群體形成的龐大跨國社群，並由具有共同利益的大規模體制聯合起來，竟然不為人知。」——該制度在首次建立之後歷經數世紀依然存在。[17]

然而也不須過度誇大這一共存體制。庇里牛斯山的法國人與西班牙人也曾有一些時期彼此憎惡，有時也跟其他同胞一樣熱烈開戰。然而儘管如此，這些衝突也毋須以他們真正的或想像來的文化差異作為解釋。在埃曼紐・勒華・拉杜里（Emmanuel Le Roy Ladurie）關於十四世紀庇里牛斯山屬於卡特里派（Cathar）的蒙大猶（Montaillou）這個村落的經典研究中，他形容加泰隆尼亞一地的菲立克斯（Flix）附近，維齊安山（Mount Vézian）的天主教徒、卡特里派信徒與薩拉森人游牧民族這些成員「一起煮食分享大蒜風味派餅，雖有不同意見，仍像兄弟一樣互動」。[18]對埃曼紐・勒華・拉杜里來說，這些自由自在的牧羊人同屬於遍及庇里牛斯山脈兩側「同時是摩爾、安達魯西亞、加泰隆尼亞與歐西坦（Occitan）的文化社群」。

今日，法屬庇里牛斯山的塞爾達涅與胡西雍城鎮村落中，加泰隆尼亞旗幟飄盪，加泰隆語四處可聞，正可說是加泰隆尼亞中心地帶（*Països Catalans*）曾經橫跨庇里牛斯山兩側的歷史見證。同樣地，西庇里牛斯山也將西班牙的巴斯克省分與屬於法國領土的蘇勒（Soule）、拉布爾與下納瓦拉（Lower Navarre）三個巴斯克省分分隔開來。許多巴斯克人認為這三省是所謂的伊帕拉爾德（Iparralde），亦即北方區域。每年，好幾千名巴斯克人參加長達一二九三英里（二千零八十公里）、穿越七個傳統巴斯克省分的科里卡長跑接力賽

（*Korrika*），在邊界兩側推廣巴斯克語。

這類關係並不罕見，國家邊界經常將同屬一區的領土切開，居於此區的居民多半與邊界另一側的人擁有更多共通性，勝過與各自所屬國家首都的關聯。許多邊境居民能說彼此語言，共享某些文化歷史標誌，愈靠近檢視，愈容易發現跟一般人的邊界印象矛盾反常的狀況。但將庇里牛斯山描繪為國家與文明間嚴酷冷峻的分隔線——一條傾向被設想成二元的、非此即彼的分隔線——的敘述中，這些文化連結經常被忽略，庇里牛斯山地景的「野蠻性」經常用來強化文化預設立場：將西班牙劃歸為落後異國的「非洲」，與法國及歐洲其他區域代表的現代化區隔開來。這些預設立場本身不只十分可疑，更易於將庇里牛斯山的歷史矮化成邊界角色，過於輕率地將山脈形容為不適合人居的荒野。然而這座山脈自古至今向來都只是更廣闊的邊境的一部分，以及文化、語言及政治安排共同拼貼出的一部分，而非法西邊界或西班牙「非洲」特質的歷史展現這種說法能夠一語帶過的。

靠著庇里牛斯山的「野蠻」來確證這些差異，太多歷史學者與評論家都忘了早在這道邊界形成之前，人們就已經住在山區了。他們也混淆了庇里牛斯邊境作為文化橋樑的歷史角色，代之以伊比利半島與大陸其他區域的障壁這樣的角色。庇里牛斯山更是各種不同交流發生的帶狀傳播區域。

# 第二部：跨越庇里牛斯山

路易十四接受西班牙哈布斯堡王朝最後一任國王將王位傳予法王之孫時，一名西班牙大使在凡爾賽宮中喜稱：「此刻庇里牛斯山將不復存在！」但那些陰鬱的山群仍舊堅守陣地，它們是抗拒法國榮光的頑固壁壘，是堅決對抗西班牙心靈歐洲化的少數人士的象徵。

——威爾・杜蘭與愛麗兒・杜蘭（Will and Ariel Durant），
《文明的故事》（*The Story of Civilization*, 1967）[1]

# 第四章　學者、朝聖者與吟遊詩人

既然曾飲過哲學甘露者當熱愛彼此，擁有珍稀實用之物並為他人所悉者當慷慨分享……（我們）也一直熱烈探求自己是否擁有這類美妙有趣的事物，得以呈現給您，親身體嘗。

——伯多祿・阿方索（Petrus Alphonsi），《致法國哲學家信簡》（*Epistola ad peripateticos*）[1]

馬克思主義社會學者昂希・列斐弗爾（Henri Lefebvre, 1901-1992）多半以其在日常生活與都市空間方面的開創性研究為人所知，而非關於山岳或庇里牛斯山。而即便他的事業多半在巴黎，出生於庇里牛斯—大西洋省波城附近阿格莫村（Hagetmau）的他，也是在貝恩附近的那瓦亨村（Navarrenx）母親的家中去世。除了兩份關於庇里牛斯山的博士論文，他還寫過一本名為《庇里牛斯山》（*Pyrénées*, 1965）的書，將自己的智識成就歸功於「在這個區域裡，我經受了強烈支持教權的順服態度，這股力量滋養並維繫了所有異教浪潮：從西哥德人帶來的亞流派（Arianism），到異端的阿爾比教派（Albigensian）與卡特里教派，再到新教與楊森主義（Jansenism）」。[2] 對列斐弗爾來說，庇里牛斯指的不只是山脈本身，而是更廣大的「南歐」場域，包含了幅員遼闊的南法，同時遠及巴塞隆納。「異教的邊陲」是他智識構成的核心成分，也是一種他定義為「既邊陲又全球的歐西坦人」的身分認同。

列斐弗爾高舉庇里牛斯山邊境傳承一事對某些人而言可能有些不尋常，但他召喚出的「邊陲」場域，同時也在文化與知識上連結了更廣闊的世界，在許多方面，比起不斷被貼上「陰鬱的山群」及難以穿越的障壁這類說法，確實是對庇里牛斯山在歷史上的實際位置更為精準的描述。就以加泰隆尼亞庇里牛斯山腳下的利波爾聖塔瑪麗亞本篤修道院（Benedictine monastery of Santa María de Ripoll）來說，它是大約在八七九年由烏爾海爾伯爵及「加泰隆尼亞奠基者」的多毛威佛瑞興建，是西班牙邊境早期的偉大教會建築之一。它最有名的就是與傑出的學者及政治家利波爾的奧力巴．卡布瑞塔（Oliba Cabreta of Ripoll, 971-1046）修院院長的關聯。奧力巴的諸多智性成就，其中包括了推動「上帝和平與休戰運動」，拉丁天主教會並因此於一〇二七年達成協議，對於封建領主之間的戰鬥衝突施加限制。這是歷史上首度試圖在戰爭中施加規範，以及指示要如何對待「平民」與非戰鬥成員的舉措之一。

奧力巴同時也主導利波爾修道院圖書館與藏經樓擴增規模。在十世紀末至十一世紀初的高峰期，藏經樓擁有諸多希臘及拉丁手稿的阿拉伯文譯本，同時這些又再由本地修士譯回拉丁文。十世紀後半，一位來自奧里亞克、早熟的法國修士熱貝爾（Gerbert of Aurillac）前來修院研習。熱貝爾後來成為歐洲黑暗時代最傑出的知識分子之一，他與「薩拉森人」的伊比利知識文化圈的精采互動，也指出西班牙邊境一度在歐洲歷史上扮演不尋常的角色，而不僅是庇里牛斯山給人的傳統印象而已。[3]

## 精通數學的教宗

熱貝爾的伊比利半島之行始於九六七年。當時位於法國中南部的奧里亞克修道院院長請求來自巴塞隆納的加泰隆尼亞貴族波瑞爾伯爵二世（Count Borrell II of Barcelona），帶熱貝爾一起回加泰隆尼亞，尋找「精通藝術之人」。當時熱貝爾應當僅有十二歲，但這名見習修士對於拉丁文、邏輯、哲學與數學的嫻熟掌握，已經超越師長的知識及能力。奧里亞克修道院院長明顯認定要找到知識的新視野，更可能會是在庇里牛斯山以南，波瑞爾也接受了請託。

因此，熱貝爾被安排在加泰隆尼亞的維克城（Vic）戰士主教阿托（Atto）（九七一年去世）的門下，很快就埋首於西班牙邊境蓬勃的多語言文化中，同時融合了阿拉伯、猶太與基督教的影響。這位年輕修士也開始接觸一系列經過翻譯的希臘、羅馬、波斯及梵語經典手稿，這些手稿當時經由大馬士革與巴格達帶進了哥多華的烏邁亞哈里發王國。

熱貝爾在加泰隆尼亞的學習對於他的智性發展產生決定性影響，特別是對於四藝（quadrivium）——算術、幾何、天文與音樂這四門學科的理解。除了首次發覺到九個阿拉伯數字與零，他也開始熟悉稱為算盤的計算裝置。熱貝爾可能也學習使用星盤——阿拉伯科學家發明的用來計算時間方位的圓形裝置——在羅盤發明前，這一直是主要的航海工具。

九七〇年十二月，熱貝爾隨同導師波瑞爾伯爵及阿托主教前往羅馬，神聖羅馬帝國皇帝奧圖一世（Otto I）任命他為其子的私人教師。九七二年，熱貝爾在漢姆斯（Reims）天主教學校出任新職，開始將他在加泰隆尼亞接受到的一些數學及天文理論傳播給更多人。他很快就建立了富有創新精神的教師這樣的名聲，擅長在教室中運用製作精巧的教學器材，例如用音箱上只有一條弦的單弦樂器，來說明音樂上的和聲與不同音高之間的數學關係。他將舊式的羅馬算盤改造成更小更簡化的版本，同時併入了阿拉伯數字，這是在歐洲首次這麼運用。

除了撰寫幾何學教科書，展示如何使用星盤，熱貝爾還創出六音符的音階，發明水力推動的教堂管風琴，並且創作數學詩謎，例如他送給後來變成朋友的昔日學生奧圖二世（Otto II）的「比喻詩」（*carmen figuratum*）。這些創新在基督教世界裡並非總是受到歡迎，對於知識感到好奇的精神仍會遭受教條主義或迷信恐懼的圈禁——以及某種程度的監控。有些教廷人士就把熱貝爾看作通靈巫師，宣稱他的發明來自巫術而非科學。其他人則陰險地指控他在伊比利半島時與薩拉森魔法師及女巫為伍。十二世紀時，來自馬梅斯伯利的威廉（William of Malmesbury）宣稱熱貝爾在伊比利半島時，「在使用星盤上超越托勒密，天文學上超越阿爾坎德拉烏斯（Alcandraeus），決疑占星學（judicial astrology）上則勝過尤利烏斯・費爾米庫斯（Julius Firmicus）」，他在此還學到了「鳥的歌聲預示之事；取得將幽靈從地獄召喚出來之術：簡言之，是人類好奇心已經發掘到的不管什麼有害的或有利的」。這位英國歷史學者宣稱，熱貝爾在這段旅程中已將他的靈魂賣給魔鬼，以協助他從神祕的薩拉森哲學家處偷取一本書。逃回法國後，他學會利用「雕像的頭」來丟擲以預卜未來。[4]

然而這些指責都不能阻止神聖羅馬帝國皇帝奧圖二世，在西元九九九年指派他過去的私人教師為羅馬教宗思維二世（Silvester II）。然而他的任期卻相當短命。一〇〇二年，熱貝爾與他的導師遭到羅馬人驅逐下台。隔年，一〇〇三年五月十二日，熱貝爾去世。雖然深受朋友學生景仰，但他在庇里牛斯山以南獲得的禁忌知識，仍舊讓他深陷邪惡謠言之中。後代的數學家與電腦程式設計師或許還能感受到這股餘波盪漾。

## 翻譯

熱貝爾前往伊比利半島的理由，以及他帶回來的知識及觀念，都暗示著西班牙邊境對當時基督徒的意義，與其在後世歷史學者眼中所代表的並不相同。接下來的幾世紀中，許多基督教學者追隨他的腳步前往西班牙，追尋歐洲其他地方不可得的書籍、手稿與觀念。這些旅程是文化及智識傳播的一部分，正如歷史學家菲利浦．胡利．希提（Philip Khuri Hitti）所說：「一路從托雷多（Toledo）關口經由庇里牛斯山……穿越普羅旺斯、阿爾卑斯山隘口進入洛林（Lorraine）、日耳曼到中歐，甚至跨越英吉利海峽。」[5]這些觀念的流動在十二世紀達到顛峰，根據中世紀研究專家約翰．托蘭（John Tolan）所說，當時「阿拉伯文本的浪潮向北蔓延，穿越庇里牛斯山，改變了歐洲的知識地圖」，[6]歐陸各處的學者前往伊比利半島，在托雷多大主教雷蒙（Raymond）於一一二六年設立的翻譯學校中工作。這些學者包含克里蒙那的傑哈德（Gerard of Cremona）、巴斯的阿德拉德（Adelard of Bath）、科林斯的赫曼（Hermann of Carinthia）、摩爾利的丹尼爾（Daniel of Morley）與凱頓的羅伯特（Robert of Ketton）。他們全都前往伊比利，帶回阿拉伯手稿的譯本，或者代數、醫學與哲學等希臘、拉丁論文的阿拉伯文譯本的再次翻譯。

他們大部分人穿越庇里牛斯山來到目的地，然而這類旅程卻經常遭到忽略或遺忘。不僅因為一般人不願接受伊斯蘭可能在歐洲知識發展過程中扮演正面角色，同時也因為庇里牛斯山代表著阻隔觀念交流「難以穿越」的屏障，不容許這種互動的可能性。然而，對大部分這些學者來說，庇里牛斯山邊境並非文明與野蠻的屏障，而是進入阿拉伯／伊斯蘭文化界的門戶，而且這裡比起他們出身的國家，還更有助於科學探求的精神。

然而這樣的心情並不普遍。烏埃斯卡出身，轉宗基督教的猶太教徒烏埃斯卡的摩西（Moses of Huesca），更為人熟知的名字是伯多祿・阿方索（Petrus Alfonsi, 1061-1110），他後來成為征服者威廉（William the Conqueror）之子亨利一世（Henry I）的御醫。他的暢銷作品《神父故事集》（*Priestly Tales*）搜納教喻故事，部分學者認為是《坎特伯里故事集》（*The Canterbury Tales*）與《十日談》（*Decamaron*）的原型。他的出生地烏埃斯卡，在他受洗（一一〇六年）的十年前，仍舊受到穆斯林控制。轉宗之前，阿方索接受的是阿拉伯／猶太／伊斯蘭教育，但他仍對伊斯蘭與猶太教深具敵意，還寫了兩本論文譴責這兩種信仰。這兩本書在基督教歐洲中流傳甚廣。

其中一名讀者是勢力強大的克呂尼（Cluny）修道院院長尊貴的彼得（Peter the Venerable）。一一四一年，他經由納瓦拉前往卡斯提爾與加里西亞（Galicia），接受國王阿方索七世（Alfonso VII）捐贈給他所屬教團的獻金及兩座修道院。彼得的伊比利之行還有另一個比較不尋常的目的。部分是基於伯多祿・阿方索的譴責而得出的靈感，他在卡斯提爾「以高薪懇請」召集一組精通拉丁文的學者，進行許多阿拉伯文獻翻譯，包含《古蘭經》。[7]這些努力並非為了推動跨文化對話，而是為了對付彼得認為這個本質可怖的宗教。這些努力產生了凱頓的羅伯特註釋的《古蘭經》拉丁文譯本，後來由彼得的祕書攜回法國，提供基督教歐洲第一份《古蘭經》譯本，以及核心誡律的首度相關分析，雖然內容相當偏頗狹隘。

二十一世紀科學家可能會在克里蒙那的傑哈德、巴斯的阿德拉德、穆罕默德・哈瓦利茲米（Muhammad al-Khwarizmi）或麥蒙尼德斯（Maimonides）這些人身上，認出了志同道合的精神。但其他人卻不記得有這麼一個時代，基督教與猶太學者穿越孤寂的庇里牛斯山口往前行，行李中揹著譯本及手稿，腦中充滿在自己國家中找不到答案的代數公式與哲學問題。這些學者雖然沒有留下庇里牛斯山旅程紀錄，但一些人如彼得與他的祕書，他們所穿越的山徑應該就是經常被形容成阻礙人與思想流動的同一座山脈；他們留宿的旅店、修院與民宿，應該也就設在已成為基督教宗教紀事上最偉大建制之一的這條路途上。

## 道路

聖地牙哥德孔波斯特拉朝聖之旅可以追溯到西元第九世紀，一小群歐洲朝聖者開始往南行，前往加里西亞，向聖雅各（Saint James）①陵墓致敬。根據藏於聖地牙哥德孔波斯特拉大教堂文獻中共五冊的《聖雅各之書》（*Liber Sancti Jacobi*）其中之一的《圖賓紀史》（*Historia Turpini*），又稱《偽圖賓紀史》（*Pseudo-Turpin*）的文獻記載，聖雅各在查理曼夢中現身，揭示出星原盡頭通往其墓地的道路。由於並無證據顯示查理曼曾前往加里西亞，但幾千名前往聖地牙哥德孔波斯特拉的朝聖者卻深信他曾到訪。到了十二世紀，成千上萬名各個階層的男女走上這條辛苦也往往相當險峻的道路，前往聖地牙哥德孔波斯特拉。路程從一千兩百五十到三千七百英里不等（兩千至六千公里），通常需時大半年時光。

有些人加入朝聖團或朝聖組織的行程；有些人則自行前往，作為懺悔或贖罪，或為自己、或為家人尋求神奇解藥。國王王后、商賈娼妓、罪犯、農民與僕役都曾踏上這條艱辛、有時危險的旅程，主要路徑都要穿越庇里牛斯山。多數經由「法國之路」（French route）穿過山脈，這是從聖尚皮耶德波（Saint-Jean-Pied-de-Port）到西澤隘口（Cize Pass）與納瓦拉的隆塞斯瓦耶斯隘口；或者經由「阿拉貢之路」（Aragonese routes），穿越松波特隘口或波塔列（Portalet）隘口。

對許多朝聖者而言，山脈本身已足夠駭人，而庇里牛斯山更是令人心生恐懼的大膽考

---

①譯註：聖雅各為耶穌十二門徒之一，西文為Santiago，英文則是James。

驗。十二世紀的朝聖「指南」《加里斯都抄本》（*Codex Calixtinus*）中，法國修士皮考的埃梅里（Aimeric de Picaud）將西澤隘口形容為「極為高聳的山岳」，「彷彿插入雲霄：對攀登者而言，似乎可以雙手觸及天空」。[8]山岳並非朝聖者唯一的阻礙。《加里斯都抄本》不時譴責朝聖路上的船夫與渡河資收費員，不但以超載船隻載運朝聖者渡過河川溪流，還榨取高額費用。拒絕繳付費用的人遭到杖打，部分甚至搶走不幸溺水旅人的衣服及財產。

不意外地，《加里斯都抄本》大幅讚美造橋鋪路或出資贊助的神職人員、王公貴族及「修路工」，讓朝聖者得以免受劫掠。在天主教會與強勢的克呂尼修道院的特意宣傳下，朝聖之旅對於重建並強化莫差拉比教會（Mozarabic Church）②與拉丁基督教世界之間的連結產生了助益，而隨著篤信宗教的統治者與修院教團出資在主要的朝聖路徑上修建教堂、修道院、庇護所與安養院，吸引歐洲各地的藝術家與工藝家前來，這也成為另一種文化散播傳布的工具。

## 基督教的庇里牛斯山

這些活動的證據今日仍舊散布在整個庇里牛斯山區：在穿越松波特隘口時死於瘟疫的中世紀朝聖者墓地；在十二世紀羅馬式教堂上扛著耶穌聖名前兩個希臘字母的兩座精巧的石刻

天使，這座教堂是阿蘇斯特人為聖地牙哥朝聖者興建；中世紀早期阿拉貢山區的聖璜德拉貝涅（San Juan de la Peña）修道院的羅馬式柱頭；還有那些甚至建在更偏遠區域的教堂、禮拜堂、紀念所與庇護所，例如位於今日法國南部東庇里牛斯省（Pyrénées-Orientales）的卡尼古聖馬丁大修道院（Abbey of Saint-Martin-du-Canigou）。

這座大修道院座落在卡尼古山（Mount Canigou）籠罩下的陡峭山尖上，距離西班牙邊界僅有幾英里，僅能靠著吉普車膽顫心驚地繞著環山土路而上，或是步行穿越松樹林間的陡峭山徑。登上山頂的人，則能享受兩座羅馬式教堂與一所修院組成的規模不大但壯麗的建築群。石牆看似從建築物的岩石地基延伸而出，眼前卡尼古山的峽谷與森林全景一覽無遺。大修院由塞爾達尼亞伯爵威福瑞（Wilfred Count of Cerdanya, 970-1050）③在一〇〇九年興建。一〇三五年，威福瑞成為修士，歸隱這座修院，十五年後於此去世。次年，其他修士派出一人進行一次特別的旅程，為威福瑞的救贖尋求眾人代禱。這位無名使者將旅程記錄在羊皮紙上，超過上百間修院教堂的代表都在紙上為這位去世的大修院創建者寫下虔誠禱詞。

由此我們得知這位修士在往北前往卡卡頌（Carcassonne）之前，曾走過東庇里牛斯山

② 譯註：意指九至十五世紀摩爾人統治下的西班牙基督教徒。

③ 譯註：塞爾達尼亞（西文）即塞爾達涅（法文）。

多數山谷。他接著前往普瓦捷、圖爾、奧爾良（Orléans）與巴黎，最後返回卡尼古與聖馬丁之前，還續走馬斯垂克（Maastricht）、亞琛（Aachen）、克布蘭茲（Coblenz）與梅茲（Metz）。即便在與世隔絕的山區隱修地，卡尼古的聖馬丁修士仍能派出代表，從庇里牛斯山城進行超過一千英里（一千六百公里）的旅程。他們很清楚，沿路上他會獲得懂得他的語言及身負要事的那些人接待，也相信他能安全回返這個即便在當時與歐洲其他地區的距離，也遠比歷史學者宣稱的要近上許多的野蠻邊境。[9]

庇里牛斯山的基督教化不單限於主要朝聖路徑。隨著基督教統治者與宗教組織在西班牙邊境地區擴張並鞏固控制，他們也開始在庇里牛斯山留下自己的印記。第一眼看去，位於加泰隆尼亞上利巴戈爾薩區（Alta Ribagorça）的波伊山谷（Vall de Boí），與其他庇里牛斯山區谷地並無二致。山谷北方主要是分隔西法兩國的庇里牛斯山鋸齒高峰。多數訪客由南方進入山谷，穿越類似亞利桑那州的鐵鏽色峽谷、藍綠色河流與平頂崎嶇丘陵，間或點綴幾個高牆環繞的中世紀村落堡壘，見證此地曾是重要的邊境區域。

波伊山谷最吸引人的是沿著河谷上上下下、九座由來自倫巴底（Lombardy）的藝術家與建築工人參與興建的十一、十二世紀羅馬式教堂，讓這座山谷轉變為世界文化遺產。被指定為極受歡迎的世界文化遺產，肯定了聯合國教科文組織所稱，此時期「貫穿中世紀歐洲的深刻文化交流，特別是跨越了庇里牛斯山脈的阻隔」。這些山區小教堂的精緻建築，展現出羅馬式教堂建築的簡潔與不浮誇，跟後來許多西班牙城鎮村落盛行的誇張哥德式教堂完全不同。陶爾村（Taüll）的聖克萊門提教堂（Church of San Clemente）是谷地中最精緻的建築之一，其拱面石牆及方形鐘塔上有一層層的狹小拱窗及稱為倫巴底裝飾帶（Lombard bands）的盲拱。

聖克萊門提教堂的半圓後殿，本來還有一幅被稱為陶爾巨匠的匿名畫家在一一二三年所繪的濕壁畫。就像許多羅馬式濕壁畫，原件現藏於巴塞隆納的加泰隆尼亞藝術國家博物館，但教堂在壁面上以投射技術顯現出濕壁畫供遊客觀

陶爾的聖克萊門提教堂。（攝影：哈維西瓦〔Xavigivax〕，二○○七年九月九日。維基共享。）

賞。一天下午，我看著聖人及天使圍繞著全能之主基督的光彩影像，豔麗的紫紅光影點亮了光禿禿的石牆。沒有宗教信仰也不妨礙我為眼前景象所感動，或欽佩著陶爾亘匠與其他藝術家，他們在當時人跡罕至之處留下了這些沒有什麼人欣賞得到的美麗作品與建築。

我們不清楚那個時期為何有這麼多藝術家離開義大利湖區，前往國外工作，或者什麼原因促使他們前來這些偏遠的山村，最合理的解釋應該是工作機會。這些技藝明顯擁有市場，如同勃艮地編年史學者羅道夫・葛拉伯（Rodolfus Glaber, 985-1047）曾稱這些中世紀早期的「教會白袍」散布「世界各處，特別是義大利與高盧」。[10]在庇里牛斯山區出資興建這類建築，基督教的統治者與神職人員不僅展現虔誠，也展現教會對山岳本身的權柄，而這類投入並不限於禮拜堂、教會與庇護所。如《加里斯都抄本》提到，橋樑建設也被視為虔誠且務實的作為，因此宗教與世俗權威都經常熱中參與。加泰隆尼亞邊境最知名的橋樑建造者之一是艾曼高迪烏斯（Hermengaudius），後來封聖為聖艾曼高（Saint Ermengol），他一開始為史所載是一〇〇二年的烏爾海爾主教轄區副主教。

相對短暫的這段生涯中，艾曼高沿著賽格雷河施展了不少他的傳記作者稱為「水利奇蹟」的作為。某一次，大雨後的賽格雷河水勢滂沱，眼看就要漫淹潰堤，此時艾曼高雙膝跪地，「祈求基督讓河流的這股壓力遠離聖母」，並大喊「喔！水啊，你因為厭煩慣常河道，竟敢褻瀆教堂？你這造反者，還不放下罪衍，我以神聖之名令你聽從我的祈禱」。[11]次日河水退去，艾曼高得以持續進行賽格雷河上的橋樑建築工程。一〇三五年，艾曼高擔任烏爾海爾主教時協助興建同一條河的另一座橋樑時就沒這麼幸運了，這座橋在賽格雷河位於霸爾（Bar）的堤岸上坍塌，艾曼高不幸跌入河中，頭顱撞擊岩石破裂而亡。後來這座橋直至一〇七六年才完工，卻持續沿用到一九八五年才垮掉。

## 愛之歌

中世紀跨越庇里牛斯山的文化交流，也不只是宗教副產品。世俗的文化影響也穿越山稜而去，且經常是透過最不可能的路線。今日，阿拉貢大區煙塵瀰漫的巴爾巴斯特羅（Barbastro）就位於瓜拉山脈（Sierra de Guara）下的庇里牛斯丘陵，看似與其他西班牙城市並無不同。周遭的地景多半被公寓街區或交通繁忙的馬路遮掩，一點也看不出遠在羅馬帝國之前，源於此地的古老凱爾特伊比利（Celtiberian）城市。根據某些文學家，這座蒙塵平庸的城市可能在中世紀的偉大歐洲文學運動中扮演了邊陲角色。在《中世紀文學史中的阿拉伯》（*The Arabic Role in Medieval Literary History*, 1987）中，已過世的古巴裔美籍中世紀史專家瑪麗亞・羅莎・梅諾卡（María Rosa Menocal）主張，一〇九五至一二九五年間在普羅旺斯風行的南法吟遊詩，是受到安達魯斯的阿拉伯音樂及文學文化啟發。南法吟遊詩人

（troubadour）一詞也源自阿拉伯文的「唱歌」（*taraba*）或「歌曲」（*tarab*）。

在伊比利摩爾人的「環歌」（*muwashshahas*）中，梅諾卡發現南法吟遊詩歌的前身。這種詩歌將古典阿拉伯詩歌混以阿拉伯方言，甚至希伯來語及莫差拉比拉丁語吟唱的副歌或合唱段落。如同其他南法吟遊詩歌理論的「阿拉伯源起論」支持者，梅諾卡也引述一〇六四年夏天在巴爾巴斯特羅發生的神祕事件。當時一支加泰隆尼亞—阿拉貢軍隊，在諾曼、勃艮地與法國騎士軍團支持下，包圍當時西班牙邊境地區摩爾人最後的根據地之一。

歷史學家對於這場攻擊的起因眾說紛紜。部分學者認為這是「十字軍前的十字軍」，是在教宗批准下進行；其他人則描述這是劫掠常見的邊境襲擊。無論動機為何，這場圍城對巴爾巴斯特羅居民帶來悲慘的結果。雙方談判後雖然達成讓居民離開的協議，基督徒卻反悔，屠殺男性居民並展開強暴劫掠。接著部分法國騎士「入境隨俗」，穿著打扮及飲食都開始像個摩爾人。根據摩爾編年史家伊本・海揚（Ibn Hayyan, 987-1075）所述，巴爾巴斯特羅的圍城者「獲得一間房屋，附帶屋中所有一切，包含女性、兒童與家具」；一名猶太特使被送往該城，贖回比較重要的猶太俘虜時，發現一名「十字軍」穿著摩爾服裝，坐在臥枕上，周圍環繞著穆斯林侍女，其中一人演奏魯特琴，以歌謠娛客。[12]

這位「侍女」很可能是一位琦顏（*qiyan*），也就是歌女之意。當時她已經成為伊比利穆斯林朝廷的一員，也深受伊比利基督教統治者的喜愛。這類表演者接受歌舞訓練，也被期待扮演歷史學者羅傑．波亞斯（Roger Boase）所稱的「宮廷愛人的角色……誘惑且端莊，難以滿足又令人迷惑，孕育希望卻很少實現」。[13]這群婢女中，約有五百至五千人從巴爾巴斯特羅穿越庇里牛斯山，被參與劫掠的基督徒以奴婢身分一起帶回北方，許多人後來成為南法宮廷中的魯特琴歌手。部分歌女進入亞基丹（Aquitaine）公爵暨普瓦捷伯爵威廉八世（William VIII, 1025-1086）的宮廷，他也是巴爾巴斯特羅的基督徒指揮官之一。其子威廉九世（William IX, 1071-1127）成為普羅旺斯南法吟遊詩歌繁榮期最有名的早期支持者。吟遊詩歌在十一世紀末至十三世紀傳遍南法地區，並在威廉的曾孫女亞基丹的艾莉諾（Eleanor of Aquitaine, 1122-1204）在普瓦捷建立的「愛的王朝」之下達到高峰。詩人艾茲拉．龐德（Ezra Pound）在〈詩章八首〉（Canto VIII）中曾間接寫下了這個事件：「而普瓦捷，你知道朱隆．普瓦捷④／從西班牙帶來歌謠／連同歌手與歡愉。」

無論「歌謠」是否真由巴爾巴斯特羅一路穿越庇里牛斯山而來，隆格多克（Languedoc）與普羅旺斯的南法吟遊詩歌文化隨後傳回了西班牙。南法吟遊詩歌在中世紀的阿拉貢與加泰隆尼亞極受歡迎，十三世紀時，羅馬教皇對卡特里派發動十字軍後，這裡許多的吟遊歌者也因此找到新的金主。其中一位歌者吉豪．西奇爾（Guiraut Riquier, 1254-1292），這位已經感

---

④譯註：即亞基丹公爵威廉九世。

到厭倦而不抱幻想的「最後一位南法吟遊歌者」，逃離受到摧殘、佔領的隆格多克家鄉，一開始在「歡樂的加泰隆尼亞」重新發現「真愛之道」，接著又進入卡斯提爾睿智國王阿方索（Alfonso）的宮廷，停留十年時間。西奇爾與其他吟遊歌者明顯影響了卡斯提爾國王優美的環歌創作〈神聖瑪莉亞頌歌〉（The Canticles of Holy Mary）的歌詞與插畫。在歌曲中，童貞聖母瑪利亞變成尋求救贖的吟遊歌者這位主角難以企及的愛慕對象，而他可能就是阿方索本人。

所有這些交易都是中世紀思想交流的一部分，並使得西班牙語系史學家馬塞林・狄福諾（Marcelin Defourneaux）一度將庇里牛斯山形容為「並非障壁，而是持續接觸的地帶」。[14]在接下來的世紀中，庇里牛斯山持續扮演這一角色，即使在山脈兩側的統治者另有所圖下，這還是經常發生。十六世紀晚期，菲利普二世試圖將庇里牛斯山改造成一個防疫封鎖帶，藉由阻止受管制書籍與危險人物進入此區，來催生對抗路德教派異端的反宗教改革西班牙。然而在阻擋不受歡迎的宗教教義上，西班牙內部負責審判異端的宗教法庭，其進行的反路德派鎮壓遠比山脈本身更有效。

十六及十七世紀多數時間，西班牙只不過就是缺乏資源來阻擋牧羊人、走私客與移工跨越庇里牛斯山。一六二六年，西班牙皇家祕書費南德茲・德納瓦列特（Fernández de

Navarrete）哀嘆：「歐洲所有的人渣都跑到西班牙，因此法國、德國、義大利或法蘭德斯的聾子、呆子、瘸子或瞎子，幾乎沒有一個沒來過卡斯提爾。」[15]許多定居在阿拉貢或加泰隆尼亞的法國移民發現自己跨越了山脈之後，被宗教法庭列為嫌疑，就因為他們真正的或被認為可疑的政治忠誠。

理解這些差異很重要，因為我們很容易引用庇里牛斯山這一實體障礙作為兩側社會差異的虛偽解釋。在斐列德利希·席勒（Friedrich Schiller）的《唐卡洛斯》（*Don Carlos*）中，西班牙的伊莉莎白王后告訴女兒：「我們必須在庇里牛斯山之外，為我們的平反尋求支持者。」因為她的暴君丈夫菲利普二世拒絕承認她的孩子。這齣戲劇在德國首演的三年後，反動的西班牙外交部長佛羅里達布蘭卡伯爵（Conde de Floridablanca）宣布他打算要「在邊境設立封鎖帶，作為防疫」，阻止法國革命思想進入西班牙。[16]

對席勒與佛羅里達布蘭卡來說，庇里牛斯山是個得以阻止觀念進出的思想邊境，但山脈卻不是達成這類目的的完美手段。即便在十六、十七世紀西班牙「封鎖」期間，西班牙戲劇小說在北歐仍受到歡迎，並被譯成法文與英文。十八世紀，稱為「寄宿生」（*pensionados*）的西班牙科學學生持續在巴黎、德國與中歐進行研究，即便杜蘭等後代歷史學者仍宣稱庇里牛斯山「陰鬱的山群」將西班牙封鎖在啟蒙運動的影響之外。

就算是真正的牆也很難達成這種目的，庇里牛斯山這一「天然」邊界，回顧過往總是比看起來充滿更多孔隙，更容易穿透。從法國大革命到西班牙內戰及那之後，西班牙的社會政治改革者持續從庇里牛斯山以外的地方獲取靈感。倘若他們的努力有時受到挫折或效果緩慢，並不是因為庇里牛斯山這堵「牆」，而是西班牙本身政治社會的普遍狀況以及山脈兩側大國的關係，後者經常讓暴力衝突跨過庇里牛斯山，進入到他們的最中心。

# 第五章　戰區

穿上我的伊斯帕托帆布草鞋①，給我貝瑞特手槍，給我步槍。我將前去擊殺比四月繁花更多的紅軍。

——西班牙內戰時的卡洛斯派②進行曲

① 譯註：*Espadrilles*來自南法的歐西坦語，語源可能來自加泰隆尼亞語的*espardenya*或西語的*esparteña*，意指以生長於伊比利半島南端與北非地中海岸的堅韌伊斯帕托草（*esparto*）編底的便鞋，通常覆以帆布或棉布鞋面。伊斯帕托帆布草鞋在法國南部及伊比利地區的歷史可上溯數千年。

② 譯註：Carlist，西文為*Carlismo*，為西班牙內戰期間保皇派的一支，擁戴西班牙波旁王室的唐．卡洛斯王子支系為正統世系。支持者多為封建貴族與教會保守派，屬於極右保守主義，格言為「上帝，祖國，法律，國王」。

位於常見的狹窄山谷納瓦拉山谷，雷薩卡村（Lesaka）是納瓦拉北部山脈的「五村」（Cinco Villas）之一，距離法西邊界的畢達索阿河不到一英里（一．六公里）。高大厚實的白色石屋擋去周遭大部分的綠意，即便是夏日，村落也感覺有些黑暗封閉。一八一三年秋天，半島聯軍在當時的威靈頓侯爵亞瑟．衛斯理的指揮下，在此建立總部，預備進攻法國。那年九月，四十二步兵團的英國軍官約翰．馬爾坎（John Malcolm）走上雷薩卡村上方的山丘，他後來寫下周圍地景詩意的描述：「往西邊，海洋在落日之下，像一片火焰鋪展開來。我的周遭是一連串聚集在一起的壯麗山丘，俯瞰岩石河流，覆蓋著的森林，染上了幾許的十月色調。更遠處，巨大山脈白雪覆頂，在晚霞餘光中閃耀玫瑰光彩。」[1]

從他俯瞰村落的位置上，馬爾坎觀察到「法國、英國與西班牙各軍團，正在進行晚操——手臂朝著落日高舉，樂團演奏著祖國的軍樂或悲傷的旋律，樂聲在沉靜中升起，隨著距離消逝，就像精靈樂音飄盪在山谷之間」。馬爾坎最近才來到西班牙，尚未見識到戰鬥。十月六日，他的軍團被告知次日將跨越畢達索阿河。度過了暴風雨的一夜，尋常的一如威靈頓領導的其他主要戰役，馬爾坎的部隊在黎明前集結，鼓聲伴隨下，前往河邊的出擊點。號角聲起，英軍涉入水中，打散對岸的法軍警戒木樁，開始穿越眼前的山脈。馬爾坎從隘口頂端俯瞰煙塵漫布的戰場上，「一長排的刺刀會突然從峽谷中刺出，在眼前閃現光芒，然後又突然消失，彷彿被地面吞噬。」[2]

馬爾坎也碰到不少死傷，包括一名法軍「背躺在地上身體伸直著，然而四肢顫抖且腳部痙攣，顯示出仍有生命跡象。我靠近看著他，發現他頭上有一處大傷口，露出一大塊駭人的血與腦漿」。周遭地景更加劇了馬爾坎的震驚厭惡。「傍晚晴朗且平靜，」他回憶道，「鳥在巢中歌唱。但在那一刻，大自然的寧靜樣子與歡愉聲卻令人震驚，因為它們強化了痛苦感受：她對人類毫無同情；在他歡慶時刻與臨終之期，她散發著一樣的笑容；在他新婚的花圈與腐敗的墳上，她的玫瑰也同樣豔麗盛放。」[3]

庇里牛斯山遭逢的最後一場大規模衝突，距今超過七十年，因此很難想像馬爾坎以十九世紀浪漫主義筆觸描繪的場景。今日，納瓦拉東北部的這處迷人角落，更適合牧羊人與遊客，而非士兵，但雷薩卡只是山區許多有著「大自然的寧靜樣子與歡愉聲」卻曾遭流血戰禍侵襲的地方之一。

## 入侵者

庇里牛斯山在軍事上的重要性，主要來自於交戰軍隊之間在策略上的屏障或入侵時的門戶這樣一個歷史角色。因此，這座山脈的軍事史通常圍繞著隆塞斯瓦耶斯、瑪雅（Maya）、勒白度、松波特、波塔列及其他隘口打轉。世世代代的學生學到迦太基將領漢尼拔・巴卡

（Hannibal Barca）在西元前二一八年的第二次布匿戰爭中跨越阿爾卑斯山，卻很少人知道當年七月，漢尼拔首先帶領大軍，包含五萬步兵、九千名騎兵與三十六頭大象，穿越庇里牛斯山。漢尼拔選擇較困難的山區通道，而非地中海岸路線，是為了避免提早遭遇羅馬軍。進入山區前，他先分出一支萬人隊伍，由他手下的漢諾（Hanno）將軍領軍鎮壓反抗並戍衛後防。接著他才帶領大軍，以三列前進。

我們並不確定迦太基人選擇的路線，學者一致認為他們是越過了白度峰（Col de Perthus），但部分加泰隆尼亞歷史學者則認為漢尼拔軍隊採取另一條比較艱苦的路線，沿著賽格雷河，穿越安道爾、跨過塞爾達涅，在伊利貝希（Illiberis，伊比利亞語，即埃爾恩〔Elne〕，靠近佩皮尼昂〔Perpignan〕）集結後，繼續往阿爾卑斯山前進。根據李維所述，漢尼拔的士兵受到阿爾卑斯山景象威懾，拒絕繼續往前，但漢尼拔提醒這些人，他們已經奮力穿越「由最好戰的部族掌控的庇里牛斯山口」，因此阿爾卑斯並不足為懼。「除了一堆高山以外，阿爾卑斯還有什麼呢？」李維讓漢尼拔在演說中宣稱：「就算它們比庇里牛斯山峰更高，世界上絕對沒有哪個地方高至天頂或人所不能穿越。」4

漢尼拔最終鼓動部下完成這場讓他大為出名的穿越。他的軍隊被逐出義大利之後，過了很久，羅馬軍則從相反方向跨越庇里牛斯山，對羅馬自己人宣戰。西元前七六年，偉大的龐貝（Pompey the Great）領軍穿越勒白度，鎮壓西班牙的賽多留（Quintus Sertorius）叛變，四年後留下一座勝利紀念碑。西元前四九年，西班牙則成了龐貝支持者與凱薩（Julius Caesar）之間的戰場。那一年的春天，凱薩下令副官之一的蓋烏斯．法比烏斯（Gaius Fabius）率領三個軍團，攻佔主要的庇里牛斯山隘口，對抗龐貝的西班牙副手路西烏斯．阿非拉尼烏斯（Lucius Afranius）及馬庫斯．佩特雷烏斯（Marcus Petreius）。同時間凱薩則包圍支持龐貝的馬西利亞城（Massilia，今日的馬賽）。

凱薩軍抵達庇里牛斯山時，法比烏斯的軍團卻未能達成目的，因此凱撒軍必須穿過辛卡河與賽格雷河之間的荒山區域追擊敵軍。凱撒以一貫的決心冷靜推展行動。他的士兵一度以木材及牛皮造筏，跨過賽格雷河洪流，並搭建橋樑讓剩下來的士兵渡河。當他發現通往艾伯洛河的道路遭到龐貝軍阻斷時，凱薩形容他的士兵繼續包圍敵軍，是如何穿越「廣袤崎嶇山谷。數度，筆直陡峭山崖阻斷行進路線，士兵必須手搭手前進，被迫手無寸鐵穿越大部分路程，倚靠彼此往上攀附岩石」。[5]凱薩以這種方式，在靠近艾伯洛河處，讓疲憊、士氣低落且半飢餓狀態的龐貝軍束手投降，自己僅損失七十名兵員。這項驚人成就讓他返回羅馬後，迅即贏得獨裁官頭銜。

其他軍隊也追隨他的腳步。西元四〇九年，日耳曼部族聯軍在蘇維比人（Suevi）帶領下，經由毫無防衛的庇里牛斯山「門戶」湧入西班牙，掀起一場暴力的末日大動盪，導致西班牙北部多數地區陷入饑荒與自相殘殺情況。四一五年，來自高盧南部的西哥德人戰士也經由東庇里牛斯山進入西班牙，擊敗蘇維比人，建立了新的基督教王國，一直維持到第八世紀。七三二年，摩爾人入侵者在圖爾／普威捷遭到鐵鎚查理擊敗；七七八年，查理曼遠征西班牙邊境失敗；一〇六四年，諾曼騎士加入巴爾巴斯特羅的「小十字軍」；一二八五年，法國入侵者劫掠阿拉貢。所有這些入侵與劫掠軍隊都以徒步、騎馬或駕車，從山的一側到另一側，來回穿越同樣的庇里牛斯山隘口，一直到十九世紀。

甚至英軍也穿越山脈而去。查理曼大帝在七七八年隆塞斯瓦耶斯隘口傳奇的撤軍行動六百年後，一三六七年，剛當上亞基丹統治者的威爾斯黑王子愛德華（Edward the Black Prince of Wales, 1330-1376），帶領三個師及自由傭兵團穿越同樣山口，協助在位的卡斯提爾殘酷的培德羅國王（King Pedro the Cruel）在內戰中對抗特拉斯塔瑪拉家的恩立奎（Enrique of Trastamara）。編年史家尚・弗瓦薩爾（Jean Froissart）描寫愛德華軍在寒冬穿越「納瓦拉河流峽谷，這裡是最危險的渡口，因為沿途上百處都可能讓整支軍隊陷入區區三十人的掌控」。[6]他無疑也想起了查理曼與羅蘭的戰役。十四世紀的《聖璜德拉貝涅編年史》（*Chronicle of San Juan de la Peña*）描述一二八五年的西西里晚禱戰爭中，法國腓力三世（Philip III）的軍隊攻擊阿拉貢，「軍隊行過平塔諾山谷（Pintano），抵達拜羅（Bailó）與阿布埃斯（Arbués），將之焚毀。進入阿拉貢山谷，他們來到貝爾敦城（Berdún），也將其焚毀。」[7]

一五一二至二九年間，在「康布萊條約」（Treaty of Cambrai）確認西班牙兼併伊比利納瓦拉之前，卡斯提爾、法國與納瓦拉軍隊在瑪雅及隆塞斯瓦耶斯隘口來回行動，不斷進行征服與反征服戰爭。一五九二年，貝恩的胡格諾派子爵派出八百名士兵，試圖穿過松波特隘口入侵阿拉貢，希望激起反抗卡斯提爾的叛變，收復納瓦拉。佔領了上泰納山谷（Valle de Tena）的薩岩特德蓋耶格村（Sallent de Gállego）與比耶斯卡斯村（Biescas）之後，貝恩人花了十一天劫掠各地並褻瀆教堂，然後才在今日稱為「路德派深淵」的峽谷被卡斯提爾軍擊退。[8]

十七世紀以降，庇里牛斯山成為西法兩國持續不斷作戰的常態戰場或侵略路線，包含收割者之戰（一六四〇至五二）、遺產戰爭（一六六七至六八）③、法荷戰爭（一六七二至七八）④、九年戰爭（一六八八至九七）⑤，以及西班牙王位繼承權之戰（一七〇一至一

---

③ 譯註：由法王腓力四世的遺產分配問題引起，是路易十四發動的第一次對外侵略戰爭，戰爭結果大致平手，但法國仍在和談中取得西屬尼德蘭九座城市，讓法國國土往東北方向擴張。

④ 譯註：一六七二年，法王路易十四的英法聯軍進攻荷蘭，造成一場歐洲戰爭，一邊是英、法、瑞典與明斯克及科隆主教區，另一邊則是荷蘭與神聖羅馬帝國、布蘭登堡、西班牙與洛林公國。戰爭結果由法國大獲全勝，被視為法國霸權的崛起。

⑤ 譯註：又稱為大同盟戰爭，法王路易十四欲在歐洲進行大規模擴張，引起荷蘭、哈布斯堡王朝、英國、西班牙組成大同盟對抗法國。戰爭結果雖然逼和，法國仍是歐洲霸權。

四）。一七九三年，西班牙以第一次反革命聯盟成員的身分，入侵胡西雍。隔年，法國國民公會匆忙在東庇里牛斯山募集一支軍隊，將西班牙人趕回加泰隆尼亞，同時西庇里牛斯山的法軍則再次入侵隆塞斯瓦耶斯隘口，迫使西班牙人撤回納瓦拉。

但在一八〇八年春天爆發的災難性衝突之前，這些都不足一談。這場戰事中，法軍佔領馬德里及其他西班牙城市，因為拿破崙試圖讓兄長約瑟夫登上西班牙王位。經歷五年血戰才結束戰爭，將法軍逐出西班牙。一八一三年夏天，納瓦拉北部成為庇里牛斯山歷史上最重要戰爭的場景。

## 「當頭棒喝」：庇里牛斯山戰役

名為庇里牛斯山戰役的這場戰爭，實際上是約瑟夫的軍隊在一八一三年六月二十一日維托利亞戰役（Battle of Vitoria）遭到擊潰後，拿破崙任命尼古拉斯・尚—德—狄烏・蘇爾特（Nicolas Jean-de-Dieu Soult）元帥為西班牙軍指揮官而掀起的一系列戰鬥。蘇爾特的任務是發動反攻，以阻止威靈頓軍隊進入法國，他快速組織起八萬五千名左右的殘軍，預備迎擊超過十萬名的聯軍。這場對戰實際上比表面看來更勢均力敵。雖然人數上佔了優勢，威靈頓軍卻要同時圍攻聖賽巴斯提安（San Sebastián）與潘普洛納，軍力擴延在四十至六十英里（六十四至九十七公里）寬的艱苦戰區上，圍繞著一個軍事上複雜的地形，如同歷史學者威廉·納皮爾爵士（William Napier）的描述：「成峰的山群、狹窄崎嶇的隘口、深水道、可畏的絕壁與森林。」[9]

兩軍對戰始於一八一三年七月二十五日上午，兩萬一千名法軍對瑪雅隘口英軍第二師、由威廉·史都華（William Stewart）將軍領軍的七千名士兵發動攻擊。襲擊開始時，英國人正沿著阿列泰斯克岩（Rock of Aretesque）與阿爾庫倫茲山（Mt. Alcurrunz）之間，俯瞰著瑪雅村的山脊往上攀升。一名英國軍官回憶：「敵軍的人數……立刻佔據我軍前方與周遭的土地。彎曲迴繞的山峰、峽谷與水道之間，都充斥著勢不可擋的敵軍。」[10]經過二十分鐘激烈毛瑟槍對戰，半數以上的防守士兵死傷之後，法軍進攻才被四百名戈登高地軍團擋了下來。「他們像石牆般屹立不搖，」一名軍官回憶道：「以二十比一的懸殊人數，一直戰到半數藍扁帽落在英勇的北方戰士身旁。當他們撤退時，那些屍體仍阻擋著敵人前進。」[11]

戰鬥持續到傍晚，直到援軍抵達幫助疲憊的守衛士兵將法國人擋回去。這一天原本以英國勝利終結，然而就在附近二十英里（三十二公里）外的隆塞斯瓦耶斯隘口，另一場法國攻擊迫使一萬三千名英軍退往潘普洛納，避免遭到包圍。史都華軍也必須跟進，以免遭到切斷，因此兩軍都退到潘普洛納外不到十英里（十六公里）處的索拉烏倫村（Sorauren）。威靈頓聽到消息時，立刻知道蘇爾特意欲切割他的部隊，他立即上馬整軍，在僅有副官伴隨的情況下，趕往納瓦拉的小村落。現在這個村落將成為一場歐洲大戰的震央。

今日的索拉烏倫是個俯瞰潘普洛納到瑪雅隘口間主要道路的白色村落，不值得瞧上一眼。我們造訪村落的那個下午，豔陽炙熱，整個村落杳無人跡，只剩下在烏爾扎瑪河（Ulzama）舊石橋下玩耍的孩子。一八一三年七月二十七日，威靈頓在同一條橋邊下馬，審視由瑪雅與隆塞斯瓦耶斯隘口撤回的軍隊，緊張地在村子上方紮營。他預期法軍將是兩倍人數，此刻正在村落下方的狹窄山谷另一側集結。

威靈頓很快評估情勢，靠在橋上的矮牆，寫下部署計畫，下令軍隊集中在分隔了索拉烏倫及其後方的奧利卡因村（Oricáin）的兩英里（三公里）長山脊上。接著他騎到村落上方的朝聖教堂，受到軍隊喧天歡迎，導致蘇爾特以為英國援軍抵達。透過望遠鏡，威靈頓看到對手正在徵詢軍官，因此推測以謹慎出名的蘇爾特在明早之前不會發動攻擊，便向潘普洛納徵召援軍。

隔天，法軍開始集結，威靈頓一位軍官將其形容為「我曾看過最壯觀的軍容……敵軍之中帶著紅羽熊皮帽、身著藍外套的近衛軍顯然是一群最好戰的軍隊。他們前進時開始派出散兵，遭遇英軍的輕裝軍，就此展開血腥的一天……我未曾見識如此震撼的場面」。[12]猶豫不決的蘇爾特終於將全軍都投入戰鬥時，已將近中午。此時，葡萄牙援軍已經開始由潘普洛納抵達，法軍衝出狹窄山谷，衝向灌木叢生的山坡，試圖前往奧利卡因高地時，遭到威靈頓形容為「當頭棒喝」的槍砲與刺刀攻擊，因此死傷慘重。

隔天早晨，蘇爾特試著分出一隊前往聖賽巴斯提安，而非潘普洛納，威靈頓也立刻派軍往西北攔截。七月三十日黎明時，英軍由奧利卡因山脊往下發動攻擊，將法軍逐出索拉烏倫下方山谷。「我們緊追在後，在一處小平地趕上他們。他們像羊群一樣擠在一起」。第三十一輕步兵團的威廉・惠勒（William Wheeler）上士回憶道。「我們以激烈火線激怒他們，他們也鼓起決心轉向我們，訴諸鋼鐵威脅……現在戰爭陷入膠著……許多頭顱遭到槍托砸裂。」13

到了日正中午，蘇爾特的軍隊往法國邊界竄逃，威靈頓軍則由索拉烏倫與更北的利札索村（Lizaso）發動攻擊。拿破崙的「突出部之役」（Battle of the Bulge）⑥反攻就此告終，法國皇帝想要爭取時間跟部分從北方進犯法國、更加遲疑的對手談和，其最後的可能性也消失。隨著聖賽巴斯提安在八月三十一日陷落，入侵法國之路已經開啟，下一階段的戰事將導致拿破崙遭到流放，以及最終的滑鐵盧敗北。

索拉烏倫並未設立任何關於這些事件的紀念物，威靈頓曾觀察對手的隱身處也不復存在，但我仍爬上山坡來到我猜想的地點，很難想像那些法軍是怎麼衝上陡峭岩坡與濃密樹

---

⑥譯註：意指欲將敵方戰線一分為二，削弱敵方力量的反擊作戰。

叢，卻不幸迎向等待的刺刀與槍口。軍事史上經常稱此為「英勇」，但想到這些在嚴酷石地上衝向死亡的年輕人，我只覺得哀傷，而非景仰。回到在炎熱汽車內等我的妻女身旁時，我鬆了口氣，駛過那些仍舊在烏爾扎瑪橋下玩耍的歡笑孩子。

## 堡壘——山脈

這類大型衝突在山區是相對少見的。多數庇里牛斯山戰爭通常是從一邊往另一邊的邊境路線，或圍城，或對堡壘要塞發動攻擊。許多要塞城鎮正是設計來

威廉・希斯（William Heath），《一八一三年七月二十八日庇里牛斯山戰役》，一八一四至一五年繪。日期指出了應為索拉烏倫之戰，但戰鬥情況或地景都與實際戰役關聯不大，畫家似乎將各個戰役融合成這場戰事的普遍描繪。（土魯斯市立圖書館。維基共享。）

對應這類攻擊。庇里牛斯山各處都可以發現歷史證據，包含城堡、哨塔以及要塞城鎮，這些要塞是用來俯瞰山區戰略隘口或者離主要道路有段距離卻可通向隘口。某些要塞可追溯至羅馬時期。有些則是在西班牙邊境時期，由摩爾人及基督教統治者建立。其他則是在更晚近時期興建。十六世紀的最後十年，菲利普二世僱用義大利軍事建築師提布利希歐・史班諾奇（Tibúrcio Spannocchi）在阿拉貢庇里牛斯山區設計一套防禦體系，阻止法國入侵。史班諾奇最傑出的成就是偉大的哈卡要塞（Jaca），其五角造型與厚重的斜面牆體，後來成為半島戰爭期間拿破崙軍最堅實的基地。

十七世紀末，路易十四的重要軍事建築師賽巴斯提安・勒派斯特・德・沃班（Sébastien Le Prestre de Vauban, 1633-1707）數度造訪南法，檢視庇里牛斯山的邊境防衛。這幾次造訪的結果是大西洋岸一系列的要塞，並在法國新兼併的領土胡西雍地區設計一系列優雅的要塞碉堡，從西班牙邊境的普拉特—德莫洛—拉普萊斯特萊（Prats-de-Mollo-la-Prestre），延伸到地中海岸的科利烏賀（Collioure）。沃班的胡西雍要塞，例如維勒法蘭奇—德—孔弗隆（Villefranche-de-Conflent）上方的自由堡（Fort Liberia）、蒙路易（Mont-Louis）、普拉特—德莫洛的拉加德堡（Fort Lagarde）以及勒白度隘口的貝勒加德（Bellegarde），都沿續新義大利文藝復興設計風格，以尖角斜面牆體對抗大砲、地道與坑道。它們也設立在賽格雷與泰特（Tet）山谷間的戰略位置上，控制主要道路。

其他要塞則遠離城鎮村莊，建於山區中央，例如位於拉德隆內斯峰（Coll de Ladrones）俯瞰坎夫蘭克的十八世紀西班牙要塞，或同一時期建於阿斯貝山谷（Vallée d'Aspe）的法國波塔列堡。這些防禦工事都是跨境軍隊的核心戰略目標。普威格塞爾達是經由拉波薩峰（Coll de la Perxa）通往西屬塞爾達尼亞的門戶，無數次遭到法軍圍城。一六七八年五月，兩千名西班牙士兵與兩百名加泰隆尼亞農民對抗諾埃勒公爵（Duc de Noailles）領導的一萬兩千名法軍，防守長達一個月的時間。經過三十三次攻擊，守軍終於投降，法國人將該城的城牆毀壞殆盡。

加泰隆尼亞的要塞村落卡斯戴爾城（Castelciutat），現在是拉瑟烏海爾鎮（La Seu d'Urgell）境內的休閒中心，俯瞰著從塞爾達涅與安道爾通往加泰隆尼亞的主要道路。卡斯戴爾城曾多次遭到圍攻，最知名的一次是在一七一三年九月西班牙王位繼承權戰爭期間，加泰隆尼亞將領荷賽普．摩拉古埃斯（Josep Moragues）領導的守軍在彈盡援絕之下，只能向法國波旁軍投降。法屬庇里牛斯山要塞也遭到圍城攻擊。一七九三年，勒白度隘口貝勒加德堡的兩千名法軍，在長達兩個月圍攻中，對抗一萬兩千名西班牙軍。同一年，西班牙軍曾短暫攻下維勒法蘭奇—德—孔弗隆，此城因其高牆與沃班式堡壘而以「防衛嚴明」著稱，後來又被出身貴族的革命將領達格貝．德．豐丹尼爾（Dagobert de Fontenille）奪回。

部分要塞堡壘未曾用於一開始的目的。優雅的橢圓形步槍團塔（Tower of Fusiliers）俯瞰通往坎夫蘭克的N330公路，建於十九世紀最後幾年，當時是為了防衛法國入侵，但一直未曾發生。西班牙內戰之後，佛朗哥獨裁政權試圖將庇里牛斯山轉變成難以入侵的壁壘，在軍事工程師荷西·瓦耶斯平（José Vallespín）上校的領導下，興建了一系列掩體、狙擊兵藏身處及地下軍火站。隨著盟軍取得上風，佛朗哥的「馬其諾防線」工程在一九四四年加快腳步，持續到一九五〇年代。部分工事今日仍舊可見，特別在加泰隆尼亞庇里牛斯山區，二〇一一年一場森林大火首度揭露它們的蹤跡。

## 游擊隊與反抗者

庇里牛斯山雖不適合大規模衝突，卻相當適合上演「劫掠燒殺的派系戰爭」，這是約翰·林恩（John Lynn）指稱的路易十四時代庇里牛斯山戰役的特色。當時法軍經常必須對付「小型軍隊、崎嶇地形、稀疏人口、有限補給與通路限制」。[14]這種形式的戰鬥在庇里牛斯山有長久的光榮歷史，可遠溯至凱爾特伊比利部落與羅馬人的戰爭，以及第八世紀的法蘭克人遠征。在西班牙王位繼承戰中，加泰隆尼亞山區步槍團（Catalan Fusellers de Muntanya）與米格列特輕步兵（*miquelets*），在上帕雅爾斯（Pallars Sobirà）的峽谷，以及現在的艾古埃斯托特斯國家公園，對法西波旁王朝聯軍發動孤注一擲的打帶跑戰爭，試圖解除巴塞隆納圍城之急。

穿戴標誌的棕色羊毛外套、尖頂帽或從敵人搶來的制服，配上兩把手槍、一隻斧頭及庇里牛斯人稱為西班牙槍（*Espanyola*）的長獵槍，這些加泰隆尼亞非正規軍為自己贏得響亮名聲，並在持續將近一世紀後，一七九八年的《法國學院大字典》（Dictionnaire de l'académie française）中仍將「米格列特輕步兵」定義為「庇里牛斯山區的一類盜匪，讓旅人極度畏懼之」（作者自譯）。一八〇八年，游擊隊（*partidas*）在庇里牛斯山四處興起，對抗多數西班牙人認定為拿破崙「無神論異端者」的入侵。部分最早期的游擊隊在納瓦拉北部的山區形成，例如十八歲的「學生」哈維爾．米納（Xavier Mina）領導的「陸上海賊團」（Land Corsairs），一八一〇年後由他的叔叔法蘭西斯可．艾斯波茲．米納（Francisco Espoz y Mina）接收。

在東庇里牛斯山，米格列特輕步兵與稱為「索瑪德內」（*somatenes*）的當地民兵攻擊法軍行伍與散兵，封鎖堡壘要塞，切斷法國補給線，甚至深入塞爾達涅發動劫掠，從當地人手中竊取牛羊勒索金錢。法國任命的阿拉貢統治者路易—嘉布黎．蘇榭（Louis-Gabriel Suchet）元帥後來回憶：「我軍逼近時，這些隊伍不戰而退，他們在我軍未佔領之地到處現身，因此難以從任何地點對他們發動嚴重攻擊。」[15]半島戰爭期間最大型且攻擊力最高的游擊隊之一，是一八〇九年在阿拉貢由兩名西班牙軍官米蓋爾．薩拉沙．洛貝拉（Miguel

Sarasa y Lobera）與馬力安諾・雷諾瓦雷斯（Mariano Renovales）組成，並以靠近哈卡的地標聖璜德拉貝涅修院為基地。

這間新修院的建造是為了取代先前在一六七五年大火中遭吞噬的中世紀老修院，薩拉沙與雷諾瓦雷斯的人馬於一八〇九年夏天在此設立基地，封鎖附近哈卡堡的法軍軍營，也截斷經松波特隘口而來的主要法軍補給線之一。數度援助軍營後，蘇榭派出大批軍隊，由路易・法蘭索瓦・菲力克斯・

奇哥—沙巴泰（Quico-Sabaté）壁畫，二〇〇七攝。這幅影像採用沙巴泰的知名照片創作，上面標語寫著：「盜匪資本主義。恐怖主義國家。無政府主義抗爭永不投降。」（西班牙政府共享資源。）

慕斯尼耶將軍（Louis François Félix Musnier）領軍，要將這群游擊隊趕出聖璜德拉貝涅的「獨立殿堂」。

八月二十五日，慕斯尼耶軍攻擊並焚毀新的修院。薩拉沙與雷諾瓦雷斯逃了出去，慕斯尼耶的人馬則繼續在艾丘（Hecho）、安索（Ansó）及更北方的隆卡山谷等廣泛支持游擊隊的區域，發動一連串掃蕩報復行動。今日的艾丘是個擁有風景明信片美景的阿拉貢村落，蘇博丹河（Subordán River）畔有一整片向下延伸的梯田。只有教堂牆上遺留的燒痕見證一八〇八年八月二十八日的事件，當時阿拉貢的法軍將三分之二村落整個燒掉，射殺七位村民，接著還在附近谷地到處留下同樣慘烈的毀滅足跡。

游擊隊戰鬥與掃蕩行動的殘酷動向，是庇里牛斯山非正規戰爭的常見特色。弗瓦薩爾曾描述黑王子的自由傭兵團介入卡斯提爾內戰之前，在露德附近村落進行恐怖劫掠。一五一二年，卡斯提爾征服納瓦拉的過程中，阿爾巴公爵（Duke of Alba）的卡斯提爾軍隊佔領聖尚皮耶德波堡壘，摧毀農作，砍倒蘋果及其他果樹，以飢餓逼降當地人。一七九四年，法國革命軍佔領西屬塞爾達尼亞，焚毀村落教堂，沒收當地居民的食物牲口。

第二次世界大戰期間，庇里牛斯山區的法國反抗軍對納粹佔領軍及維希政權盟友發起游擊隊戰鬥時，也面臨類似報復行動。反抗軍隊伍中包含許多之前西班牙內戰的共和國士兵。

南法首批反抗軍戰士中，部分是西班牙共產黨在法國集中營裡召募的西班牙共和國囚犯。這些人被送到庇里牛斯山強迫勞動，擔任伐木工、農工及水壩建築工。孤立在庇里牛斯山的建築基地（*chantiers*），這批前集中營囚犯與山裡的西法燒炭工結盟，形成武裝團體核心，後續則納入西班牙游擊隊的十四軍。

許多西班牙人與南法卡尼古山區的馬基薩德法國反納粹游擊隊員（maquisard）共同作戰。從維內—勒—班恩（Vernet-les-Bains）往卡尼古山約一小時的路程中，有一座簡單的石造紀念物，銘刻著：「向法國義勇軍⑦隊員亨利．巴爾布斯（Henri Barbusse）致敬。一九四四年六月二十八日戰役。」紀念一九四四年夏天發生的事件。當時維希政權民兵與德國邊境警察試圖包圍二十多隊在卡尼古山屋行動的游擊隊員。一場激烈戰鬥後，多數游擊隊員都退入山中，前往位於今日古爾塔列山脈（Gourtalet）的基地。七月七日，山屋遭到德國空降部隊攻擊，但游擊隊員在山屋起火前已經逃出。16

抓不到也殺不掉這些游擊隊員，德國人與維希盟友改懲罰支持游擊隊的平民。一九四四年八月一日，約有六百二十名德意志國防軍、武裝親衛隊、德國邊防警察與維希政權的法蘭

⑦ 譯註：法國義勇軍（FTPF），全稱為Francs-Tireurs et Partisans Français，指二次大戰期間，在法國共產黨領導下對抗納粹佔領的非正規游擊隊。

西民兵（Milice）共同攻擊卡尼古山坡上的瓦爾曼尼亞村（Valmanya），以報復兩天前法國與西班牙的法國義勇軍攻擊普哈德鎮（Prades）的蓋世太保總部。雖然六名游擊隊員極力擋下攻擊，讓多數民眾逃走，德國人仍舊殺害刑求四名留在當地的村民，並燒毀村落大部分區域。

類似報復行動在山中其他區域上演。一九四四年六月，武裝親衛隊帝國師（SS Das Reich）攻擊靠近希蒙村（Rimont）的法國／西班牙游擊隊基地，並遷走全數居民。這個村莊位於阿列日省的聖吉洪（Saint-Girons）到富瓦（Foix）之間的路上。但這些做法卻未能達成目的。從六月六日盟軍登陸，到八月法國解放之間，西班牙游擊隊十四軍在阿列日省各地攻擊德軍車隊，解放數個村鎮，包含富瓦。一九四四年八月，西法游擊隊員從山間藏身處下山，對佔領軍發動公開戰爭，很快演變成大規模起義。

一九四四年八月十九到二十日，東庇里牛斯省在沒有盟軍的協助下，成為法國反抗軍第一個解放的省分。戰爭期間，許多戰士都在庇里牛斯山中進行戰鬥。八月二十四日，三千多名西班牙無政府主義者、共產黨員與共和黨人，與菲利普・勒克萊爾（Philippe Leclerc）將軍暱稱「老九」的第九裝甲師，在巴黎街頭共同參加遊行。此時許多人認為法國解放是他們自己國家解放的前奏。

## 不文明的戰爭

庇里牛斯山的戰爭還不僅是國家之間的戰爭，法國宗教戰爭（一五六二至九八）在西庇里牛斯山打得特別慘烈。一五六九年，納瓦拉的統治女王珍·德·阿爾布黑（Jeanne d'Albret）的胡格諾派軍隊在嘉布黎·德·蒙哥馬希（Gabriel de Montgomery）伯爵的領軍下，在貝恩區域燒毀村鎮，殺害天主教徒與神職人員，並摧毀或褻瀆教堂、女修院與修道院。一五七〇年七月，王室軍隊與貝恩天主教徒聯手在亨利三世反胡格諾派的野蠻元帥貝雷思·德·蒙路克（Blaise de Monluc, 1502-1577）的領軍下，包圍胡格諾派的拉巴斯坦鎮（Rabastens）。這個位在波城西邊四十五英里（七十二公里）的城鎮，現在成了南法地區最大規模的牛墟之一。

在蒙路克的回憶錄中，他描述自己如何下令軍隊屠殺百姓，因為「此地之人曾與蒙哥馬希伯爵聯手摧毀你的教堂，毀壞你的房屋……如果我們攻擊此地，讓他們結束於劍下，整個貝恩地區會束手就擒」。[17]五天圍城中，蒙路克遭到火繩槍擊中臉部，傷勢嚴重，以至於人生剩餘歲月都得帶著皮面具遮掩碎裂的鼻子。他的士兵卻為他復仇，強迫五十名「異端者」從鎮上城堡的塔樓跳下自殺。類似場景在十七世紀初政府軍欲平服貝恩、納瓦拉與富瓦等胡格諾領土，再次引發對抗路易十三世的胡格諾派抗爭中上演。一六二五年，阿列日省的庇里牛斯山村勒馬—達齊爾（Le Mas-d'Azil）的七百位村民，以回收金屬自製手榴彈與毛瑟槍彈，對抗上萬名天主教／保皇派軍隊，長達一個月時間。胡格諾派人士在村落附近的山洞中躲避大砲轟炸；最終高達五百人的傷亡逼退了圍城者。

半島戰爭的二十年後，在西班牙三次內戰的第一次「卡洛斯派戰爭」（Carlist Wars）（一八三三至三九）中，西班牙政府發現自己必須對抗當初反拿破崙的同一批游擊隊。因為支持反動派，極端天主教派的西班牙王位競爭者卡洛斯（Don Carlos）在巴斯克與納瓦拉地區的勢力特別強大。多數戰鬥都發生在納瓦拉北部高地，相對弱勢的政府軍在此地發動戰爭，對抗由極具天分的將領托馬斯．德．祖馬拉卡瑞古伊（Tomás de Zumalacarrégui）率領的卡洛斯派反動軍。雖然政府軍得以掌控下納瓦拉山谷，卻未能將卡洛斯派逼下山脊高地，因為許多納瓦拉農民早就熟悉了走私或土匪的本事。

愛德華．貝爾．史帝芬斯（Edward Bell Stephens）是一名支持卡洛斯派的英國《早晨郵報》（Morning Post）記者，花了六個月時間在納瓦拉與基普茲科亞（Guipúzcoa）觀察「山區衝突最令人不安的場景」，讚賞這些他在山區戰鬥中遇見的「堅韌、誠實、慷慨、睿智且高貴的人們」，藉以對抗他自己的國家政府對西班牙政府的支持，「在保衛過程中，他們出於本能地展現出對自由的熱愛、對死亡的不屑一顧」。[18]英國軍官查爾斯．費德列克．海寧森（Charles Federick Henningsen）也與卡洛斯派並肩作戰。對於這些穿戴紅色貝雷帽、槍匣背帶、涼鞋與輕背包，伴著毛瑟槍睡在屋頂上，「隨時就能動身走上五十英里」的納瓦拉游擊隊，海寧森寫下了「狂野、驕傲且難以駕馭」的這種自半島戰爭以來幾乎未曾改變的浪漫印象。他同樣以華麗散文描寫跟人民一樣狂野、多采多姿的地景，「生猛且怪異的地塊，高聳於路徑之上，有時導向尖端或山頂，有時卻看似層層堆疊，威脅下方旅人。」[19]

卡洛斯戰爭實際上比這樣的浪漫記述更為血腥殘酷。政府軍與對抗的一方都焚燒村落，殺害反對的或不支持己方的平民，肆意展開災難性報復。一八三五年，蘇格蘭旅人詹姆士·厄爾斯金·穆瑞（James Erskine Murray）經過安道爾的一處村落，這裡前陣子才遭卡洛斯派燒殺擄掠，以報復四名卡洛斯軍官遭到克莉絲提諾（Christino）一派的人⑧殺害；這些軍官在前一天非法進入中立共和國。[20]在阿蘭山谷，穆瑞則發現當地居民因為害怕卡洛斯派攻擊，正將身家財產運往法國。

⑧譯註：一八三三年，斐迪南七世去世，讓整個西班牙陷入內戰。由攝政王太后瑪莉亞·克莉絲提娜（Maria Christina）及伊莎貝拉二世（Isabella II）組成的合法政府，遭到斐迪南的兄弟卡洛斯挑戰。伊莎貝拉的支持者稱為自由派或克莉絲提諾派；卡洛斯的支持者稱為卡洛斯派。

然而在西班牙所有內戰中最具毀滅性的一場戰爭，庇里牛斯山只扮演一個邊緣角色。這場戰爭始於一九三六年七月，法蘭西斯可．佛朗哥指揮的國民軍試圖推翻西班牙共和國。多數戰爭期間，庇里牛斯山都是一道平靜的邊境，遠離衝突主戰場。卡洛斯派民兵，又稱「呼嘯兵」（Requetés），協助國民軍控制納瓦拉。在阿拉貢，國民軍掌握了省內所有主要城市，從北方的烏埃斯卡到南方的貝爾奇代（Belchite），更掌握了邊境城市坎夫蘭克。出了這些城市，共和軍在加泰隆尼亞無政府主義民兵助陣下，從西法邊境山區到南方的艾伯洛河，控制了大片領土。雖然部分加泰隆尼亞與阿拉貢山區村落參與無政府主義者領導的農業合作社，但對於要支持共和軍或國民軍，各個村莊或山谷經常有不同主張。農業合作社在一九三七年六月遭到共和國政府鎮壓前，曾有上百萬成員。

共和國政府將捍衛庇里牛斯山邊境視為關鍵目標，因此在阿拉貢與加泰隆尼亞設立山區特種部隊，部分甚至具有特殊政治屬性。一九三六年，加泰隆尼亞自治區（Generalitat）主席授權成立一支加泰隆尼亞山區民兵部隊，也就是加泰隆尼亞第一庇里牛斯山軍團（Regiment Pirinenc núm.1），並以「邁索屯」（*Maisortum*，意為「我們永不離去」）聞名。這支新部隊是喬塞普．瑪利亞．貝內特．卡帕拉（Josep Maria Benet i Caparà）——曾經是童軍、健行者及狂熱的加泰隆尼亞民族主義者——的心血結晶。加泰隆尼亞區政府將這支軍隊派駐在塞爾達尼亞（亦即加泰隆尼亞語所稱的塞爾達涅），配備雪板、雪鞋、輕機槍與山區特殊衣物，負責防止人員及武器越過邊境。

貝內特拒絕接受塞爾達尼亞無政府主義組織的管轄，這個組織當時是由惡名昭彰的貪婪走私客安東尼歐．馬丁．艾斯古德洛（Antonio Martín Escudero）領導。一九三七年三月，十多名貝內特的士兵在山中小城拉摩利納（La Molina）遭到艾斯古德洛的人馬逮捕，並被移出此區。次月，艾斯古德洛在貝爾維爾城（Bellver）遇害，顯然是被受不了他掠奪折磨的當地人殺害。

一直要到一九三八年春天，戰爭才真正開始來到庇里牛斯山，當時國民軍在阿拉貢發動了長達一百五十英里（二四一公里）的全面戰線，幾天內，就攻破了阿拉貢防線。共和軍失去一千五百英里（二四一四公里）的土地。從一九三八年四月至三九年一月，將近三十萬名國民軍與共和軍在賽格雷河沿岸的超大型戰役中僵持不下，共和軍試圖遏阻佛朗哥軍進入加泰隆尼亞。當年，佛朗哥軍打開庇里牛斯山位於賽格雷河與諾格拉帕利亞雷薩河（Noguera Pallaresa）沿岸的水壩，導致艾伯洛河沿岸氾濫成災，而共和軍早前就在這裡發動反攻。同時德國與義大利軍機也開始轟炸庇里牛斯山水力發電廠，這裡負責供應巴塞隆納的電力。

在山區特種部隊與當地志願民兵的助陣下，佛朗哥軍橫掃上阿拉貢與加泰隆尼亞區域。從四月十四日到六月十五日，在號稱為「閃躲者」（*El Esquinazau*）——因其家族的走私歷史而得名——的安東尼歐．貝爾特蘭（Antonio Beltrán）指揮下，共和軍四十三師的八千士兵在烏埃斯卡省的比埃爾薩（Bielsa）擊退一萬四千六百多名國民軍的空中與地面攻擊。雖然比埃爾薩大部分遭到國民軍炸毀，「比埃爾薩口袋」仍舊讓四千多名難民與師團多數士兵得以跨過邊境逃到法國求生。

## 志願軍

卡洛斯派志願民兵並不是唯一透過庇里牛斯山這個非法通道參與了西班牙戰爭的戰士。與國際縱隊（International Brigades）共同作戰以協防西班牙共和國的五萬九千三百八十名外國志願軍，其中大部分也穿越庇里牛斯山而來，規避不干涉委員會對外國戰士加入西班牙內戰這道於一九三七年一月生效的禁令。對許多志願軍來說，庇里牛斯山是他們意志與體能的第一道測試。一九九六年夏天，我為ＢＢＣ廣播紀錄片訪問最後一任英國國際縱隊指揮，已故的比爾．亞歷山大（Bill Alexander）。我手上仍留存的訪問帶子裡，亞歷山大以他濃厚的漢普夏腔描述自己如何先以觀光客身分進入巴黎，再於一九三七年以英國共產黨員的身分來到西班牙。法國共產黨安排亞歷山大從巴黎轉進南法，接著他與其他同志在當地嚮導協助下，趁夜偷渡穿越庇里牛斯山。他記得當他們攀上西班牙邊境的刷白界石時，部分同志「幾乎已經跪倒在地」，顯得「十分沮喪」。

許多加入國際縱隊作戰的志願軍都要經歷這段夜間跨境。一名英國志願軍後來回憶他在夜間看見庇里牛斯山的第一幕，是被「每隔幾英里就設置、好讓視力看得清楚的探照燈筆直長光」給照亮。倫敦工黨背景的木材機械工喬治．惠勒（George Wheeler）在一八三八年夏天，跟隨後來成為運輸工人總工會（Transport and General Workers' Union）領袖的傑克．瓊斯（Jack Jones）領導的團體，一起跨越庇里牛斯山。在回憶錄裡，惠勒描述自己與同行者搭乘巴士經由佩皮尼昂到達一間農家，在此共進餐點並介紹給嚮導。用餐之後，他們拿到西班牙農民常穿的標準阿帕爾格塔斯草編帆布鞋（*alpargatas*），一行五十人在帶領下穿越法國邊防守衛及巡邏犬，進入加泰隆尼亞庇里牛斯山區。[21]

這趟穿越，他回憶道：「是個驚人夜晚。當時年輕體力好，我很享受攀爬過程……抵達山頂時，正是破曉時刻，眼前是一片壯麗景象。山嵐盤桓在高山峭壁間，形成各種奇異驚人的形狀，日出光線更讓它們浸浴在亮麗色彩之中。」但並非所有人都享受這趟攀爬行程，有四個人在隊伍準備「以輕鬆心情歡樂歌唱」下山跟共和軍碰頭時，才被扛上山頂。在山下他們獲得加泰隆尼亞農工握拳高聲致敬「敬禮同志！」並被帶往共和軍營地。

夜間跨越在國際縱隊的各種書寫與回憶錄中一再出現。「你必須摸著一塊又一塊岩石突出的部位前進，抓緊金雀花叢，」南安普頓大學數學講師大衛．海登—蓋斯特（David

Haden-Guest）回憶道：「日光降臨時，你會對自己竟能在黑暗中爬到如此危險高度，驚訝不已。」[22]英國志願軍華特·葛萊戈利（Walter Gregory）則描述自己深怕「摔進深淵峽谷，扭傷腳踝、四肢，或遭邊境守衛開槍射擊」。後來成為好萊塢劇作家的阿爾瓦·貝西（Alvah Bessie）是屬於亞伯拉罕·林肯縱隊的美國志願軍，他描述自己與隊友身陷風暴的六小時攀登過程。他們包在牛皮紙中的微薄身家都被大雨濕透。許多隊友都因為穿著伊斯帕托帆布草鞋穿越岩石地形而血跡斑斑，以「一手牽著前人，就像馬戲團中大象牽著彼此的尾巴遊行一樣的方式」穿越黑暗山區。[23]

抵達邊界時，一名隊友的臉上流著鮮血，另一個人則必須仰賴兩人攙扶，多數人都跛著腳。另一名亞伯拉罕·林肯縱隊的志願軍史帝夫·尼爾森（Steve Nelson）回憶他與隊友跟著嚮導穿越黑暗，「就像跛腳馬」。尼爾森是個壯碩的費城屠宰工人，仍然寫下「大腿肌肉瘋狂顫抖，無法控制，好像跳了好幾個小時的舞一般；嘴裡黏稠酸澀，喉嚨與肺彷彿著火，耳裡聽著血液在奔騰」。[24]當嚮導停在峽谷旁跳了一小段舞，大叫「西班牙！」時，才結束這場折磨。尼爾森與隊友隨後下山與共和軍運輸卡車會合。

觀看日出也成了庇里牛斯山行程的儀式之一。許多健行者也在經歷一段艱困攀爬後，帶著同樣的快感俯瞰西班牙，但很少人能對這些縱隊成員感同身受，他們是為了這個國家來此戰鬥犧牲。阿爾瓦·貝西記得「光線明亮刺眼……你可以感覺眼角刺痛……人們穿著的是大地的顏色」。英國志願軍吉姆・布魯爾（Jim Brewer）則形容「天際展開壯麗多彩的全景，就像梵谷畫的風景」。[25]稍作休息後，緊跟著一段折磨膝蓋的急降，到達集合點，被派來迎接縱隊成員的共和軍帶往基地。但並不是每個志願軍都走到了這麼遠；有些人在抵達山巔之前就掉頭回去。英國志願軍法蘭克・麥克拉斯特（Frank McCluster）記得四名美國人與一名英國人一行人「帶著打字機等物品」，消失在山徑上，再也沒見到。[26]

一九三七年十二月，英國作家洛里・李（Laurie Lee）為了想加入共和國的戰鬥，孤身走過雪封的庇里牛斯山——他後來回憶起這個決定時表示：「當時我做過的諸多蠢事之一。」跨越東庇里牛斯山進入加泰隆尼亞後，一名牧羊人將他帶往山區一處支持共和國的農場，他在此用餐並過夜。隔天，他被轉往最近一個城鎮的共和國民兵隊，卻以間諜罪遭逮捕。問訊者拒絕相信孑然一身的這名英國人，背袋裡裝滿書本、相機跟一具提琴，會是來此作戰的，認定李是德國幹員。等待處決期間近一週後，李被釋放，送往費古埃雷斯（Figueres），接著轉往阿爾巴賽德（Albacete）的國際縱隊營區。患有癲癇、體能狀況不佳的李被認為不適合作戰，因此在入境西班牙的十一週後被遣返英國。[27]在高峰頂端第一眼瞥見了西班牙後，有九千九百三十四名縱隊成員未能離開這個國家，東庇里牛斯山的陡坡奪走了其中許多條生命。

## 庇里牛斯山最後的戰爭

許多加入納粹反抗軍的西班牙人相信法國解放後將帶來自己國家的解放。二次世界大戰期間，西班牙共產黨成立了聯合組織，統合南法所有反佛朗哥的力量，甚至建立名為「西班牙獨立電台」（Radio España Independiente）的廣播電台，也就是眾人熟知的「庇里牛斯人」（La Pireneica），以動員西班牙內部的反抗勢力；雖然電台其實是由莫斯科而非庇里牛斯山播送。一九四四年十月，以「西班牙游擊團」（Agrupación de Guerrilleros Españoles）為名的共和軍戰士試圖自行解放他們國家。十月十九日，五千到七千名共和軍參與「西班牙再征服行動」（Operation Reconquest of Spain），經由阿蘭峽谷、隆塞斯瓦耶斯、艾丘及其他庇里牛斯山隘口進入西班牙，試圖在辛卡河與賽格雷河之間建立根據地。28

共產黨期望這次「入侵」能夠掀起全國起義，成為解放全國的基礎，卻因為佛朗哥向庇里牛斯山派出正規軍隊、國民警衛隊、警隊加上四萬多名摩洛哥士兵，因而很快就澆滅了這次行動。共和軍的攻擊集中在加泰隆尼亞耶達省（Lleida）美麗偏遠的阿蘭峽谷區。此地雖屬西班牙，卻突出伸進法國境內。今日，雖有重型卡車穿越新近開通的聯法隧道，這個谷地仍有一種孤寥感，自外於國內其他區域。連結區域內主要城鎮維耶拉（Vielha）與上利巴戈爾薩區的山區隧道於一九四八年開通，在那之前，這個谷地就只能依靠僅僅一個隘口通行，冬季還時常封閉。

這場註定毀滅的攻勢，正是吉勒摩・戴托羅（Guillermo del Toro）的電影《羊男的迷宮》（Pan's Labyrinth）中令人難以置信的場景。十月十九日，國家統一共和軍（Republican Army of National Unity）對維耶拉的國民警衛隊總部開火。雖然共和軍成功佔領庇里牛斯山的村鎮，卻未能攻下維耶拉，且在四百多人遭到殺害或俘虜之後，被迫撤出山區。這場潰敗之後，戴高樂將軍下令法國境內的共和反抗軍必須撤離邊界十二・五英里（二十公里），雖然這道命令未能有效執行。在阿拉貢，從比埃爾薩撤出的前四十三師成員，在坎夫蘭克與松波特附近組成反抗軍，運用蒙塔涅薩峰（Peña Montañesa）岩石露頭作為行動基地，暗殺當地官員，並對當地村莊城鎮發動侵略。國民警衛隊因此成立「偽游擊隊」（*contrapartidas*）迫使其同夥離開藏身處，並追蹤山區的游擊隊。[29]

到了一九五六年，對獨裁者的武裝反抗已經從阿拉貢山區消失。加泰隆尼亞的反抗勢力則持續比較久。戰後將近二十年，無政府主義小團體持續穿越山脈，對佛朗哥政權發動戰爭。二戰後的反抗軍中最知名的，莫過於暱稱「奇哥」（*El Quico*）的加泰隆尼亞無政府主義者法蘭西斯可・沙巴泰・約帕爾特（Francisco Sabaté Llopart, 1915-1960）。他正是佛烈・辛尼曼（Fred Zinnemann）執導的《十面埋伏擒蛟龍》（Behold a Pale Horse, 1964）中，葛雷哥萊・畢克（Gregory Peck）扮演的西班牙內戰不死老兵曼紐爾・亞提奎茲的原型。從青少年時代就是個硬頸的無政府主義者並支持直接行動，沙巴泰在內戰期間加入阿拉貢前線的「全國勞工聯盟—伊比利無政府主義者聯合會青年鷹縱隊」（CNT-FAI Young Eagles Column），後來則加入傳奇的杜魯蒂縱隊（Durruti Column）⑨。二次大戰期間，他為反納粹而戰，戰後他再次將注意力轉回西班牙，穿越邊界運送武器，搶劫銀行，暗殺佛朗哥派官員或警方線人，並散播無政府主義文宣。[30]

他的基地距離西班牙邊界不到一英里，就在波哈—德莫洛—拉普萊斯特萊附近的拉克拉貝赫村（La Clapère）外。奇哥招募無政府主義同志，伐木種田，維持一副自由派社區的表相，卻經常跨越山區，數度驚險避過追捕。其他家族成員則沒那麼幸運。一九四九年，弟弟曼紐爾在巴塞隆納的行動中失風被捕，並遭處決。同一年，哥哥荷西在巴塞隆納警方突襲中遭到殺害。即便那些流亡中的主要無政府主義組織也開始跟他的行動劃清界線，沙巴泰仍舊持續戰鬥。

一九五九年十二月，奇哥的運氣也用完了。西班牙當局收到消息，這位政權的「頭號公敵」以及四名同夥預備由沙巴泰在古斯塔吉（Coustages）附近最新的農莊基地進入加泰隆尼亞。沙巴泰與同伴在希羅納的一處農莊遭到追捕，經過長時間槍戰後，打算趁夜色潛逃。三人遭射殺身亡，沙巴泰受重傷，卻仍舊設法爬過國民親衛隊封鎖線。一週之間，他逃避追捕，一度曾挾持火車，又棄車逃亡。飢餓痛苦中，他蹣跚穿越蒙策尼山脈（Montseny），試圖前往巴塞隆納。一九六〇年一月六日，國民親衛隊軍官與加泰隆尼亞民兵在聖瑟隆尼（Sant Celoni）發現他的蹤跡，當時他正試圖就醫。沙巴泰拒絕投降，抓起伴他經歷無數次山岳跨境的半自動步槍，射傷一名追捕者後遭到槍殺而亡。

奇哥屍體的照片被刊登在佛朗哥的媒體上，歡慶奇哥之死。團隊裡的其他成員則持續「入山」（*echarse al monte*），其中之一是無政府主義者雷蒙・維拉・卡普德維拉（Ramon Vila Capdevila）。一九〇八年出生在加泰隆尼亞的貝傑拉村（Pequera），卡普德維拉小時候曾遭到閃電嚴重灼傷，不但失去母親，也讓他得到「燒臉」（*Caraquemada*）的外號。內戰期間，他是無政府主義「自由大地兵團」（Tierra y Libertad）的一員，並化名雷蒙隊長與法國反抗軍一起戰鬥。他也以炸藥破壞專家聞名。強壯無畏卻言談柔和的他，統轄自由無政府主義者兵團（Anarchist Libertad），戰後也持續將一己之長貢獻給反佛朗哥運動，經常越界進入西班牙執行搶劫與破壞行動。一九六三年八月六日至七日晚間，卡普德維拉炸掉一座電塔返回法國路上，在卡斯德爾努村（Castelnou）附近遭到國民親衛隊與巡警突襲。卡普德維拉在槍戰中身亡。他死後，加泰隆尼亞的佛朗哥反抗運動隨之結束，這同時也是庇里牛斯山

⑨ 譯註：西班牙內戰期間主要的無政府主義國民兵團。

歷史上的最後一場「戰爭」。

## 包・卡薩爾斯的戰爭

庇里牛斯山的戰爭史，當然少不了要提到幾位曾以山為家的和平主義者與反戰人士。這段歷史可以上溯至十一世紀奧力巴修道院長提倡的「上帝和平與休戰運動」。比較晚近者則包括英國貴格派援助工作者艾迪絲・佩（Edith Pye）。一九三三年，她在東庇里牛斯山腳下摩賽特村（Mosset）買下年久失修的拉庫姆農莊（La Coume）。隔年，佩將農莊租給逃離納粹德國的知識分子難民彼特及伊薇・克魯格（Pitt and Yvès Krueger），他們將拉庫姆農莊變成國際和平教育中心與孩子的天堂。[31]

一九三〇年代，拉庫姆吸引許多外國訪客，包括後來成為英國財政大臣的丹尼斯・希利（Denis Healey），同時也成為收容西班牙內戰孤兒及難民的家園。安達魯西亞和平主義者荷西・布洛卡教授（José Brocca），同時也是國際反戰者組織（War Resisters' International，簡稱ＷＲＩ）成員，他在一九三八年於法國與加泰隆尼亞邊境的波哈—德莫洛—拉普萊斯特萊成立難民營，收容西班牙兒童及孤兒寡婦。布洛卡多次跨越邊境搶救身陷衝突的國民軍及共和軍兒童。他一直待在難民營中，直到一九三九年遭法國當局逮捕，被送進附近的集中營。

他後來又逃到墨西哥。

西班牙內戰的最後幾星期，庇里牛斯山成為二十世紀最知名的和平主義者之一——加泰隆尼亞大提琴家包．卡薩爾斯的家園。一九三九年一月巴塞隆納淪陷後，共和國支持者大出逃的混亂期間，他與「終身伴侶」法蘭切絲卡．維達爾．德．卡普德維拉（Francesca Vidal de Capdevila）搬到泰特谷地普哈德鎮。隨著法國於一九四〇年六月淪陷，維希政府下令卡薩爾斯必須離開法國。要不是本來預計載著他從馬賽前往南美洲的船誤觸了水雷，他就會就此開始流亡生涯。雖然握有影響力的朋友可以協助他離開法國，這位六十三歲大提琴家仍舊選擇返回普哈德鎮，好讓他能接近自己的國家及南法的西班牙難民。

這個決定並非毫無風險。西班牙高階軍官想將卡薩爾斯帶回西班牙，「打斷他的手臂」；法國維希政權則認為他在政治上是「紅色」的可疑分子。隨著納粹佔領往南延伸，遣返西班牙的可能性也愈來愈高。曾經有一次，三名納粹軍官前往普哈德造訪卡薩爾斯，邀他前往柏林為希特勒演出，卡薩爾斯禮貌地拒絕了。軍官要求他當場演奏時，他假裝自己風濕病發作。接下來的戰爭期間，卡薩爾斯都在危險不安的情況下，與卡普德維拉以及朋友加泰隆尼亞詩人侯安．阿拉維德拉（Joan Alavedra）一家人，共住在普哈德郊外的房子。如今訪客仍然可以造訪這間房子，卡薩爾斯在此譜下他的「和平神劇」《搖籃》（El Pessebre），在加泰隆尼亞偉大象徵卡尼古山的庇蔭下，寫下了他對加泰隆尼亞基督教傳統的鄉愁。

隨著法國解放，卡薩爾斯開始在當地舉行慈善音樂會，為戰爭受害者募款。一九四五年，他在倫敦舉行一系列音樂會，相信英國政府會對「邪惡佛朗哥」採取行動。到了一九四六年十二月情況已經很清楚，同盟國不會對此採取任何反制行動了，七十歲的卡薩爾斯作出激進的決定，取消所有公開演出以示抗議。另一方面，他持續在普哈德協助滯法的西班牙家庭，並提供課程給不斷從世界各地而來出現在家門口的大提琴手。一九四九年，阿拉維德拉一家返回西班牙，卡薩爾斯搬到普哈德的新家。這一年，美國阿爾貝奈利三重奏（Albeneri Trio）成員之一的立陶宛小提琴家亞歷山大．施奈德（Alexander Schneider）中斷歐洲巡演，前來普哈德拜訪卡薩爾斯。試圖遊說卡薩爾斯前往美國演奏不成後，施奈德改提議於普哈德舉行巴哈音樂節，以紀念巴哈逝世兩百年，並由卡薩爾斯來主導。

卡薩爾斯接受這項提議。六月二日，在世界各地音樂家、顯貴、記者及樂評群聚的聖皮耶教堂（Saint-Pierre），他演奏了自己最知名的曲目：《巴哈G大調無伴奏大提琴組曲序曲》。隨後也指揮巴哈音樂節管弦樂團演奏第二號與第三號《布蘭登堡協奏曲》。接下來七年，這個流亡的巴哈音樂節成為年度儀式。一九五七年，卡薩爾斯離開普哈德，定居波多黎各（Puerto Rico）；普哈德音樂節則交由弟弟恩立奎．卡薩爾斯（Enrique Casals）負責。一九六六年，卡薩爾斯最後一次返回普哈德，參加自己的九十歲生日，慶生會上一群來自巴塞隆納交響樂團的弦樂家為他演奏莫札特的《弦樂小夜曲》。一九七三年十月二十二日，他因為心臟病發過世，但直到一九七九年才送回民主西班牙下葬。

除了兩次暫停外，包．卡薩爾斯音樂節每年持續在普哈德舉行，紀念這位一度宣稱「在人類痛苦上，任何事都比音樂更重要」的音樂家。一晚，我們驅車前往卡尼古山坡上的聖—米歇爾—德—庫薩（Saint-Michel-de-Cuxa）修道院，就在普哈德上方，卡薩爾斯經常在此演奏音樂。法國仍舊因為恐怖主義疑慮而處在緊急狀態中，修道院旁的停車場充滿警察，似乎提醒著我們二十一世紀初另一場無止境的「戰爭」。卡薩爾斯熱愛這間修道院，綠意覆蓋的建築、成列拱頂大理石柱及羅馬式柱頭，構成了這棟中世紀早期加泰隆尼亞邊境的偉大建築遺產之一。

就在卡薩爾斯曾經演奏過的穹頂大廳裡，我們聆賞一場室內樂演奏會。大小提琴樂音在古代修院的雄偉石牆與高大廊柱間迴繞時，我想起那位坐在屋中帶著眼鏡的矮小禿頭男子，他曾經多次在此演奏。我想像他從熱愛的巴哈開始每日練習，戰爭期間也不曾中斷。對卡薩爾斯來說，音樂與和平不可分割。在那個年代裡，似乎很難想像再度於觀眾面前演奏的可能。就像我們這一代，也很難想像有一天能以同樣不可思議的眼光，回首自己時代中的野蠻行徑。

# 第六章　安全天堂

鐵絲網之後是鄉間、道路，以及逐漸佔據天空的庇里牛斯山。我們大力踱步，試著感受腳下的鞋跟。

——馬克斯・奧伯（Max Aub），維內，一九四〇[1]

戰爭歷史不只是軍隊、戰役、士兵與戰鬥的歷史，也是衝突中受害的平民與非戰鬥者的歷史。從蘇維比人的災難式入侵，到拿破崙戰爭，庇里牛斯山上的平民經常發現自己正好就處在戰爭之途上，同時長期以來作為交戰國邊境的這一歷史，也賦予庇里牛斯山在歐洲史上的獨特地位——它成了逃出國家暴力或宗教迫害的管道。有些人單獨地或以一小群人的方式跨越群山；其他人則全體出逃，尋求安全庇護。

庇里牛斯山史上最大規模的被迫遷徙事件，就發生在生活的記憶中。距離西班牙邊境小城拉洪蓋拉的主要幹道幾條街外，一棟玻璃與紅色金屬構成的獨特箱型建築就這麼矗立在商店、夜店、超大型超市之間，標示著不太真實的名稱「流亡紀念館」（Museu Memorial de l'Exili）。這座博物館紀念一九三九年一月發生在拉洪蓋拉的殘酷事件。西班牙內戰的最後一個月，成千上萬名陷入恐慌的共和國難民往法國邊界逃去，躲避進逼巴塞隆納的國民軍追捕，當時他們從空中猛烈轟炸及掃射逃竄的隊伍。

幾千名難民在拉洪蓋拉穿越庇里牛斯山。「每條小路，每片田野，甚至山丘上都擠滿不幸的人群，逐漸找出通往拉洪蓋拉的路，」《紐約時報》特派員賀伯．馬修（Herbert L. Matthews）觀察道：「這不只是一個軍隊逃竄，不只是多個家庭，而是整個村莊、整個城市，帶上所有能帶的家當，這是整個民族。地球竟然沒有跟著他們移動，真是令人驚訝。」[2]二〇〇七年，加泰隆尼亞區政府在拉洪蓋拉建造一座紀念館，追思這次事件。照片、證言與音樂組成的常設展，追憶內戰尾聲拘留在法國與納粹集中營裡，經常被遺忘的加泰隆尼亞人的故事。被迫遷徙在二十世紀達到巔峰，紀念館邀請訪客省思這一普世現象，也探觸庇里牛斯山史上一再重複的主題——這座山脈經常成了自由與迫害、生與死之間的邊界；也經常是難民、異議者與流亡者被迫要從這一頭跨越到另一頭累垮人的實體障礙。

## 逃亡與驅逐

在政治邊界出現的久遠之前，庇里牛斯山已經一直在扮演這個角色了。遠溯至第八世紀，西班牙基督徒逃進坎特布連、阿斯圖里亞斯（Asturias）及庇里牛斯山的山區裡，逃避摩爾人的入侵。《聖瑱德拉貝涅編年史》中記載「三百名逃離薩拉森人之手的基督徒」在哈卡附近的山間落腳，後來在此興建了修道院。十九世紀的阿拉貢政治經濟學者伊格納西歐·德·阿索（Ignacio de Asso）寫下，摩爾人入侵後的幾個世紀間，基督教屯墾者在哈卡附近的山區，建立了「幾乎是難以置信的大量住所」。[3] 十三世紀的庇里牛斯山變成南法卡特里派逃離教宗迫害的途徑。有些人在山洞中躲避戰禍；其他人則往南逃向加泰隆尼亞與阿拉貢，躲避宗教審判。

到了十四世紀，當法國的腓力四世從他的王國驅逐十萬名猶太人時，輪到南法的猶太人跨越庇里牛斯山，尋求庇護之地。多數人在納瓦拉、加泰隆尼亞及阿拉貢落腳。一三一五年，猶太人在路易十世（Louis X）邀請下返回隆格多克。五年後，數千名猶太人再度南逃，躲避牧羊人十字軍從巴黎一路到南法的狂暴行徑。即使在當時，庇里牛斯山也只是暫時庇護，少年十字軍（*pastoureaux*）追殺這些難民進入伊比利半島，在哈卡、蒙特克魯斯

（Montclus）、蒙瑞亞爾（Monreal）及其他庇里牛斯山區村鎮展開屠殺。

十四世紀末開始，接續的難民潮開始從反向跨越庇里牛斯山。一三九一年席捲西班牙的反猶太暴力浪潮，猶太人被迫改宗天主教或遭到殺害，導致數世紀長居加泰隆尼亞的塞法迪猶太人（Sephardic Jews）往北逃向法國。一四九二年，斐迪南與伊莎貝拉下令所有未改宗的伊比利猶太人，必須改宗基督教或離開西班牙。多數猶太人搭船前往北非，但有部分前往南法。一四九七年，葡萄牙國王曼努埃爾一世（Manuel I）下令所有猶太人改宗或離開葡萄牙，並命令拒絕改宗者留下孩子以阻撓猶太人離境。許多猶太人再度將孩子偷渡到法國，落腳在庇里牛斯山附近的聖尚—德呂茲、巴約納、波爾多與蒙佩利爾。

十六世紀的最後幾十年，改宗伊斯蘭的西班牙人，或稱莫里斯科人（Moriscos），遭到西班牙政府迫害。許多人在信仰新教的貝恩子爵領地獲得庇護，波城、歐洛洪（Oloron）與其他靠近邊界的城鎮都有小型莫里斯科社群。莫里斯科人不被允許離開西班牙，許多難民通過松波特隘口或其他更難跨越的路徑，穿越庇里牛斯山，有時會在西班牙或法國走私者的幫助下離境。當西班牙國王菲力普三世（Philip III）決定在一六〇九至一六一四年間驅逐所有莫里斯科人時，庇里牛斯山的新角色則成了歐洲早期「種族清洗」事件的工具，成千上萬名莫里斯科人被驅離越過庇里牛斯山到法國去。

一六一〇年六月，由於法國與貝恩官員拒絕開放入境，五千名阿拉貢的莫里斯科人被困在庇里牛斯山毗鄰貝恩的邊境好幾個星期。最後他們獲准跨過邊界，繼續流亡行程。同一年，一萬四千名阿拉貢莫里斯科人被迫前往邊境城鎮坎夫蘭克，同樣也遭到法國當局拒絕入境，因此不得已被迫上路艱辛地前往地中海港口城市市洛斯阿法奎斯（Los Alfaques），許多人在抵達目的地前就失去生命。一六一二年夏天，兩萬兩千名阿拉貢莫里斯科人在武力挾持下被送過去庇里牛斯山。反莫里斯科人的神父培德羅・阿茲納爾・卡爾多納（Pedro Aznar Cardona）形容這趟行程「充滿悲傷淚水，言語喧囂中，婦女老少病弱，風塵僕僕，汗流浹背，氣喘吁吁」。[4]

莫里斯科人遭到驅逐出境，是當時西班牙歷史上最大規模的單一被迫遷徙事件，卻不是最後一次不受歡迎族群遭逐出越過庇里牛斯山邊境。一八一三年，數千名親法西班牙人（*afrancesados*）追隨遭擊敗的拿破崙軍撤退到法國。一八二三年，阿道夫・提耶爾遇到整群保皇黨支持者家族在法國邊界普哈德鎮附近紮營。提耶爾寫下自己的驚恐，撞見「一千兩百到一千五百名可憐人，男女老少……躺在地上，行李四散；有些人躺在草上，其他人墊上衣服，試著整出睡鋪來」。[5]

隔年，斐迪南七世在法國支持下復辟，西班牙自由派被迫前往法國尋求庇護。流亡者之一的法蘭西斯可・哥雅（Francisco Goya），以七十八歲高齡跨越庇里牛斯山，在女僕里歐卡蒂亞（Leocadia）及其五歲女兒的陪伴下，落腳波爾多，四年後在此去世。卡洛斯派戰爭中又有新一批難民與流亡者北移。一八四〇年，三萬卡洛斯派難民湧入法國，巴爾的摩的《奈爾斯國家紀錄報》（Niles' National Register）警告：「西班牙政府中出現了新的分歧……可能會在國內引起另一場競奪，並將大批新教難民送到庇里牛斯山那一頭，全部拋下，與其說是感謝，毋寧說是亟需法國的善意。」

非西班牙人也以庇里牛斯山作為逃亡通道。一八七九年九月，古巴民族主義作家荷西・馬爾地（José Martí）逃出巴塞隆納監獄，一路跨越庇里牛斯山前去巴黎，再轉往紐約，並在該地持續聲援古巴獨立，直到一八九五年死於古巴對抗西班牙軍隊的戰役中。一八九六年，另一名古巴人，巴塞隆納科技大學的數學教授兼工程學院院長費南多・塔利達（Fernando Tarrida）將警方因為當年加泰隆尼亞首都發生的無政府組織爆炸案，而暴力虐待蒙特胡伊奇（Montjuïch）要塞監獄幾十名囚犯的詳細信件文件，偷渡越過庇里牛斯山。這些文件接著編輯成書，即《西班牙的審判者：蒙特胡伊奇》（*Les inquisiteurs d'Espagne: Montjuïch*, 1897），並在歐洲各地掀起反西班牙的抗議。

西班牙關於流亡、迫害與被迫遷徙的長遠歷史，於內戰期間達到巔峰。戰爭第一年，一萬五千名難民跨過庇里牛斯山，其中多數是共和國支持者，逃離巴斯克戰事及納瓦拉、阿拉貢地區國民軍的壓迫。部分佛朗哥派支持者也被迫跨越東庇里牛斯山，逃出共和國的領土進入法國，以便再度返回國民軍掌控的西班牙領土。一九三六年七月二十二日，努利亞（Núria）聖堂的教區神父波本圖拉・卡列拉（Bonventura Carrera，當地人稱本圖拉神父〔Mossèn Ventura〕）聽聞無政府主義者燒毀附近普威格塞爾達的教堂後，便將一尊羅馬式瑪利亞聖像從聖堂取下。本圖拉神父背袋裡裝著聖像，穿越芬內斯泰勒峰（Coll de Finestrelles），將聖像安置在瑞士一處保險櫃中，直到一九四一年才回歸西班牙。一九三七年十一月，支持佛朗哥的若瑟瑪利亞・施禮華・德・巴拉蓋爾神父（Josémaria Escrivá de Balaguer, 1902-1975），這位未來的聖者、極端保守的主業會運動（Opus Dei movement）發起人，連同七名夥伴由巴塞隆納徒步穿越安道爾庇里牛斯山區。施禮華與夥伴每天行走高達十六小時，他們抵達法國的這條路線，後來成為主業會信徒的朝聖之路。他們後來經由亨岱鎮重返國民軍控制的西班牙。

國民軍這一派跨越庇里牛斯山的難民人數很少。內戰期間，多數翻山越嶺的流亡者與難民都是佛朗哥恐怖暴力政權下的共和派受害者。到了一九三七年秋天，已經有大約五至六萬共和派難民進入法國，多數是從阿拉貢或加泰隆尼亞西部穿越中庇里牛斯山脈。一九三八年四月，隨著國民軍攻下雷利達（Lérida），數千名共和軍士兵與平民向北逃往法國，這些數字又再增加。上萬男女老少穿過庇里牛斯山，逃避國民軍屠戮，其中四千人經由貝納斯克隘口（Port de Benasque）及其他白雪覆頂的隘口抵達法國。「並非所有人都能尋得天堂，」

《芝加哥論壇報》（Chicago Daily Tribune）報導，「有些人葬身雪堆，無法跟上同伴的腳步。至少十五人墜落峽谷。四人死亡之時，正好跌入法國境內。」

然而比起一九三九年一月最後一週，在加泰隆尼亞國民軍的毀滅攻勢下，成千上萬難民奔往拉洪蓋拉、勒白度及其他加泰隆尼亞邊境關口的出逃潮，這些數字根本不算什麼。法國當局並不願成為這些在政治上令人疑慮的族群的安全天堂，因此關閉邊界。直到一月二十七至二十八日，右翼的達拉迪耶（Daladier）政府才又重開邊界。接下來兩週，將近五十萬西班牙人湧

西班牙共和派女性跨過庇里牛斯山，逃往法國邊界，大概是在一九三九年穿越加泰隆尼亞。（阿拉米圖庫）

入法國，導致東庇里牛斯省的人口翻倍。面對法國當局一貫的冷漠態度，這些難民在凍寒山區尋求食物及庇護的場景令人驚駭。從勒白度到佩皮尼昂的這一路上，法國共產黨員尚・貝納采（Jean Bénazet）看到西班牙婦女向法國邊境守衛出賣身體換取麵包，年幼的孩子躺在雪地的路邊，蓋上草堆、布袋、毛毯與油布。接下來幾個月裡，好幾萬西班牙難民發現自己身陷新型態的集中營，而這已經開始界定二十世紀中期的到來。

## 庇里牛斯山的古拉格

對邊界兩側的政府來說，庇里牛斯山經常方便地提供了遙遠且偏僻的拘禁地。拿破崙戰爭期間，加泰隆尼亞的法軍戰俘被關在前庇里牛斯山山麓（Pre-Pyrenees）其中的布薩山（Sierra de Busa）上的卡波拉岱爾（Capolatell）這一「自然監獄」。高達三百七十七英尺（一一五公尺）的懸崖將此地與布薩高原其他區域隔開，僅靠一條鐵橋連接，這座「島」對數百名法軍來說成了名副其實的死亡陷阱。他們被扔在此地活活餓死。一八四八年，亨利四世之前的波城城堡被用來充當阿爾及利亞反抗軍領袖阿布代爾—卡代爾（Abd-el-Kader）①

① 譯註：阿布代爾—卡代爾生於艾爾古特納（El Guetna），為伊斯蘭蘇菲教派盛行區域。他在父祖輩薰陶下，對詩歌與

的臨時監獄。在一八四七年投降前的二十年歲月中，阿布代爾—卡代爾多數時間都在對抗入侵阿爾及利亞的法軍。

阿布代爾—卡代爾投降的條件是讓他退隱埃及，然而協議卻遭到背棄，他被送往土隆（Toulon），後來轉到波城。此一背叛啟發了威廉・泰克瑞（William Thackeray）的靈感，寫下「沙漠狂鷹……送往法國」。一八四八年，英國作家沙賓・巴靈—顧爾德（Sabine Baring-Gould）前往波城城堡拜訪阿布代爾—卡代爾，發現這位反抗軍領袖與妻妾鬱悶的流亡生活，「與富麗堂皇城堡及窗外壯麗風景格格不入，他們在房間四處沉默躺臥，抽煙，悶悶不樂。無所事事，無精打采。他們的骯髒生活習性，導致所有織錦與豪華家具必須移走。」[6]

阿布代爾—卡代爾與妻妾最後獲准前往大馬士革，但其他庇里牛斯山囚犯卻從未離開這片山區。西班牙內戰後，數百名共和派囚犯被關在孤立的拉德隆內斯峰要塞；這座要塞是菲利普二世興建，用以衛戍松波特隘口。許多人在要塞牆內遭到處決。一九三九年共和派大撤退（*retirada*）之後，法國當局沿著南地中海岸、靠近庇里牛斯山處興建了一連串營區，將西班牙難民拘留於此。當地政府將成千上萬名男女及兒童趕進幾乎沒有遮擋與適當食物的營區，交由憲兵隊看守，並下令可隨時射殺意圖逃亡者。一九三九年的二月到九月之間，可能有高達一萬五千名西班牙人死於暴露在外與飢餓之中，然而這些營區往後卻成為沙灘度假村與度假去處。

隨著二次大戰爆發，類似營區多被維希政權轉為囚禁政治異議分子及不受歡迎的外國人。其中包括匈牙利作家亞瑟．庫斯勒（Arthur Koestler），一九三九年十月至四〇年一月期間，被視為「不受歡迎的外國人」，囚禁在阿列日省勒維內（Le Verne）的庇里牛斯山營區中。還有墨西哥—西班牙小說家麥克斯．奧伯，兩次遭到囚禁。勒維內還關押許多前國際縱隊成員，其中三百五十人遭囚於「痲瘋營」（Leper Barrack），庫斯勒形容其為「人類可以被矮化到這麼卑鄙且悲慘的恐怖揭露」。7

這些「輕蔑營」（*Camps du Mépris*）最大的一個，設置在貝恩的古爾村（Gurs）。現今前往古爾村一訪，必須經過一段複雜的車程，從歐代茲（Orthez）出發後，穿越極具貝恩代表性的風光，包括玉米田、森林、中世紀村落及舊石造穀倉。靠近村莊有一小段鐵軌遺跡，約五十碼長，將鐵絲網圍起的營區及這個前收容中心（Centre d'Accueil）的紀念碑連接起

---

伊斯蘭教義掌握極深，是一位偉大蘇菲派與傑出伊斯蘭學者，倡導和平寬容的精神。十九世紀法國殖民者長期對阿爾及利亞懷抱野心，衰弱的鄂圖曼帝國將阿爾及利亞拱手讓出，阿布代爾—卡代爾便率領部族抵抗入侵。十七年戰爭期間，法國聯合摩洛哥對抗阿爾及利亞，加上連年乾旱、疾病、蟲害，民不聊生，部落間也各懷心思。法國軍隊採取堅壁清野政策，燒光森林與農作物，不留生路，因此阿布代爾—卡代爾終究投降。原本法國同意讓其前往埃及，卻又自毀承諾，先囚於庇里牛斯山四年，最後讓他前往敘利亞大馬士革度過餘生。一八六〇年代，鄂圖曼人屠殺大馬士革基督徒，阿布代爾—卡代爾將基督徒攬到自己羽翼下，救了一萬兩千人，數目甚至超過遭到屠殺者。

來。這處中心是一九三九年法國當局為了西班牙共和派難民而建造的。一直到一九六〇年代，這處一九九八英畝大的營區多半都還覆蓋在樹林之下，樹木是從戰爭初期就特意種植的，用以遮掩它本來的目的。後來幾個國家共同出資將樹林清出空間，為這個營區立下正式的紀念碑，以紀念一九三九至四五年間，曾囚禁於營區的五十二國男女老少。

古爾營的第一批囚犯是西班牙共和派難民及一九三九年冬天抵達的國際縱隊成員。從一九四〇年開始，德國猶太人、法國政治犯及其他法國維希政權「不歡迎的人物」都被送來此地，包括猶太政治學者及哲學家漢娜．鄂蘭（Hannah Arendt）。一九四二年，維希政權圍捕猶太人，數千名法國猶太人被軟禁在庇里牛斯山村落，等待送往集中營，許多人也被送進古爾營。即便此地在一九四三年正式關閉後，吉普賽人與其他「不受歡迎人物」仍舊被送進營區。嚴格來說，古爾營是一處拘留所，關押者等著要被轉往更糟的地方，但斯巴達式管理及顯得原始的生活條件導致高死亡率。一九四〇至四一年冬天，超過千名囚禁者死於寒冷、飢餓與疾病。一九四〇年時，多數囚犯都是女性，其中一人描述她抵達「古爾這個舊西班牙營區」時，目睹「一群悲慘女性……眼前看似一條三公里長的陰沉沼澤，一排營房互相挨擠著，這些營房之後還是營房，目光所及都只見營房。一棵樹也沒有，一點綠意都沒有。如此荒蕪的世界，如何存活？」[8]

有些女人為了生存出賣肉體，和營區守衛交易，換來自己和一同被關的孩子的食物。

其他人則因飢餓、筋疲力竭與染病而喪命，一起埋葬的墓地裡充滿了猶太人名，如考夫曼（Kauffman）、德瑞弗斯（Dreyfuss）與史坦（Stein）。許多死者名單上的人已經七十或八十多歲，可能抵達之後不久就過世。靠近營區入口處仍有一間小屋，是這座「樹木之城」僅剩的舊建築；以「古爾天使」聞名的瑞士紅十字會護士艾爾斯貝斯．凱撒（Elsbeth Kasser）就是在此照料囚犯。如今，這裡有一條紀念小徑會通過當初為了遮掩法國歷史上殘忍的一頁而種下的樹林；有著陽台的這些房子則俯瞰著鐵軌，這條鐵道象徵著四千名古爾營猶太囚犯被送往奧斯威辛（Auschwitz）集中營的旅程。教育中心裡，一名囚犯的畫作中可見鐵絲網後飢餓削瘦的男女，背景則是白雪皚皚的庇里牛斯山。

這座哀戚卻重要的紀念物，見證了法國歷史上最羞恥的篇章，以及普遍為人所遺忘的，庇里牛斯山曾在二十世紀被囚禁的世界中扮演的角色。亞瑟．庫斯勒曾寫下，在二十世紀的歷史中，「遭受痛苦及恥辱的尺度遭到扭曲，不再能衡量人類所能夠承受的，」就好像到了這樣一個程度：「在自由的攝氏度儀中，維內的邪惡是零度；但若以達豪（Dachau）②的華氏度儀來看，它還在零度之上的三十二度。」[9]

與古爾類似的事也發生在庇里牛斯山其他營區，貝當元帥（Marshal Pétain）與納粹合

②譯註：納粹德國第一個集中營，專門關押政治犯，位於慕尼黑郊外。

作的維希政權持續將各地戰場的新類型囚犯塞進這些營區裡。一九四五年八月，貝當本人被判叛國罪後，也曾短暫關押在松波特隘口的波塔列軍事要塞，這裡距離維希政權關押了許多人並因此痛苦死亡的營區，僅有一小時車程。

## 自由之山

這時，庇里牛斯山在中世紀驅逐了猶太人之後，首度成為許多貝當自己同胞的逃亡路線，包括了法國與外國的猶太人、無國籍的「不受歡迎外國人」、渴望來到北非戰場加入法軍的法國人、或逃離強迫勞役的法國人，還有打算往南進入西班牙的同盟國空軍與士兵。一九四〇年夏天，好幾千人南逃，躲避攻擊北法的德軍。「整個法國都在移動。整個法國都在逃亡，往四面八方，驚慌中隨機選擇方向，」德國猶太小說家與拘留者利翁・福伊希特萬格（Lion Feuchtwanger）回憶道：「南法所有鐵公路都充滿逃亡者——荷蘭人、比利時人、來自北方的幾百萬法國人……沿路上是無盡人龍，冒著傾盆大雨，向西班牙邊界前進。」[10]

對多數難民來說，佛朗哥治下的西班牙本身並非安全天堂，而是通往美國或南美的過境路線。數千人搭乘火車從土魯斯過來，以偽造證件穿越邊境，或在普威格塞爾達、拉圖—德—卡侯（Latour-de-Carol）或賽貝赫（Cerbère）取得官方出境簽證。無法取得證件的人，就必須在牧羊人、燒炭工或伐木工的協助下——這些人可能心懷同情或在利益交換下，擔任嚮導——翻山越嶺。

一九四〇年九月十三日，古斯塔夫·馬勒（Gustav Mahler）的遺孀，六十歲的阿爾瑪·馬勒—沃菲爾（Alma Mahler-Werfel），爬上賽貝赫後方阿爾貝赫山（Albères）的陡峭山徑。她帶著一袋珠寶與一部《布魯克納》交響樂曲的手稿，同行者有她的小說家先生法蘭茲·沃菲爾（Franz Werfel）、亨利希·曼恩（Heinrich Mann）夫妻及其兄弟戈羅·曼恩（Golo Mann）。他們的逃亡都是在「美國的辛德勒」文學記者瓦利安·弗萊（Varian Fry）的協助下成行。弗萊是在一九四〇年六月以緊急救援委員會代表的身分抵達馬賽，負責協助作家與藝術家前往美國。透過弗萊的關係而逃出的兩千名難民中，許多都是猶太人，其數量隨著一九四二年十月至一九四三年一月法國對猶太人進行大圍捕而增加。

對許多在庇里牛斯山及其附近遭到軟禁或集中拘留的猶太人來說，跨越山脈是逃避遣送到東歐集中營的唯一辦法。有些人付錢給牧羊人與走私者，讓他們帶領跨越山脈。其他人則獲得當地人同情協助。據信有兩萬至三萬名猶太人在戰爭期間跨越或嘗試跨越庇里牛斯山。然而並非所有人都撐得過這趟旅程。有些人凍死或跌落深淵。其他人則在山裡遭到嚮導打劫，有時甚至被殺害以攫取金錢。法國歷史學者艾米麗恩·艾申恩（Émilienne Eychenne）估計，一九三九至四五年間，有兩百二十六名難民在試圖跨越邊境時喪命，多數是在西班牙遣返的路上。脫法法軍全國聯盟（Confédération Nationale des Anciens Combattants Francais Evadés de France）則估計有四百五十人死於意外、報復，或在西班牙集中營裡過世。[11]

對部分難民來說，政治讓庇里牛斯山轉變成難以穿越的障礙。夏日的白天，你可以從波城與露德之間貝恩平原上的波以耳—貝津村（Boeil-Bezing）看到庇里牛斯山霧靄翁鬱的山形。村落教堂後的墓地後方，一塊大理石墓碑上以法文銘刻：「紀念卡爾・愛因斯坦（Carl Einstein），詩人與藝術史學者，自由的捍衛者，四月二十六日生於德國紐威德（Neuwied），一九四〇年七月五日自殺以免納粹迫害。」這位亞伯特・愛因斯坦（Albert Einstein）的姪子，是一位小說家、劇作家與藝術評論家，往來朋友包含畢卡索、喬治・布哈克（Georges Braque）及前衛作家喬治・巴塔耶（Georges Bataille）。他也是一位堅定的無政府主義者與反法西斯主義者，西班牙內戰期間曾是無政府主義民兵指揮官，並在阿拉貢無政府主義者布維納文圖拉・杜魯蒂（Buenaventura Durruti）的葬禮上致祭文。

隨著共和派戰敗，愛因斯坦返回法國，逃往巴黎前曾短暫遭囚，後來因為德國國民身分再度遭囚於波爾多附近。一九四〇年六月，在逃避德軍攻擊時與妻子分離，他接著逃往庇里牛斯山下的貝恩。對這位無政府主義前指揮官來說，庇里牛斯山毫無潛逃或庇護的可能性。六月二十六到二十七日，他割腕自殺後被送往露德附近的列斯德爾—貝塔漢姆修道院（Lestelle-Bétarram）治療。十天後，七月五日，他跳下波河（Gave de Pau）自盡。

## 無處可逃：華特・班雅明的最後旅程

亞瑟・庫斯勒的《地球糟粕》（*Scum of the Earth*）一書中，向六位在這段時期無法尋得安全天堂而自殺的作家致敬，愛因斯坦是其中一位，其他還包括德國猶太裔作家及文學評論家華特・班雅明（Walter Benjamin）。一九四〇年秋天，庫斯勒曾在馬賽與他碰面。班雅明當時希望經由里斯本轉往紐約，他有西班牙與葡萄牙的過境簽證。但維希政權卻不願給予德國移民出境簽證，因此他必須徒步穿越庇里牛斯山。班雅明知道這是他生存的最後希望，他告訴庫斯勒自己身上帶了「足以殺死一匹馬」的三十顆嗎啡錠，以防他未能安全逃亡。

九月二十五日，他無預警出現在麗莎與漢斯・費特科（Lisa and Hans Fittko）家門前。這兩人是反法西斯的德國人，也是瓦利安・弗萊團隊的成員，以假造證件落腳在海濱小城班尼優（Banyuls-sur-Mer），持續陪伴難民跨越邊界。與班雅明同行的還有一位名叫亨妮・古爾蘭（Henny Gurland）的女性與她年少的兒子約瑟夫。他請求麗莎・費特科帶他與同行者穿越山脈。費特科的丈夫不在家，班雅明老派的「西班牙宮廷禮儀」與「學者的睿智頭腦及厚實鏡片後的搜尋眼神」讓她印象深刻，因此親切地稱呼班雅明為「老班」（Der alte Benjamin）。[12]她同意協助，當天下午立刻帶著班雅明與同伴嘗試走一條前走私客路線，

「李斯特小徑」（La route Lister）。這條小徑以西班牙共和派將軍恩立奎·李斯特（Enrique Lister）命名，他曾領軍北上庇里牛斯山與地中海交界的阿爾貝赫。費特科預計要帶著隊伍爬上二一九八英尺（六七〇公尺）高的奎洛格峰（Querroig），閃避駐守賽貝赫的法國境管。她所走的路線，今日已經成為班雅明的紀念之路。

一個炎熱炙人的早晨，我從班尼優市政廳走上華特·班雅明之路，穿過主街上巡邏的法國士兵，他們在此保護這個擠滿人的海灘不受達伊沙／伊斯蘭國（Daesh/Islamist State）的恐怖攻擊。吹過山丘的風僅能稍減熱意，我沿著班雅明與同伴曾走過的道路，穿過一連串台地上的葡萄園。除了炙熱外，這條路並不特別難走：費特科本人形容為「散步」，但對有心臟疾病的四十八歲氣喘患者來說，卻是令人生畏的路程。班雅明再度審視自己生存的希望，發現自己每十分鐘必須休息一分鐘，避免對心臟造成過度壓力。

他隨身帶的行李皮箱中裝著一份手稿，他向費特科形容為「比我是誰更重要，比我自身更重要」。三小時後，一行人來到大岩石旁一小塊空地，費特科建議眾人返回班尼優，隔日再繼續。令她驚訝的是，班雅明卻宣布自己將在此過夜。次晨，費特科與古爾蘭母子返回，發現班雅明正等著他們，繼續走走停停的緩慢腳程。我大概花了一小時抵達我認為班雅明過夜之處。我的左側，可以看到賽貝赫山往上爬向奎洛格峰的高聳山脊。下方，可以看見班尼優，我的妻女正在那裡享受沙灘。站在大岩石旁，聽到頭頂上高壓電線的滋滋聲，彷彿遠方的旋轉木馬，我想著班雅明，那位都市空間的漫遊者與欣賞者，帶著珍貴手稿與嗎啡錠，獨自坐在這裡。我想像當他躺在堅硬的岩坡上，南面分隔了西法的高峰在他的上方逼視著他時，他的思緒都在想些什麼。

一路上，往上爬向稜線的這段比起前一段陡峭許多。古爾蘭後來回憶，「部分攀爬路程我們必須用上四肢」。[13]一度費特科迷了路，班雅明協助她找到路。兩點鐘時，班雅明一行人抵達山脊頂端，費特科後來描述當時的景象：「遙遠的下方，我們的來處，可以看到深藍色的地中海；眼前的另一側，懸崖陡降進入一片透明的土耳其藍……我們身後的北方，則是加泰隆尼亞的胡西雍，可見到朱紅海岸盡是紅色及金黃色澤的秋天景致。我倒抽了一口氣，實在未見過如此美景。」[14]

費特科自己也沒有證件，因此無法繼續前進西班牙。她告訴班雅明及其同伴接下來的路：往下到倫比薩山（Coll de Rumpisa），看到第一個西班牙邊境哨站就可以自首。今日，這處隘口設有一塊告示，標誌著華特・班雅明之路加泰隆尼亞側的起點，此處同時也是加泰隆尼亞區政府在庇里牛斯山各處都設置的記憶之地（Espais de Memoria）的其中之一。出於某些原因，費特科並未提及奧地利猶太裔難民卡爾米娜・畢爾曼（Carmina Birman）及姊妹友人在當天稍早已經抵達倫比薩山。畢爾曼在二〇〇六年出版的短篇回憶錄中描述自己的隊伍加入了「一名年長紳士、一名年輕女士及她兒子。這位紳士是德國大學教授華特・班雅明，他的心臟病幾乎要發作。在極度炎熱的九月天登山，加上逃離德國追捕的焦慮，對他來說是太大的負擔」。15

畢爾曼一行人為班雅明找來一些水，最後他還是跟著大家一同前往共同目的地海濱城市波港（Port Bou）。我即便穿著健行靴，腳下的石路仍舊難走，尖銳刺人的樹叢刮擦著衣服和皮膚，完全印證了所有將庇里牛斯山視為野蠻邊境的形容。對於穿著普通鞋子帶著行李箱，幾乎死於心臟病發的患者來說，這是一段艱辛旅程。一路上三不五時就會經過班雅明的紀念牌，有他知名的托腮照片及書中引言。

在這片嚴苛無情的地勢中，這些照片與引言實在是不太協調的一幕，令人憶起在紐約等待著班雅明，屬於書籍與思想的世界。直到我抵達了平地，才第一眼看見了文明，軌道道碴經過火車站時變寬了，接著進入波港。坐在港口酒吧，看著小海灣與擠滿人群的岩灘，令人感到放鬆，在那裡出遊的家人依舊享受著日光浴並在海裡戲水。當時班雅明看到的，仍是那個在內戰中遭國民軍炸個半毀的小鎮。根據班雅明所言，一行人意外錯過了第一個西班牙關稅站，到了第二個關稅站被懷疑非法入境而遭逮捕，送往波港的「特別警察旅館」：法蘭西旅館（Fonda de Francia），並被告知隔天將被送回法國。

畢爾曼的姊妹試圖賄賂旅館主人及警官，卻徒勞無功；畢爾曼試著安慰班雅明，後者坐在旅館床上，「萬念俱灰，身心俱疲」，盯著「身邊小書架上非常美的老爺爺金錶，錶面掀開」。當班雅明暗示畢爾曼，身上帶了一些「非常有效的毒藥」時，她試著說服他「放棄自殺念頭」。亨妮．古爾蘭上床前，也試圖說服他別自殘。這些努力似乎都徒勞無功。次晨七點，古爾蘭回到班雅明床邊，他說自己在晚間吃了嗎啡，要求她說自己生病了。

班雅明給她一封信，轉交給當時在紐約新學院工作的朋友狄奧多．阿多諾（Theodor Adorno）。古爾蘭將信毀掉之前，牢牢記住每個字：「眼見無路可逃的情況中，我別無選擇，只能結束。這裡是個庇里牛斯山小村落，無人認識我，我的生命將走到終點。」

接著她叫來一名當地醫生，醫生診斷為栓塞，卻拒絕讓她帶班雅明到醫院去。當天上午班雅明去世。次日稍晚，當地警察改變決定，讓這一行其他人繼續前往葡萄牙。班雅明以班雅明．華特（Benjamin Walter）之名，循天主教儀式下葬，以隱藏他的猶太身分。儀式由摩森．安德赫．弗瑞薩（Mosen Andreu Freixa）主持，既沒有祭壇少年也沒有送葬行列，葬在當地墓園裡的五六三號墓穴。一九四九年，班雅明的遺骨被移到城裡另一區的公墓，手稿未曾現世，不過一份正式文件提及過世時的財產包含一份不明文件。

一九四九年十月七日，德國猶太難民報紙《構造》（Aufbau）報導，「知名心理學家華特．班雅明教授」在波港自殺。今日，刷白墓地的外面，以色列雕塑家丹尼．卡拉凡（Dani Karavan）令人難忘的波港裝置藝術，紀念著這趟班雅明命中註定的庇里牛斯山之行。這件以班雅明未完成的巨著《拱廊街計劃》（*Passagen-Werk*）發想命名為「拱廊街」的裝置是一座金屬廊道，經由一段往下的階梯走向玻璃窗，俯視著奔騰的大海。訪客將讀到班雅明自己的話語：「紀念默默無聞的人比名人更為困難。歷史建物是獻給默默無聞之人的回憶。」

班雅明並非默默無聞，這也是為何他命中註定的庇里牛斯山之行會讓人追憶，而其他未能翻山越嶺找到安全出路的猶太人，他們的姓名既沒人記得，也未留下紀錄。一如他人，班雅明選擇以自己的方式死亡，也不願被送回等待著他的確定終局。他在克服庇里牛斯山這一實體障礙上，展現了絕大勇氣與機敏，卻又成了國際制度的受害者。這種制度今日依舊橫行，「紙牆」可以在一天內開了又關，讓安全通道變成陷阱之牆。

## 逃亡路線

二次世界大戰期間跨越庇里牛斯山的，不只是難民。對好幾千名同盟國士兵、飛行員與法國人來說，庇里牛斯山不僅是一條通往安全的路線，也是重返戰場的機會。英國、加拿大、波蘭、羅馬尼亞、捷克、保加利亞、奧地利、法國、希臘與美國人都曾在戰爭期間跨過庇里牛斯山，逃避監禁，重返戰場。一九四一年五月，比利時紅十字會年輕女志工安德黑・「德德」・德榮格（Andrée "Dédée" De Jongh）與三十二歲的比利時電影技術人員阿諾德・德貝（Arnold Deppé），在法西邊界建立了從比利時到聖尚—德呂茲的地下網絡，稱為慧星行動（Operation Comet）。他們將同盟國飛行員偷渡到西班牙，再經由西班牙港口或葡萄牙的「里斯本之路」前往北非或母國。

超過七百名英國、加拿大與美國飛行員透過這條路線重返戰場，他們多數搭乘火車從巴黎前往大西洋岸，再由巴斯克嚮導帶領，趁夜跨越西庇里牛斯山。這條路線需時五到十六小時。庇里牛斯山其他區域也發展出數十條逃亡路線，在那裡士兵、飛行員、自由法國反抗軍，或為了逃離納粹強迫勞役的普通法國人，接著被轉送到畢爾包（Bilbao）、巴塞隆納與馬德里的大使館或領事館，讓他們協助後續行程。

到了一九四二年十一月，德軍與德國邊防警察（Grenzschutz）僅控制從大西洋岸上的亨岱到隆塞斯瓦耶斯的西部邊界，其他由維希政府負責的邊境區域則管控較為鬆散。隨著一九四二年德軍佔領整個法國，宣布整個庇里牛斯山邊境的禁區為九．五英里（十五公里）寬，邊防由山岳獵兵（Gebirgsjäger）負責管控。這麼一來，逃亡者必須透過加泰隆尼亞、安道爾或阿拉貢等較難穿越的危險路徑前往西班牙。

二戰中最知名的逃亡路線之一是派特路線（Pat line），由英國特種作戰部門（Special Operations Executive，簡稱ＳＯＥ）的幹員西福士高地兵團少尉伊恩．蓋洛（Ian Garrow）建立出來。這條路線以副指揮官派特．歐萊利（Pat O'Leary）為名，這個名字實際上是被蓋洛吸收為英國情報特務的比利時騎兵軍官亞伯特—馬希．蓋希斯（Albert-Marie Guérisse）的化名。一如其他逃亡路線，派特路線也跟南法的西班牙共和派難民緊密合作，例如西班牙無政府主義者且具老師身分的法蘭西斯可．朋贊．維達爾（Francisco Ponzán Vidal, 1911-1944）。維達爾與英國特種作戰部門、軍情六處（MI6）及法國、比利時情報單位緊密合作。[16]除了在佩皮尼昂、土魯斯與富瓦為同盟國逃亡者安排藏身地，維達爾也安排嚮導，帶他們穿越庇里牛斯山。他最知名的「包裹」之一，是後來成為保守黨國會議員的艾利．尼夫（Airey Neave），這位少數逃出德國科蒂茲堡（Colditz）的英國士兵，於一九四二年四月連同一群逃亡者在西班牙嚮導帶領下，跨越庇里牛斯山。當他們在寒風暴雨中從波文德（Port-Vendres）進入西班牙時，嚮導穿上了白長靴好讓自己保持行進間的能見度。

協助逃亡者通常會遭判死刑或送往集中營的懲罰。維達爾在一九四三年四月遭逮捕，隔年槍決。彗星路線約一百五十五名成員遭到逮捕，包括德德．德榮格，她於一九四三年一月試圖穿越庇里牛斯山時遭到逮捕，被送進拉文斯布魯克（Ravensbrück）及毛特豪森（Mathausen）集中營刑求，並於戰爭結束後倖存下來。這些嚮導（*passeur*）出於各式各樣動機跟這些逃亡網絡合作。有些是走私客，透過運送「包裹」過山討生活。其他人則出於政治或宗教信仰。彗星路線高度仰賴一位名叫佛羅倫提諾．高伊可埃西亞（Florentino Goikoetxea）的巴斯克獵人兼走私客，他帶領數百名難民與逃亡者穿越巴斯克與納瓦拉庇里牛斯山，逃向安全之地。加泰隆尼亞無政府主義者華昆・鮑德利希・佛內（Joaquim Baldrich Forné, 1916-2012）在共和派戰敗後逃往安道爾，出於經濟需求成為走私客，後來建立一條逃亡路線，協助英軍跨越庇里牛斯山，並將他們送到巴塞隆納的英國領事館門前。

阿爾卑斯山在二戰期間也扮演類似角色，難民與逃亡者試圖翻山越嶺前往中立的瑞士，然而抵達西班牙的逃亡者卻發現，自己身處表面上是中立的、實則同情軸心國的國家。戰爭初始，徵兵年齡的男性若非法穿越邊境，在轉交母國大使館前，會被囚禁在邊界城鎮索爾特（Sort），或帶到艾伯洛的米蘭達（Miranda del Ebro）與拉歐卡的南克拉雷斯（Nanclares de la Oca）集中營。一九四二至四四年，佛朗哥政權在德國壓力下，採取比較強硬政策，開始將與法國邊界三英里（五公里）之內抓到的逃亡者與難民，送回法國。隨著戰事轉而對軸心國不利，佛朗哥變得比較願意讓逃亡者前往各自使館或領事館。根據加泰隆尼亞史學家荷賽普・卡爾維特（Josep Calvet），整體來說西班牙當局逮捕了約五萬名男女及孩童。另外，戰爭期間跨越庇里牛斯山的士兵、難民與反抗軍總計約在三萬至十萬人之譜。[17]

## 自由之路

如今，部分庇里牛斯山逃亡路線在近年被規劃成山區裡的紀念健行步道。二〇一五年七月中一個悶熱傍晚，我跟一小群英法群眾來到阿列日省古瑟洪區（Couserans）克恰巴納克鎮（Kercabanac），站在位於巨岩旁的一處納粹指揮哨舊址。許多法國、外國士兵及英國皇家退伍軍人協會（British Legion）成員手握軍團旗幟，身著正式軍服，向逃亡者及帶領逃亡者過山的嚮導們致敬。二次大戰期間，克恰巴納克鎮標誌著西班牙邊境禁區的起點。

此地現在豎有一塊告示，紀念反抗禁令的西法兩國人民。每年，健行者、退役老兵及當地名人都會在「自由之路」（Chemin de la Liberté）——這條登山道就沿著戰爭時期最艱困的逃亡路線之一——年度健行開始前聚集。包括我在內超過五十名男女，打算走這條山路從聖吉洪前往艾斯泰利達紐（Esterri d'Aneu）這個西班牙加泰隆尼亞的村落。大家立正站好，將花束獻上紀念碑，風笛聲在濃密樹林掩蓋的山間回響，一名退休法國空軍上校代表致敬「那些敢於夢想不同未來，那些採取行動改變現狀的人，感謝他們讓我們享受和平生活」。

次晨，我們有超過六十五人在聖吉洪舊鐵道橋集合；就是在這裡，過去逃亡者搭火車抵達時，司機會通知他們從此處一躍而下，展開徒步跋涉。我們這群人包括前英國駐巴塞隆納總領事、現役英國皇家海軍陸戰隊指揮官、身上穿著以五十多種語言寫著「和平」T恤的前英國皇家空軍中校、一群北大西洋公約組織（NATO）士兵來此進行自主訓練，也有英國皇家退伍軍人協會的募款人、跳騷莎舞健身的威爾斯家具裝飾工藝師、前卡迪夫橄欖球隊第二排前鋒、年輕的龐克爵士音樂家，以及許多現役及退役軍人。我們都身負平均二十六磅的背包，裝著戰時逃亡者不會有的食物補給跟裝備。二戰期間的英國空軍會配給「逃亡箱」，包含絲紙地圖、壓縮食物與六錠苯丙胺（Benzedrine）③，協助他們跨越阿爾卑斯山或庇里牛斯山；但部分逃亡者僅剩一條麵包或一塊起司撐過這段山路。一名英軍曾一腳穿拖鞋、一腳穿外出鞋，穿越這條路徑。

一九四三年，紐西蘭出生的法國反抗軍信差，在蓋世太保中以「白鼠」聞名的南西・威克（Nancy Wake），在兩名西班牙嚮導協助下跨越庇里牛斯山。這兩名嚮導，一男一女，都與派特・歐萊利路線有關。威克五次試圖尋找嚮導，帶她從佩皮尼昂穿越法國邊界十二英里（二十公里）長的禁區，卻都失敗，第六次終於成功了。同行者有一名法國男性、兩名法國女性、兩名美國空軍、嚮導及他們的狗，威克走了四十七小時，多半都在厚厚積雪中，每兩小時休息十分鐘。照慣例，這行人都換穿伊斯帕托帆布草鞋，一路上嚴令不得說話。雖然遭遇暴風雪，部分成員幾近筋疲力盡，這行人終究抵達西班牙。威克從巴塞隆納返回英國，隨後又再度回到法國，成為特別行動局幹員。[18]

之後成為太空梭試飛駕駛的美國戰鬥機駕駛查克・葉格（Chuck Yeager），這位湯姆・

③ 譯註：第一種上市的藥用安非他命商品。

沃爾夫（Tom Wolf）《太空先鋒》（*The Right Stuff*）④一書中的主角，當時跨越山脈的狀況甚至更加艱難。一九四四年三月五日，葉格在波爾多附近遭到擊落，當地游擊隊將他連同一群同盟國飛行員帶到庇里牛斯山。爬了七千英尺（二一三四公尺）後，葉格與B-24轟炸機飛行員派特・派特森（Pat Patterson）脫離主隊，很快在山中迷路。「比起庇里牛斯山，家鄉的山脈成了筆直大道，」葉格在自傳中回憶，「無止境的爬坡，簡直就是要命。」[19]

在山裡走了三天後，兩名飛官碰到一名德國巡邏兵，派特森腿上被射了一槍，但兩人仍逃過一劫。葉格將派特森從膝蓋截肢後，扛著受傷夥伴，繼續往邊界前進。即將抵達西班牙時，葉格將他從山脊推下，滾到路邊，希望能被路過的車載走。沒多久，派特森被國民警衛隊發現，在戰爭中生還。葉格返回英國後則再度投入戰場。

我們一行人冒著華氏九十五度（攝氏三十五度）高溫，跋涉跨越蒙特瓦利耶峰（Mont Valier massif），所有人都對這段歷史了然於心。這四天的健行，跟我過去的經驗完全不同。離開聖吉洪前，健行領隊之一警告我們一路上「有各種可能會讓你嚴重受傷」，這些警告並不誇張。出發才兩小時，一位女士弄傷了鎖骨。健行結束前，有十一個人因為耗盡體力與中暑，被迫退出。頭兩天，我們經過的區域主要是茂盛草原與遮蔭林地，在蕨類夾道的山徑與森林裡形成長長的蜿蜒隊伍，一路揮汗向上，在穿著淺綠T恤的法國隊輔（*accompagnateur*）

的照顧下，朝向偶爾露臉的高峰行去。

休息時間總是從法國空軍上校的演說開始，這位無處不在的上校第一天也在現場迎接我們。接著則是令人難忘的反抗軍歌改編版〈游擊隊之歌〉，歌詞充滿對炸彈、手榴彈、機槍與狙擊手的過度讚譽。英國健行者多半不懂歌詞，多數人也只是跟著哼；但看到前反抗軍戰士與其後代以手撫心，唱著這首關於反抗與愛國殺戮的嚴肅頌歌時，仍不禁令人動容。第一天下午，我們在一處穀倉外集合，當年年輕嚮導也是本地牧羊人的路易・巴豪（Louis Barrau），就是在這裡拒絕向納粹／維希巡邏兵投降。巴豪的父親叔伯已經因為類似原因，被送往德國勞改營，並且無人生還。巴豪試圖阻止士兵燒了穀倉，卻遭當場射殺。我們記下了這些故事。隨著森林愈來愈稀疏，我們發現自己爬上礫石山徑，攀過高聳岩石，而這一路上，歷史、戰爭與生存是我們對話中不斷出現的主題。第二天，我們在牧羊人小屋旁的空地紮營，此處的告示牌將山徑獻給「法國逃亡者，敬記憶之美及心靈平靜」（作者自譯）。

當晚，法國隊輔開心地唱歌跳舞，傳遞倒著美酒，而我睡在夜空下，天上的星星比我多

④ 譯註：湯姆・沃爾夫為美國紀實文學的先鋒，以鮮明個人風格和文學手法的新聞報導寫作聞名。一九七三年，沃爾夫出版的《新新聞主義》（The New Journalism）一書，從文學寫作中借用方法，例如塑造人物性格、大量運用對話、用場景和畫面來組織敘事、描繪細節、強調親歷體驗等，開創出紀實文學寫作的大道。他記錄美國首批太空人水星計畫七人的《太空先鋒》，後來改編成同名熱門電影。

年來所見還多。隔天我們翻越了兩座超過七千英尺（二一三四公尺）的山頭。這趟煎熬卻令人振奮的旅程中，我們走在雲層之上，穿越一片經過風化、褶皺如同月球表面的石灰岩及大批巨石，朝向當地人稱「恐龍」（*Le Dinosaur*）的崎嶇山脊。唯一有生命跡象的是四散著幾匹梅倫（Méren）矮腳馬，牠們是拿破崙入侵俄羅斯時的工作馬，以及偶爾帶著狗跟牲口出現的牧羊人。上午我們經過一架哈利法克斯轟炸機殘骸，一九四五年七月飛機撞山時，七名機組員全都身亡。一一讀出機組員的名字時，我的同伴之一前空軍中校哀嘆著「人員機器的損失」。

儘管如此，隨著太陽從掩蓋住下方世界的雲海裡緩慢探出頭，雖有幾塊金屬殘骸與英國皇家退伍軍人協會對死者的致意，這段破壞、死亡與逃亡的歷史也很難融入庇里牛斯山的美景中。戰爭逃亡者曾在夜間穿越同一塊區域，有時甚至得在德國巡邏兵追擊下，奔下轉來轉去的斜坡——這段我們必須小心翼翼爬下的斜坡。我們成員之中有些人的父母或祖父母如果當初沒能成功穿越這片山脈，他們今天就不會存在這世界上。六十三歲退休資深教師來此紀念他的波蘭裔父親，這位曾兩度跨越庇里牛斯山逃亡的前英國皇家空軍。

雖然它整個都與戰爭、危險與困難有關，自由之路絕非令人沮喪的經驗。行程最後一天，大腿燒灼著、心驚膽跳地掙扎了四十五分鐘，爬上岌岌可危的冰河，腳下飽經風霜的舊雪看似隨時都會碎裂。此時隊裡一位女性成員開始哼唱〈玫瑰人生〉（La vie en rose），所有人紛紛加入。好一段時間，當我們的聲音在陡峭溪谷上方的寧靜中回響時，焦慮疲憊都消失了。最後，我們抵達俯瞰西班牙的拉帕雷德克勞艾雷峰（Col de la Pale de Clauère）狹窄的稜線上，再度踩在堅實地面。

北大西洋公約組織的士兵開了一瓶威士忌，紀念這一刻，我們握手擁抱，相互恭喜，俯瞰著下方展開的群山覆蓋著松林。在那一刻，我們每位隊伍成員幾乎都能感受到這麼多逃亡者終於走到這一步而生的狂喜。隊裡一名成員是業餘的逃亡路線歷史學者凱斯・詹斯（Keith Janes），他將桃特・科林斯（Dot Collins）的骨灰撒在此地。她的先生是英國皇家空軍飛行員墨利斯・科林斯（Maurice Collins），一九四二年曾藉由這條路線逃出戰爭。詹斯已經在二〇〇七年將她先生的骨灰撒在此處。此刻我們在肅穆寧靜中，看著他灑落科林斯遺孀的骨灰，我再度感受到那些人與其嚮導的無形存在；他們也曾從這處隘口向下俯視。我們接著展開漫長下降路程，疲憊驕傲且欣喜地進入諾格拉帕利亞雷薩河谷，朝著下山的道路，返回那個經常將自由視為理所當然的世界。

# 第三部：魔法山脈

此地的大自然如此美麗壯大。我周圍的山峰，高聳入雲霄，如此平靜，沉默而歡愉！它們並不涉入我們的日常生活或黨同伐異，令人髮指的無動於衷幾乎令人憤怒——然而那也許只是它們的嚴肅表面。

——亨利希・海因（Heinrich Heine），摘自科特黑的書信，一八四一年[1]

# 第七章 拓荒者：「發現」庇里牛斯山

面對庇里牛斯山如此美麗的沉思對象，科學家到哪去了？以科學之名，他們去哪了？怎麼會遺忘這座山脈？我看到他們在白朗峰（Mont Blanc）的冰層上，安特里姆（Antrim）的玄武岩柱上，埃特納（Etna）的岩漿上……他們無處不在，但在這裡卻只有我獨自一人，在佩迪多山（Monte Perdido）上，不見他人蹤影。

——路易—哈蒙德．德．卡邦尼耶荷（Louis-Ramond de Carbonnières），一七九七[1]

九千四百三十九英尺（二八七七公尺）高的畢高爾中峰（Pic du Midi de Bigorre）是上庇里牛斯省（Hautes-Pyrénées）遊客最常造訪的山峰之一，主要是因為有纜車連接峰頂與約三千三百英尺（一千公尺）下方的拉蒙吉（La Mongie）滑雪度假村。每年夏天，好幾千名遊客從拉蒙吉商場搭纜車上到峰頂，負擔得起的旅客也可以在峰頂的天文台過夜觀星。這座峰頂並非一直都這麼容易抵達。一七七六年八月，英國旅人亨利．史溫本（Henry Swinburne）抵達附近的特海姆—艾格村（Tremes-Aigües），尋找嚮導帶他上山，他相信自己將是首位登頂者。史溫本出身富裕的諾桑伯蘭地主家族，但對歐洲旅行的興趣遠大於自家的那些地產。

前一年冬天，他將家人留在塔伯（Tarbes）後，便跨越庇里牛斯山進入西班牙，這趟旅程造就了暢銷的《西班牙之旅：一七七五及一七七六年》（*Travels in Spain: In the Years 1775 and 1776*）一書。返回妻兒處的途中，他展開一段三百五十英里（五六三公里）的庇里牛斯山騎馬之旅，這段旅程後來收錄在西班牙遊記的續集裡。他就是在這段探險過程裡攀登了中峰。史溫本一開始找不到嚮導，但最後終於僱了一名當地牧羊男孩帶他登頂。大約往上爬了三分之一路程時，他們抵達一處「未有人跡或人類活動的地方；沒有樹木、山徑、動物；一切如此淒涼，安靜，野蠻」。[2] 此時少年嚮導拒絕再往前進，說前面沒人走過。史溫本穿著他的「伊斯帕托帆布草鞋或雙縫線鞋」獨自前進，不顧炎熱或缺乏水源，只能從偶爾出現的小水窪舀水來喝。

他最終在極度疲憊的狀態下登頂。下山前，他「試著盡可能享受想像力所能感受、眼睛能夠飽覽的廣闊宏偉景象所帶來的魅力」。史溫本庇里牛斯山之行的紀錄，是最早讓山脈受到紳士旅人注目的英語文獻之一，許多讀者對他將庇里牛斯山描述為「偉大地景」深感震驚。在此，「自然展現出最強烈面貌。此地的每樣事物都擴展到極其巨大，整體呈現令觀者心生敬畏崇慕。」[3]

然而這並不是十八世紀後半一般人對庇里牛斯山的觀感。史溫本展開騎馬之旅時，這裡的山脈少有人跡，也鮮為人知。這些峰頂還沒人攀登或測量，許多地方甚至也沒有命名。「庇里牛斯條約」簽訂後一個多世紀，這些山脈還沒被明確繪製，當時確實有很少數的庇里牛斯山地圖，但都簡略缺漏。一般都沒有等高線，製圖師多數都從單一面向或「馬背騎士」的視角，描繪庇里牛斯山。也因此，除了主要隘口與跨越點，庇里牛斯山多數地區都是未知之地。

這樣的情況也發生在阿爾卑斯山，但阿爾卑斯山在外界眼光中，卻享有迥異名聲——貴族進行壯遊時，雖令人生畏卻務必一遊之地。旅人忍受馬車與轎子的不便，仍要一睹義大利古典文明的文化榮光。相對地，庇里牛斯山一直是歐洲南緣的偏遠禁忌邊陲，只通往除了虔誠宗教信徒外，少有旅人前往的伊比利世界。

史溫本獨攀中峰後接下來的那個世紀裡，一切開始改變。一連串科學家、探險家、登山客與冒險者陸續前往庇里牛斯山，將關於山脈的新知傳達給外面的世界。庇里牛斯山前所未有地被包納進所在地國家與廣大世界的活動範圍裡，就在這段時期，它首度「被發現」了，成為科學探索的對象，以及文化歷史景觀及理所當然的旅行目的地。所謂的「發現」，不僅是科學事實與資訊積累的結果，也對野蠻邊界帶來重新想像，讓外界對史溫本描述的「偉大地景」逐漸熟悉了起來。

## 科學家與探險家

許多相互交疊的因素，促使現代科學進入庇里牛斯山。啟蒙時代解放了知識分子的好奇心，隨之而來對分類研究與探險的狂熱，當然都有所貢獻。同樣還有西法兩國因為戰略軍事考量，展開對庇里牛斯山的測繪，開發礦產能源等資源。新的科學學門，如地質學、古生物、史前史等都從十八世紀晚期開始，視庇里牛斯山為值得研究的地點。根據《大英百科全書》，以「現代科學方法」對庇里牛斯山進行的第一份研究，直到一九三三年才產生，而許多地質學與古生物學技術方法，如DNA與花粉分析、衛星影像等，當時仍在萌芽階段。

早在一六〇一年，亨利四世已經下令官員尚・德馬盧（Jean de Malus），針對庇里牛斯山的礦藏進行調查，並出版了《庇里牛斯山礦藏搜尋與發現》（*La recherche et descouverte des mines des montagnes Pyrénées*）。然而直到十八世紀末，這類行動仍屬零星發生。一七七九年，瑞士兼物理學者、地質學者與登山家身分的赫瑞斯・班尼迪克・德・索緒爾（Horace Bénédict de Saussure, 1746-1799）出版了《阿爾卑斯山遊記》（*Voyages dans les Alps*）第一冊。這是結合高山冒險、學術研究與旅行書寫的創新之舉，也啟發了許多作家與探險家步上他的後塵。

十八世紀的最後十年，法國開始出現一些關於庇里牛斯山首度具有重要性的研究，其中許多都受到索緒爾作品的啟發。一七八九年法國大革命這一年，路易—法蘭索瓦・哈蒙德・伊莉莎白・德・卡邦尼耶荷（Louis-François Ramond Elizabeth de Carbonnières, 1755-1827）出版了庇里牛斯山文學巨著——《庇里牛斯山觀察》（*Observations faits dans les Pyrénées*）。同年，尚・布東・德・聖阿曼（Jean Boudon de Saint-Amans）出版了《庇里牛斯山之花》（*Bouquet des Pyrénées*）。隨後則是菲利浦—伊西多爾・皮考・德・拉佩胡斯（Philippe-Isidore Picot de Lapeyrouse）的植物標本集《庇里牛斯山花卉特徵》（*Figures de la flore des Pyrénées*, 1795），這本庇里牛斯山植物圖鑑的精美彩色版畫插圖是由土魯斯建築師繪製。此外還有尚—約瑟夫・杜騷（Jean-Joseph Dusaulx）的《巴赫吉與庇里牛斯山高地之旅》（*Voyage a Barèges et dans les Hautes Pyrénées*, 1796），以及法蘭索瓦・帕蘇摩（François Pasumot）的《庇里牛斯山實地行旅》（*Voyages physiques dans les Pyrénées*, 1797）。

在《庇里牛斯山》（*El Pireneo*, 1832）一書中，阿拉貢軍人、法官與作家荷西・德・

維烏．莫瑞烏（José de Viu y Moreu）描述自己從阿拉貢的托爾拉（Torla）家鄉出發，旅途上在維涅馬雷峰（Vignemale）碰上一群法國地質及植物學者。被法國人問到為何他的同胞「竟對整個半島體系的巨大知識視而不見」，反倒是已有超過二十位法國作家出版庇里牛斯山相關著作時，德．維烏感到有些不安。與他對話的人認為此種忽視來自西班牙人對代表「祖國榮譽」的山脈缺乏愛國熱情，他同時也暗示西班牙人對科學不太感興趣。

在這些批評激勵下，德．維烏為同胞寫下了「向我們的庇里牛斯山自然史致敬」之作。然而本書遲至二〇一五年才出版，某種程度上正好應驗了法國人的觀察。十八世紀並非全然缺乏西班牙人的庇里牛斯山研究，像是法蘭西斯可．德．札摩拉（Francisco de Zamora）的《穿越上阿拉貢之旅》（*Viaje por el alto Aragón*, 1794）、荷西．柯爾尼德．薩維德拉（José Cornide y Saavedra）的《庇里牛斯山的自然、民俗與軍事描寫》（*Descripción fisica, civil y militar de los montes Pirineos*, 1794），以及自學成師的加泰隆尼亞植物學者荷賽普．佩克斯（Josep Peix）的一七八〇年植物標本集《常見植物圖集》（*Plantas usuals illuminidas*），都見證了西班牙人對山脈科學研究興趣的崛起。

然而，較諸法國人的產出，這類研究確實稀少。即便在西班牙庇里牛斯山區，十八、十九世紀中的科學家與探險家主要都是法國人與外國人。一七五〇至一八五〇年間，光是阿拉貢庇里牛斯山這個主題，法國與外國作者就發表了兩百零九篇文章。一八二〇年代，法國軍事製圖隊花了數星期，為了《法國全覽圖》（*Carte de France*），拖著沉重測繪儀器，穿越庇里牛斯山某些最難抵達的區域測繪邊界。瑞士地質與冰河學者尚．德．夏本提耶（Jean de Charpentier, 1786-1855）花費四年光陰，研究庇里牛斯山最偏遠部分，成果匯集為《庇里牛斯山構造地質學論文集》（*Essai sur la constitution geognostiques des Pyrénées*, 1823）。

一八二九年，俄—德自然學者約翰．亞科伯．弗瑞德利希．威廉．帕洛特（Johann Jacob Friedrich Wilhelm Parrot, 1791-1841）成為第一位從大西洋走到地中海岸，徒步穿越庇里牛斯山全境的人。一八三五年，蘇格蘭旅人詹姆士．厄爾斯金．穆瑞以步行結合馬騾馱運，首度從反方向穿越山脈。一八三五年夏天，蘇格蘭物理學者同時也是愛丁堡大學自然哲學教授的詹姆士．大衛．富比士（James David Forbes, 1809-1868），研究羅蘭隘口到貝納斯克隘口之間的礦物溪流，一八三六年寫成研究論文〈以庇里牛斯山為主，探討某些溫泉的溫度與地質關係〉。

許多庇里牛斯山早期的科學研究都是由業餘者及自學者進行。藝術家與製圖師法蘭茲．施瑞德（Franz Schrader, 1844-1924）人生中泰半時間都花在研究庇里牛斯山。他的父母受盧梭著作影響，思想開明，因為傾向於盧梭的學說，從未讓出生在波爾多的施瑞德入學，卻培養出極具天賦的畫家、繪圖師、地理學者與地圖製作者。他能說五種語言，並成為十九世紀庇里牛斯山歷史上最重要的人物之一。施瑞德對庇里牛斯山研究的諸多貢獻之一，是發明了用來測量高度與距離的地形測量儀（orographe）。施瑞德在一八七三年發明這個儀器，測繪出加爾瓦涅與佩杜山（Mont Perdu）／佩迪多山區域的四萬分之一比例尺地圖。一八七五年，這幅地圖由波爾多自然科學會出版時，引起一陣騷動。施瑞德的地圖提供整個庇里牛斯山區中最詳盡描繪的一部分，因此吸引了阿歇特（Hachette）出版社與法國工兵團的注意。一八八二至一九〇〇年間，他為阿歇特出版社及法國山岳俱樂部製作了一系列中庇里牛斯山的傑出地圖，並為他贏得法國榮譽軍團勳章。一九〇〇至〇三年間甚至出任法國山岳俱樂部會長。

庇里牛斯山當地居民自然也對第一手接觸的山脈進行研究。奧索山谷的貝奧斯特—巴傑村（Béost-Bagès）設立一條包含許多本地品種的植物步道，紀念出生於此的「牧羊人—植物學者」皮耶林．蓋斯東—薩卡茲（Pierrine Gaston-Sacaze, 1797-1893）。蓋斯東—薩卡茲是牧羊人，同時也是位有造詣的鳥類、地質、礦物學者兼音樂家；他一開始研究植物是為了替病羊尋求治療草藥。為了植物研究的興趣，他自學拉丁文，根據瑞典自然學者卡爾．林奈（Carl Linnaeus）建立的體系，辨認分類了數百種植物。他的發現在波城科學文學與藝術學會期刊上發表，還出版好幾本植物圖鑑，部分更親自繪圖。

阿馮瑟．梅隆（Alphonse Meillon, 1862-1933）是科特黑一間旅館的主人，運用假日時間，為附近山岳繪製許多地圖，包含第一幅兩萬分之一比例尺的維涅馬雷峰地圖。他也是首度在工作過程中運用攝影的製圖師之一。對梅隆來說，從科特黑的童年開始，山脈就展現出「誘惑的力量」，因此科學提供了他對山脈表達「深刻摯愛仰慕」的機會。[4]蓋斯東—薩卡茲同樣也認為他的作品是出於愛好，堅信自然研究「減少對虛華娛樂的渴求，降低過多慾望，為靈魂帶來滋潤與最值得沉思的對象」。[5]

施瑞德美麗的地圖，就像他的畫作，都是對山的禮讚。他在青少年時期首度在波城見到這座山脈。他常將

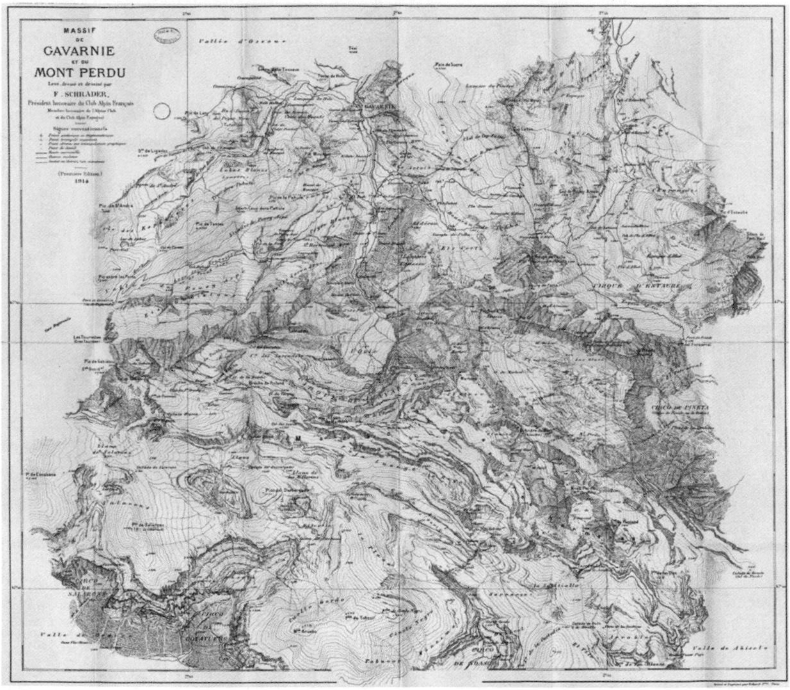


地圖藝術：法蘭茲．施瑞德，《加爾瓦涅峰與佩杜山地圖》（Carte du massif de Gavarnie et du mont Perdu, 1914，維基共享。）

繪製地圖比作藝術，並寫下自己在阿拉貢庇里牛斯山中「那些深刻的詩意時刻，讓人在一兩個鐘頭裡完全享受到強烈的生命韻味」。

## 山中的男爵

對這座山脈的熱情反應，是隨著科學知識累積而出現的庇里牛斯山「大發現」的一環。一八九七年，歷史、地理學者暨出版人亨利．貝哈爾迪（Henri Béraldi），在他的山脈史巨著《庇里牛斯山一百年》（*Cent ans aux Pyrénées*, 1897）的第一冊中提出「庇里牛斯山學」（*pyrénéisme*）一詞。對貝哈爾迪而言，「庇里牛斯山的圖像知識——請勿與科學知識混淆——此刻已經圓滿。經歷一世紀的努力，一系列寫作構成了庇里牛斯山學的歷史；今日我們說起庇里牛斯山學，就像談到阿爾卑斯山學一樣。」[6]

這種對於「圖像知識」的強調，與阿爾卑斯山學中的肉體登山挑戰及征服指標高峰十分不同。一九〇二年在巴黎的法國地理學會演講中，貝哈爾迪認為即便待在庇里牛斯山谷地與溫泉鄉的旅人，也是庇里牛斯山學者（*pyrénéiste*），因為「庇里牛斯山學者的理想是知道如何攀登、寫作與感受，三者一體。他若只寫不爬，一事無成。他若只爬不寫，則未能留下足跡」。這種「圖像知識」中最具影響性的代表，正是集政治家、作家、探險家、地質學者與植物學者於一身的路易—法蘭索瓦・伊莉莎白・哈蒙德・德・卡邦尼耶荷。哈蒙德生於史特拉斯堡，在史特拉斯堡大學學習醫科及法律；但同時就像歌德，他並未成為醫師或律師。一七七七年，他前往瑞士阿爾卑斯山，讀到英國旅人也是未來的沙利斯伯利副主教威廉・考克斯（William Coxe）的《瑞士自然、社會與政治史描繪》（*Sketches of the Natural, Civil and Political History of Switzerland*）。

哈蒙德將考克斯的書翻成法文，加上自己的評論觀察，卻經常與作者主張有所出入。不請自來的評論讓考克斯本人不滿，但該書在法國卻相當受到歡迎。一七八一年，哈蒙德成為樞機主教路易・德・侯漢（Louis de Rohan）的祕書，後者是史特拉斯堡大主教，也是路易十六的密友。一七八七年，侯漢因為涉入祕術騙子卡力歐斯特羅（Cagliostro）與王后瑪莉・安東妮（Marie Antoinette）的詭計，而遭到法國朝廷流放。

哈蒙德隨著主人前往巴赫吉溫泉鄉暫時流放。失勢的大主教泡溫泉時，哈蒙德在山野間開心走跳。無論是爬到加爾瓦涅冰斗上方的冰原，測量冰河，或攀上馬爾伯瑞峰（Cilindro de Malboré）研究岩石形成，哈蒙德結合了細緻研究技巧及業餘科學家的慧眼，不顧自身安危，反映出他的信念，認為自然學者應該「將那些廣為人知的山岳拋諸腦後……將自己投身在牧羊人、羚羊獵人及走私客之間，走上他們危險的隱密道路」。[7]

這些探險造就了出色的《庇里牛斯山觀察》，結合岩石形成、冰河與野花的科學描述外，還帶著一絲浪漫主義的憂鬱氣息。朱勒．米歇雷一度對哈蒙德感到不屑，認為他是「卡力歐斯特羅幻想與自然崇拜」的幻滅追隨者，「站在革命的一邊，希望拯救人類種族」，後來卻又以「同樣的熱情轉向自然」。[8] 嚴苛的評論並非全然錯誤。雖然哈蒙德一開始擁抱法國大革命，並於一七九一年以溫和立憲派入選國民議會。一七九二年夏天，反對雅各賓派的立場又讓他撤到塔伯，逃避首都的政治動亂。

一七九四年，哈蒙德在家中被軟禁十個月，獲釋後成為塔伯中央學院的自然史教授，也讓他專注在庇里牛斯山研究中。一七九七年，他進行了三度攀登佩杜山／佩迪多山中的第一次；這一次遠征發展成《佩杜山與附近庇里牛斯山高地之旅》（*Voyages au Mont-Perdu et dans la partie adjacente des Hautes-Pyrénées*, 1801）。哈蒙德是一位有條不紊的地質學家、植物學家及自然學家，自行編纂的未出版植物圖鑑，包含超過萬種不同植物，其中八百五十種是庇里牛斯山的特有種。

他對庇里牛斯山的貢獻不只在科學發現，更有他浪漫狂熱的讚譽，例如他將坎潘河谷（Campan）描寫為「讓我們預想未來世界的幽靈，冷靜平和的狀態如此明確，讓我們預見地球完美的樣貌。此後，包含庇里牛斯山與阿爾卑斯山、高加索山、亞特拉斯山（Atlas）與安地斯山的所有谷地，當生產與毀滅的力量達到平衡時，也將達到如此境界」。[9]

哈蒙德的寫作充滿這類描寫山脈的字句，這也成了他專業與個人生活的特色。哈蒙德從未完全脫離他所稱的「地平面」，終身持續在政治、科學與庇里牛斯山之間穿梭。但身處山間，在嚮導、走私客與牧羊人的陪伴中，總是他最開心的一刻。一八〇二年，他搬回巴黎，成為法國科學院的一員，並結婚成家。一八〇六年，拿破崙聘他為多姆山（Puy-de-Dôme）市長，後續因科學貢獻而授勳為帝國男爵。一八一三年，《庇里牛斯山觀察》出版英文版初版；翻譯宣稱此時「英國士兵的軍旗飄揚在庇里牛斯山間」，本書將為威靈頓入侵軍隊提供資訊。

隔年，反法同盟軍佔領法國期間，哈蒙德的巴黎住家遭到哥薩克人劫掠，許多未出版的手稿遭到破壞。附有精美插畫的植物圖鑑則倖免於難，給他一些年邁的安慰。一八二七年去世前不久他說：「我發現自己還有植物圖鑑與回憶相伴。除此之外，都是身外之物。」[10] 哈蒙德身後埋骨蒙馬特，遠離曾經遠征書寫的山岳。但也因為他，才讓同胞與廣大世界注意到這座山脈。

二〇一五年夏天，我與妻女駕車前往奧索山谷，朝向哈蒙德於一七八七年首度攀登的九千四百六十一英尺（兩千八百八十四公尺）高的奧索中峰（Pic du Midi d'Ossau）。「在中峰上我們並未脫離世界範疇，」他曾寫下，「我們在世界之上觀察它；人居仍舊在我們腳下；

人群騷動仍舊記憶猶新，膨脹的心仍舊因為殘餘的熱情而跳動。」[11]我們並非來此登頂，而選擇當地人稱為「尚—皮耶雙峰」（Jean-Pierre）的山區環狀線。我們在畢烏—阿爾提格湖（Lac de Bious-Artigues）下車，向上穿過森林前往山腳的畢烏牧地時，我的腦中仍圍繞著哈蒙德。

二〇一五年是二十一世紀「地平線」特別糟糕的一年，伊斯蘭國在伊拉克與敘利亞烽煙四起，數千名難民溺死在地中海，所以並不難理解身處動亂且經常陷入暴力的時代中，哈蒙德曾在此地獲得的慰藉。四十分鐘後，我們跨越一條小溪，走進畢烏牧地，發現自己置身此生所見最美的景象。草原上健行者與野餐的人，經過在草地上進食的半野生庇里牛斯山矮腳馬、成群長角牛與綿羊，動物似乎無視人類存在。就在我們眼前，尚—皮耶的獨特雙峰取代了森林，如大張雙唇向上伸往天際。這是庇里牛斯山經典的野蠻牧歌組合，對我來說宛如耶羅尼米斯·波希（Hieronymus Bosch）的《人間樂園》（Garden of Earthly Delights）[①]三聯畫第一幅中的地球和平景象。

隨著山徑開始蜿蜒陡上穿過左側森林，眼前景象令我狂喜，甚至有些迷醉，彷彿世界瞬間減輕了重量。經過兩時小艱苦揮汗攀爬後，我們走到一大塊粉紅與繡紅的岩石下，岩面上覆蓋著鮮綠苔蘚。這便是雄偉的尚—皮耶雙峰南面。我們繼續往前繞過山頭，爬過成堆巨石，最後抵達一處望向蘇宗峰（Col de Suzon）的高稜線。這段路應該只需五小時，但我們抵達山峰時已屆傍晚，可以聽到峰頂飄下的登山客聲音。這座山峰便是兩個多世紀前哈蒙德曾登頂之處。

我並不想加入他們的行列。從我們所在之處思索山岳已經足夠；穿過沼澤峽谷及從河谷下降時，我看到一大群羊，羊鈴聲響遍山間，感受到哈蒙德曾完美捕捉的「那股魅力，我經常察覺，經常在山岳間領略，那種隱約，身體輕靈，四肢矯捷，神智寧靜，一切如此甜美，卻難以描繪」。我想到當時的他，彷彿伊塔羅．卡爾維諾（Italo Calvino）《樹上的男爵》（*The Baron in the Trees*）的庇里牛斯山版本——那位決心終身住在樹上，不願踏地的啟蒙時代貴族。我靜靜地感謝他讓這一天永難忘懷，感謝他將這些雄偉山脈呈現給過去對庇里牛斯山避之唯恐不及的外在世界。

---

① 譯註：耶羅尼米斯．波希生於十五世紀荷蘭中部城市登博斯（Den Bosch）的繪畫世家，活躍時期與達文西相近，皆屬於多產的畫家。身為虔誠的保守派天主教聖母兄弟會的一員，波希畫作主題都以宗教生活有關，作品畫面豐富複雜、暗藏玄機，因此被視為超現實主義的祖師爺。目前確認出自波希之手的畫作只有二十五幅，最知名者為三聯畫《人間樂園》。《人間樂園》完全展開時寬三百九十公分，高約二百二十公分，畫作分為三部分：左邊天堂、中間人間、右邊地獄，現收藏於西班牙馬德里普拉多博物館。

## 維涅馬雷之王

哈蒙德的生命與寫作啟發許多後人踏上相同道路。最有名的追隨者是烏斯特男爵亨利・派屈克・瑪莉・羅素—基洛（Henry Patrick Marie Russell-Killough, 1834-1907），他是十九世紀最多采多姿、充滿奇異風情的庇里牛斯山學者。[12]生於土魯斯的愛爾蘭—法國富裕家族，羅素在童年一次出遊波城時首度看到庇里牛斯山，成年後多數時光都花在探索這處山區。他有時獨自入山，有時在嚮導或自稱「快樂幫」的特定朋友陪伴下入山。如同哈蒙德，羅素很少使用繩索、冰斧甚至冰爪，跨越冰河或冰蓋時就穿著格子呢外套、背心、靴子及綁腿，帶著他的登山杖，有時用「小型口袋斧」在冰上鑿出施力點。

他輕視帳篷，喜愛裹著貼身羊皮睡袋，席地幕天而眠。即便是暴風雪或傾盆大雨等威脅生命的情況中，也不改習慣。瘦削、眼神銳利、蓄著山羊鬍，硬派作風下的羅素，也熱愛波城的華爾滋、美食、美酒及古典樂。但一如哈蒙德，他的精神故鄉仍舊是庇里牛斯山。「崇敬山岳對心靈產生深刻影響，」他宣稱，「它們是物質世界裡最崇高的一面。美好夏夜在馬拉德塔冰河上目睹光輝月升時，煤氣、電光或煙火又算得上什麼呢？」[13]

在他最知名的著作《山人的紀念品》（*Souvenirs d'un montagnard*, 1878）中，羅素回顧自己在「慘白極光照亮的荒涼孤峰……在永恆穹頂的壯麗冷靜之中，在塔波爾（Thabor）雪峰的庇護下，受到空間、霜雪與死亡包圍，以同樣的愛與憂愁，想起歡樂時光，想起受到三次祝福的日子，想起那些不再回返的寧靜歲月」。沒有其他高峰，比起法國庇里牛斯山最高峰維涅馬雷峰（一萬零八百二十英尺／三千兩百九十八公尺）更令他感動。橫跨法西邊界，俯視加爾瓦涅冰斗，維涅馬雷峰是他的某種生命摯愛。

一八六一年九月十四日，他首度攀登維涅馬雷峰，這是他一生中三十二次登頂的第一次。他對維涅馬雷峰的熱情超越想像。一八八〇年八月二十六日，他與嚮導爬了七小時後，以熱調酒與夏特勒茲藥草酒（Chartreuse）慶祝登頂。羅素要僕人挖個坑，將他本人連同羊皮睡袋埋在土石之下，只有頭露出地面。一整晚時間，他的人一直埋在峰頂，其他人則下降到下方遮蔽處。「我一個人獨自身處庇里牛斯山最荒涼寒冷的山頂之一，」他回憶，「三百公尺下方是一片廣闊雲海，白雪或大理石的紅色島嶼浮現其中，似乎也在微妙月色中顫抖。一片不自然的死寂。看不見地平線的狀況下，我彷彿離開了地球。」[14]

奇妙的感官經驗讓羅素想花更長時間待在維涅馬雷峰。帳篷小屋都不用談，他認為兩者都是不合時宜的文明侵擾。因此他決定要在靠近山頂處打造「人工洞穴」，並立刻向柯特黑社群取得維涅馬雷峰的終身租用權。一八八一年，羅素的工人在奧索冰河上方為他炸出一處洞穴，他在此放置紅酒、香檳、食物，以及辛苦的僕人從波城搬上來的地毯。

就像先前的「埋葬」，羅素的洞穴並不僅是貴族詭異行為的表現，而是他與朋友向山岳地景致敬崇拜之處。羅素視山岳為聖潔的展現，也是通往次世界的前廳。一八八四年八月十二日，他激請兩位神父與一群朋友，在日出的洞穴前舉行彌撒，他將此形容為「比所有華麗大教堂更動人且深邃。巴黎或羅馬也未曾得見的勝景。比起世界上最華麗的穹頂，此地更接近天堂」。[15]

羅素造了七座洞穴，其中之一專為女性而設，一八九三年在峰頂下方形成他稱為「天堂」的石窟。訪客經常前來「天堂」拜

維涅馬雷峰之王監督新洞穴工程，右前方為羅素。（攝影：尤金・特魯塔〔Eugène Trutat〕，約一八八二至八四年。土魯斯圖書館。維基共享。）

訪「維涅馬雷峰之王」與「庇里牛斯山的羅賓遜」。一八九二年，羅素的好友伯特杭．德．拉蘇斯男爵（Baron Bertrand de Lassus）跟他一起在下方洞穴待了五晚，躲避狂風。當風勢終於在午夜後稍減，拉蘇斯突然宣稱他想登頂，羅素自然同意。拉蘇斯後來描述他與挑夫、嚮導啟程跨越「同世界一樣古老、巨大混亂的冰層」，繞過「無底深淵形成的廣闊迷宮」，才於清晨抵達天堂。[16]

黎明之前，拉蘇斯喝了自製調酒，裹著毛毯上到峰頂，隨著旭日東升，沉醉在「宇宙自然冥思的孤寂之中」。最後他下降回到石窟，羅素以「一頓大餐」迎接他；兩位好友「嚴肅承諾，若全知之主同意，來年將在天堂重聚」。此時此刻，羅素的攀登歲月將來到終點。一九〇四年，七十歲的羅素最後一次來到美景（Bellevue）洞穴後，退休回到比亞希茲（Biarritz）的家族老宅。一九一〇年去世前，只能在聖誕賀卡上留下「維涅馬雷峰孤獨者」及「維涅馬雷峰夢想家」的簽名，卻遠離他曾視為天堂的洞穴。

羅素的書寫與浪漫情懷，都讓他在貝哈爾迪定義的「圖像知識」傳統中建立一席之地，也是十九世紀後半定義「庇里牛斯山學」最有力的「先鋒」。許多其他先鋒，如施瑞德與貝哈爾迪本人都是他的莫逆之交。但並非所有人皆如此。英國人查爾斯．派克（Charles Packe, 1826-1896）也是羅素的朋友，以及哈蒙德協會的共同創辦人；這個協會於一八六五年在加爾瓦涅創立，推廣庇里牛斯山研究。派克就讀伊頓公學與牛津大學，也是另一名主宰十九世紀庇里牛斯山學的上流社會旅人，繼承的財富讓他得以終身投入自己熱愛的戶外世界。派克進行無數次庇里牛斯山遠征，有時有兩頭庇里牛斯山犬伴隨同行，有時則與羅素同行。他跟羅素一樣走斯巴達式硬漢風，典型的攀登節奏包含「硬實地面過夜後，日出即起，喝杯茶或吃幾口麵包，隨即走上五、六甚至七小時後才用早餐；此後不再進食，直到日落前不久紮營；白天並不休息，只有一天最熱的時刻才睡一小時」。[17]

然而在其他方面，他卻展現截然不同的性格。一八六五年，他跟羅素一起在馬拉德塔度夏。「當我古怪沉浸於獨自攀登杳無人跡的雪峰時……派克則做一些更有用的事情，」羅素寫道，「他測繪了這些山峰，丈量命名，研究谷地植物及岩石化石中潛藏的歷史。」[18]一八六七年，派克出版《庇里牛斯山指南：專為登山者而寫》（*A Guide to the Pyrenees: Especially Intended for the Use of Mountaineers*），這是英語世界第一部庇里牛斯山指南。派克行文實事求是，少了哈蒙德與羅素情感洋溢的字句，然而他的出發點並非無法理解：「在我們眼前，自然對仰慕者訴說的語言，遠比任何文筆更加動人，過度描繪比無用更加無益。」[19]

相對地，他的指南包含許多實質內容，如火車時刻、健行路線、距離與所需時間等，他希望能藉此吸引同胞造訪山區。派克在書中表達對遊客稀少的不滿，他說：「每年夏天許多英國男女跨越海峽，前往瑞士阿爾卑斯山進行一個月或六週度假，卻少有人想造訪庇里牛斯山，這座分隔法國與西班牙的偉大山脈界線。」派克宣稱，這對他而言是「相當震驚」的，即便庇里牛斯山「在高度與冰河荒原的廣度上略遜於阿爾卑斯山，它們在造型色彩上卻更加多采多姿」。[20]

這類語言深植於庇里牛斯山學的傳統之中。對於圖像的強調，並不表示庇里牛斯山學完全只重美學或文化探索。派克的信徒之一是英國科學家及優生學先鋒法蘭西斯・蓋爾頓爵士（Sir Francis Galton），他後來描述自己是在一八六〇年一連串呂雄（Luchon）遠征中，「感染了登山狂熱」。[21]蓋爾頓形容派克是「山岳與本地植物權威」，他對庇里牛斯山動物、變幻莫測氣候及探險所需的堅韌體能展現出的興趣，應該都讓他的嚮導非常欣賞。施瑞德登過無數庇里牛斯山高峰，包含一八七八年八月十一日首登大巴奇馬列峰（Grand Batchimale）（一萬零四百二十三英尺／三千一百七十七公尺）；這座山峰後來改名施瑞德峰（Pic Schrader）。法國律師也是羅素友人的亨利・布魯爾（Henri Brulle, 1854-1936），在一次大戰前攀登庇里牛斯山區超過兩百次。布魯爾是個登山家，而非健行者，他以戰勝暴風雪、冰雹與其他艱困氣候的能力自豪。一八八九年八月七日，他首度攀登戈布大裂縫（Couloir de Gaube），這處維涅馬雷峰北面的陡峭裂面公認是庇里牛斯山區最困難的攀爬路線之一；他的團隊成員包含羅素最信任的嚮導之一，塞雷斯汀・帕塞（Célestin Passet, 1845-1917）。

布魯爾對於登山的態度，可以刻在冰斧上的座右銘一言以蔽之：直面生死（*In utremque*

*paratus*）。妻兒於一次大戰過世後，他再也未曾返回庇里牛斯山。一九三六年，他以八十二歲高齡試圖攀登白朗峰（Mont Blanc），卻在暴風雪下山途中感染肺炎去世。其他十九世紀庇里牛斯山學者都來自類似社會背景，例如侯傑・德・蒙（Roger de Monts, 1850-1914），他也是羅素的朋友，以登山逃避失戀心碎，卻完成許多歷史性攀登紀錄，例如佩杜山／佩迪多山的北面。直到一八九六年終於娶了心上人，而放棄登山。[22]

雖然庇里牛斯山沒有任何山峰可以比擬馬特洪峰的死亡魅力，卻也不減風險。一八二四年，兩名礦業工程師艾都亞爾・布拉維耶（Edouard Blavier）與艾都亞爾・德・布利（Edouard de Bully）嘗試帶著自己的嚮導，一位名叫巴侯（Barreau）的男子，攀登馬拉德塔峰。正在找尋連接馬拉德塔峰與附近的阿內托峰、卻遭到白雪遮蓋的冰河時，巴侯掉進一處隱藏裂縫並大叫：「我的天啊！我完了，我要淹死了！」其他兩人無法救他，只能徹夜在山上聽著他無助的求救聲。

雖然多數時候，庇里牛斯山學以男性為主，但女性也並非全然不見蹤影。維涅馬雷峰固然因羅素而聞名，但一八三七年首度登頂的旅人卻是一名英國女性，名叫安・李斯特（Anne Lister, 1791-1840）。李斯特是一位托瑞黨地主，也是女同性戀，在約克郡家鄉因為男性化外表而以「傑克紳士」知名。她曾在自己的日記中宣稱：「我熱愛並只愛女性，也因此受到她們喜愛；我心因她們的愛而跳動。」[23]她也是一位多產的旅人及登山家。一八三八年八月七日，她僱用當地嚮導亨利・卡召（Henri Cazaux）帶她前往維涅馬雷峰。李斯特兩天前已試圖登頂，卻因為惡劣天氣而打了退堂鼓。等待天氣轉變時，她聽說拿破崙的知名將領之子，莫斯科親王拿破崙・內伊（Napoléon Ney）計畫在當週登頂，讓她決定必須再試一次。

穿著斗篷襯裙，將洋裝綁在膝蓋上，李斯特一行人在一點登頂，並寫好名字放在瓶子裡，埋在一堆石頭底下。四天後，莫斯科親王也帶著卡召登頂，後者卻未告訴他的雇主，李斯特已經搶先登頂，讓莫斯科親王宣稱自己是第一個登頂者。李斯特發現時十分憤怒，因此拒絕支付卡召的費用，並以法律行動威脅他簽署聲明，證明李斯特才是首先登頂者。雖然莫斯科親王承認受到卡召欺騙，他後來為《蓋利安尼信使報》（Galigni's Messenger）撰文記錄這次攀登時，仍舊宣稱自己才是首位登頂者。

九月份，《信使報》刊登李斯特本人所寫的更正啟事，指出「一名英國女士在四天前，已帶著三名嚮導登上同一座山峰」。兩天後，李斯特在喬治亞的高加索山區高燒過世。同一年，《錢伯斯愛丁堡週報》（Chambers Edinburgh Journal）則錯誤報導莫斯科親王與兄弟首先於一八三七年登頂，並引述親王本人的攀登紀錄，其中嚮導名叫「坎都」（Cantoux）。直到一九六八年，以李斯特本人日記為基礎的完整攀登紀錄，才刊登在《英國山岳雜誌》（Alpine Journal）中，肯定她在庇里牛斯山歷史上的地位。

## 尋路人

若少了像卡召這樣的嚮導，這些攀登勢必難以完成；雖然多數嚮導都比他誠實許多。許多參與十九世紀庇里牛斯山學「英雄時代」的嚮導都是農人、牧羊人或走私者，一開始是幫岩羚羊及羚羊獵人帶路，後來才轉成登山嚮導。除了導向外，這些嚮導還負擔起登山中比較「普羅大眾」的任務，例如搬運食物補給，或在冰雪上開鑿立足點。有些人轉成專業或半專業嚮導，甚至形成嚮導家族，例如加爾瓦涅的帕塞家族。亨利·帕塞（Henri Passet, 1845-1919）曾數度陪伴派克前往庇里牛斯山、阿爾卑斯山與內華達山脈。他的堂兄弟塞雷斯汀·帕塞則是羅素最喜歡的嚮導之一，從引導獵人，到後來成為十九世紀最知名的嚮導。即便在山間也穿著優雅的帕塞，是少數有地點以他命名的庇里牛斯山嚮導之一：加泰隆尼亞庇里牛斯山區波伊谷地的塞雷斯汀·帕塞角（Punta Célestin Passet）。

在多數案例中，這些人帶領的首登通常是以富裕客戶的名字來命名。一九〇〇年，庇里牛斯山的高山嚮導成為一門高度競爭的專業，需求開始超越供給。當年七月，科特黑的嚮導籌備了一場維涅馬雷峰登頂競賽，試圖挑戰傳統上加爾瓦涅同行獨佔的專業，為自己揚名立萬，吸引更多客戶上門。七月二十九日星期日，大批遊客與本地人在黎明時群聚在主廣場上，看著幾十名來自庇里牛斯山各地的專業與業餘嚮導，挑戰三十二英里（五十二公里）的維涅馬雷峰來回環狀路線。有些競爭者光著腳，其他人只穿伊斯帕托帆布草鞋。如同主辦方期待的，這場比賽由三名科特黑出身的嚮導贏得勝利，以六小時十七分鐘走完路線。雖然無法確認他們是否成功取代了加爾瓦涅嚮導的市場，但這場比賽卻很受歡迎，成了今日仍舊持續舉辦的「維涅馬雷峰盃」年度競賽。

## 第二波

庇里牛斯山愈來愈受歡迎，表示主導十九世紀庇里牛斯山學的貴族與中上階級探險家無法再獨享這座山脈。一八七四年，新成立的法國山岳俱樂部在眺望佩杜山／佩迪多山北面的狹窄隘口，興建了庇里牛斯山一連串山屋庇護所中的第一間。一九〇二年，加泰隆尼亞戶外活動者中心（Centre Excursionista de Catalunya）開始出版第一批介紹加泰隆尼亞庇里牛斯山的指南書籍。接著一九二二年，西班牙山岳俱樂部成立；庇里牛斯高山團（Groupe Pyrénéiste de Haute-Montagne）則於一九三三年七月十一日在露德成立，致力於泛稱為「高難度庇里牛斯山學」的挑戰性攀登。

比起十九世紀前輩，二十世紀的登山客、健行者與戶外活動者通常出身比較樸素的社會背景。也不像十九世紀探險家，這群人中包含西班牙人，例如阿拉貢登山家阿爾伯托．拉巴達（Alberto Rabadá）與厄內斯托．納瓦羅（Ernesto Navarro）。這兩位來自札拉戈薩的朋友兼同事，曾在阿拉貢庇里牛斯山進行許多攀登創舉，直到一九六三年嘗試攀登艾格峰（Eiger）北面時失事。然而整體而言，二十世紀庇里牛斯山學中最知名者，仍是法國人。其中包含法國新教牧師阿弗海德．卡迪耶（Alfred Cadier）的五子，從阿斯貝谷地的奧森—阿斯貝村（Osse-en-Aspe）故鄉出發，展開一系列挑戰一萬英尺（三千公尺）阿內托峰與巴萊圖峰（Balaïtous）的攀登探險。英國外交官與登山家道格拉斯．布斯克爵士（Sir Douglas Busk, 1906-1990）還是一名法語學生時，也住在阿斯貝谷地的奧森—阿斯貝村。早期他也跟村裡的本地人進行攀登，包含卡迪耶兄弟，後者的成就已經讓他們成為一則傳奇。

許多年後，布斯克懷念起這些即興攀登，他跟朋友週末騎著自行車進山，在臨時鋪就的營地裡裹著毯子入睡，甚至不帶登山杖、冰斧或這些「自由山民」與「偉大的天生登山家痛恨的繩索」，就前往白雪覆蓋的山坡。因為「偉大的卡迪耶兄弟與親友熱愛自由，就像對這片山林的熱愛；在這片『安全』領域中，他們極少接受枷鎖桎梏」。其他二十世紀庇里牛斯山學者也摒棄這些「枷鎖」。[24]一九五〇至七〇年代中期，孿生兄弟尚與皮耶．哈維爾（Jean and Pierre Ravier）運用最基礎的設備，在庇里牛斯山區開發了兩百多條路線。哈維爾兄弟於一九三三年生於巴黎，跟著家人搬到波爾多後，開始在週末假期攀登庇里牛斯山。十七歲時，他們已經攀過險峻的戈布大裂縫，此後持續完成無數經典的庇里牛斯山攀登成就。兄弟倆都是和平主義者及拒服兵役者，並將他們的攀登技術用在許多政治抗爭上。阿爾及利亞戰爭期間，皮耶・哈維爾因為反戰而入獄六個月；一九六〇年，雙胞胎攀上波爾多大教堂，將反戰標語綁在教堂上。

## 中空的庇里牛斯山

英國作家與庇里牛斯山專家凱夫・雷諾茲（Kev Reynolds）曾寫道，「快速尋求更加艱難的挑戰，在人跡罕至的尖峰與遭人遺忘的岩面探索開發新路線」，成了現代庇里牛斯山學的特徵。這一類探索也不限山岳表層。一八五〇年，土魯斯科學院長與新近完工的土魯斯天文台台長費德希克・波堤（Frédéric Petit）發表的庇里牛斯山中空論，震驚了他的同僚。波堤的結論來自天文台運用鐘擺震盪及星球觀察所做的天文計算，他認為「庇里牛斯山的內部幾乎完全空心」。此項推論則遭土魯斯科學院同事之一，也是新崛起的地質科學主要倡導人亞歷山大・雷馬希（Alexandre Leymerie）全盤拒絕。[25]

雷馬希反駁波堤未將某些谷地納入考量，它們「橫切山脈」，卻沒有顯示空洞的明顯裂痕，且「經驗豐富的地質學者可以不受一絲阻礙追索……花崗岩心上的層理」。波堤則指責雷馬希缺乏天文學知識。尖酸刻薄的辯論蔓延到當地報紙上，直到科學界要求兩位科學家不要再針對這個主題發表任何言論交鋒。

後見之明是站在雷馬希這一邊，但波堤的庇里牛斯山「中空論」也不完全有錯。石灰岩層加上流水創造出某些歐洲地區最大型的岩洞。位於阿列日省的馬達濟爾（Mas-d'Azil）巨大岩洞有一百六十四英尺（五十公尺）高，將近一千六百四十英尺（五百公尺）長，輕易將穿越岩洞的D119號公路納入其中。位於阿列日庇里牛斯山自然區域公園東緣的隆布希夫洞穴系統（Grotte de Lombrives）則是歐洲最大的洞穴系統，穴室高達兩百六十二英尺（八十公尺）。庇里牛斯山岩洞中還有高度集中的史前岩壁畫與可移動的洞穴藝術品；這些藝術發現與十九世紀末、二十世紀初的史前史學門興起同時發生。

早在一八六〇年代，法國學者菲力克斯·葛希古（Félix Garrigou）已經開始探索庇里牛斯山洞穴，並發現各種岩穴壁畫與雕刻卵石。此時，很少學術專家認為這些「洞穴藝術」可能起於石器時代，反而經常被貶為羅馬士兵、凱爾特人或孩子的作品。一八七九年，西班牙貴族馬賽利諾·桑茲·德·索圖歐拉（Marcelino Sanz de Sautuola）在坎特布利亞（Cantabria）的阿爾塔米拉（Altamira）洞穴中發現一系列動物畫，他認為這跟他在洞穴地上發現的史前遺跡應該來自相同年代。這項推論一開始受到學界否認，最知名的反對者正是法國史前史學老前輩艾彌爾·卡泰哈克（Émile Cartailhac, 1845-1921）。

一九〇二年，當卡泰哈克造訪阿爾塔米拉，並發表道歉聲明後，桑茲・德・索圖歐拉正式獲得平反。卡泰哈克是當年前往蒙托邦（Montauban）參加法國科學進步協會大會的史前史學者之一。會後他們視察了多爾多涅（Dordogne）地區數處繪有壁畫的洞穴，首度承認岩穴壁畫源自史前時代。這項突破性結果之後，庇里牛斯山區洞穴也成為史前生物學者、考古學者及業餘探險家的研究標的。一八九七年在馬爾蘇拉洞穴（Marsoulas）發現野牛壁畫；一九〇一年在馬達濟爾洞穴的動物畫；一九一三年亨利・貝古翁伯爵（Count Henri Begouen）與三子在圖克道多貝爾洞穴（Tuc d'Audobert）發現動物陶塑；一九〇六年在加爾加斯岩洞（Grottes de Gargas）發現手印；在孟德斯鳩阿旺泰（Montesquieu-Avantès）三兄弟岩洞的穴室，飾有三百五十多幅繪畫，包含稱為「巫師」的擬人角色。這些發現探索為庇里牛斯山在人類史前史起源上開闢了新頁。

這類探索經常得對山岳本身擁有相當的體力熱誠。貝古翁伯爵與三子以自製船筏探索圖克道多貝爾，一度遭遇山洪爆發，曾在岩架上待了十二小時。有「史前史教宗」之稱的法國神職人員與考古學者亨利・貝烏爾修道院長（Abbé Henri Breuil, 1877-1961），穿著法袍探索洞穴，必須爬行通道時，還被迫脫下法袍。貝烏爾花了長時間以花店包裝紙或米紙來描摹穴壁上的岩畫，助理則幫忙持燭或電石燈引導方向，或躺在以蕨葉填充的麻袋上。

二十世紀最大膽的法國洞穴學家是諾貝爾・卡斯特黑（Norbert Casteret, 1897-1997）。由於少年時期讀了朱勒・韋爾納（Jules Verne）的《地底旅行》（*Journey to the Centre of the Earth*），因而愛上洞穴及洞穴探險。卡斯特黑少年時期在父親家門前廊發現一本描寫史前動物骨骸發掘的小冊子，包含中庇里牛斯山省家鄉附近的孟兆內洞穴（Montsaunès）中的鬣犬骨骸。因此開展了他首度進入庇里牛斯山內部的機會。隔天，他前往洞穴，僅帶著一枝蠟燭與一盒火柴。「匍匐在地，一手握著蠟燭，眼睛在黑暗中搜尋，我覺得自己就像面對未知世界的新阿爾戈號船員，試著穿透過往的黑暗。」他後來回憶道。[26]

一次世界大戰的壕溝經驗，強化了卡斯特黑的韌性。充滿禁閉氣息的回憶錄《地下十年》（*Ten Years Under the Earth*, 1939）的字裡行間充滿軍事用語，如「強攻」、「攻擊」及「抗拒」他進入的洞穴，例如聖高登（Saint-Gaudens）附近的蒙特斯潘洞穴（Montespan）。他在此地首度發現歷史文物。一九二三年，卡斯特黑以他的標準手法，沿著裂縫進入這處洞穴。脫光衣服後，帶著蠟燭、火柴與一頂用來保持物品乾燥的橡膠帽，下降進入洞穴。走過一百五十碼（一百三十七公尺）的淺水後，洞穴開始往下急降。卡斯特黑持續前行，直到水位到達他的頸部。

獨自一人，在「可怕的無聲孤獨中」，卡斯特黑思考眼前等待著他的幾種死亡可能性。他將蠟燭留在岩架上，潛入水中，一面游水，一面以指尖觸摸引導前進，直到他終於浮出水面，卻發現眼前全然漆黑，於是便轉身返程。但隔天他又再度前來，直到終於發現一枚野牛牙齒，讓他相信這處洞穴曾被居住。隔年他又重返蒙特斯潘，帶著游泳選手亨利・戈汀（Henri Godin）。兩人進到洞穴更深處，直到卡斯特黑發現一件熊的大型陶塑，卻少了頭部。「過去我很少感到撼動，但當時我很感動。」他寫下。「我在這裡所見，不受時光遞移影響，這件雕塑被世界各國重要科學家公認為世界上最古老的塑像。」27

除了穴熊塑像外，卡斯特黑與戈汀還發現獅子、馬、鬣犬、野牛及其他動物的塑像與蝕刻畫，以及人類足印與瑪格達林文化（Magdalenian）的動物爪印。這批精采的發現也讓卡斯特黑成為全國知名人物，最終贏得國家運動學院（Académie des Sports）金獎肯定。如同許多庇里牛斯山學者，卡斯特黑也寫作，扣人心弦的危機探險結合地底世界的美麗風光，以及山脈之下發現史前文物的狂喜與驚豔感受。

## 庇里牛斯山學的搖籃

一八八一年夏天，藝評家亨利・布萊克本（Henry Blackburne）與藝術家古斯塔夫・多海（Gustave Doré）造訪加爾瓦涅，發現派克住在同一家旅店。派克夏季時間多半獨自一人待在加爾瓦涅，就像他在指南中抱怨許多同儕仍舊偏好阿爾卑斯山。「這位獨居山上的英國人的生活對我們而言，有些病態的趣味。」布萊克本觀察道，「因為即便他寫下這些路徑，也引導穿越庇里牛斯山，卻少有同好，也幾乎沒有追隨者，即便在山岳俱樂部同儕之間也是如此。」[28]

未來幾年內，這種情況開始大幅改變。到了世紀之交，每年夏天開始有許多遊客抵達加爾瓦涅，以至於必須興建新的格蘭德大飯店來接待客人。一九〇〇年，亨利．布魯爾形容「一波進步浪潮如何改變加爾瓦涅，這些旅客，這些客棧；甚至八月二十日的傳統風暴也忘了出現」。今日，派克將不再有抱怨的理由。加爾瓦涅屬於橫跨西班牙與法國的聯合國教科文組織世界遺產，廣達七萬五千七百一十一英畝（三萬零六百三十九公頃）。每年吸引超過百萬訪客，前來此地野餐、照相，以徒步或騎馬探索山岳。許多健行者追隨熱門山徑或步道，過去哈蒙德時代只有走私客或牧羊人熟悉這些路徑；他們住的庇護所或山屋在夏季數月當中，常常幾週前就已經預約額滿。早晨的避難所回響著撕貼魔術膠的噪音與Gore-TEX防水衣物的摩擦聲，睡眼惺忪的登山客揹上專業設備，走上過去由呢絨外套與登山杖人士行走的山徑。

我選在加爾瓦涅比較不繁忙的季節，九月初淒冷厚實雲層籠罩的一天，搭著計程車從露德出發。在村落入口，我們經過沉思姿態的羅素雕像，臉頰擱在手上，向上望著維涅馬雷峰。一轉角便看到平坦的村落地面上升起壯麗冰斗。即便讀過所有描述，看過無數畫作照片，雨果所說的「大自然的圓形競技場」仍舊是驚人感動的景象。[29]四千五百英尺（一千三百八十公尺）的巨大瀑布沿著碗狀巨岩傾瀉而下，激起上方漂浮的水氣。

加爾瓦涅村毫無矯飾，完全功能取向，約有一百五十多位永久住民，多數靠著木屋風格的旅館、餐廳及戶外用品店為生，沿街販賣明信片、手杖及戶外用品。此外還有一些前一個時代遺留下來比較壯實豪華的建築。奶油白色的浪遊者旅館（Hôtel des Voyageurs）是羅素、派克、布魯爾與許多十九世紀庇里牛斯山學者曾待過的地方。二〇〇〇年一場大火毀去內裝後，祝融過後的殘跡仍舊等待重

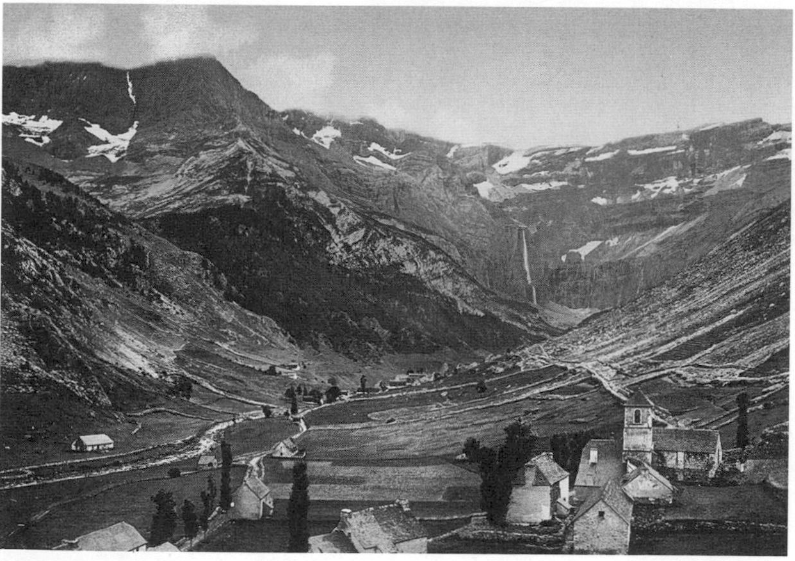

「大自然的圓形競技場」加爾瓦涅冰斗，約一八九〇至一九〇〇年間拍攝。（國會圖書館藏）

新整修。村外的二十世紀教堂旁有一處小墓地，葬有十九世紀庇里牛斯山學裡最知名的幾位人物，從偉大嚮導塞雷斯汀．帕塞與法蘭索瓦—伯納．薩耶（Francois-Bernat Salles），到二十世紀登山家如尚．阿赫勞德醫生（Dr. Jean Arlaud, 1896-1938）。這位登山人也是法國滑雪聯盟總會長，在一次攀登意外中早逝，後埋骨於此。

墓地一角有一小堆土石，土石上立有幾面紀念牌，悼念「死於山中的親愛烈士」——那些因為探險、攀登或健行而死於山中的人。另一面牌子則是紀念死於一次世界大戰的庇里牛斯山學者。離開村落向上走到右側，小徑微往上行，通向俯瞰冰斗的「勇者之丘」（Turon de la Courade）高台。附近岩面突出一塊墓石，上刻兩段銘文，一段是給兩位偉大的二十世紀庇里牛斯山學者，路易與瑪格麗德．勒邦迪迪耶（Louis and Margalide Le Bondidier, 1878-1945; 1880-1960）。一九二一年，勒邦迪迪耶夫妻說服附近的露德地方政府，設立第一所完全以庇里牛斯山為主題的博物館。以「熟悉庇里牛斯山的一切」為信念，勒邦迪迪耶夫妻成為設立在露德城堡中的庇里牛斯山博物館館長；此地擁有全世界最齊全的庇里牛斯山歷史、文化、民俗與民族學相關書籍文獻。對勒邦迪迪耶夫妻來說，就像施瑞德的地圖與畫作，他們的行動是一種致敬，也是出自內心的熱愛。他們的墓石刻上施瑞德所說的話；同時也是獻給哈蒙德、羅素與其他首度將庇里牛斯山帶給外界的庇里牛斯山學者及後來追隨者的墓誌銘：

「當山俘虜了你的心
一切都來自於她，也歸向於她。」

# 第八章 訪客

「今晚他們想要我唱〈艾班，我的回憶〉①……但我來科特黑，不是為了在羚羊鷹隼滿布的鄉間，宴會作樂尋找巴黎。不，若上帝允許，我來此是為了看雪、瀑布與熊。」

——喬治・桑[1]

到了十九世紀末，與一個多世紀前史溫本造訪時相較，庇里牛斯山已非那個疏離、難以

① 譯註：〈艾班，我的回憶〉（Ebben, per mia memoria）是十九世紀初義大利作曲家羅西尼第二十部歌劇《鵲賊》（La gazza ladra）第二幕的對唱曲。一八一七年在米蘭首演時，因創作於歐洲連年戰爭歲月之後，為迎合人民渴求安寧的情緒，羅西尼以其特有的漸強推進高潮的手法，表現出皆大歡喜的喜劇氣氛。

抵達的山區。一七七五年史溫本在旅行馬戲團陪伴下，經由勒白度隘口進入西班牙時，他談到法國側近日鋪好的道路「反映出計畫工程師的極高榮譽。現在道路非常寬敞，岩石炸開攤平，谷地架起橋樑，過去這是最危險的絕壁深淵」。[2]當時這種路況在法國十分稀少，西班牙就更不用說了。一七五九年，比斯開、貝恩與納瓦拉州長安東．麥格．艾提尼（Antoine Mégret d'Etigny, 1719-67），在歷史溫泉鄉巴格內—德—呂雄（Bagnères-de-Luchon）區域，採用了徭役強迫勞動體系。除了沿著松波特隘口的朝聖路線鋪設穿越阿斯貝谷地的新路，艾提尼還發起一連串公共工程，想要吸引更多遊客前往巴格內—德—呂雄。他敏銳地邀請法國宮廷成員前來訪視政績，也藉此吸引了一票名流訪客，因此讓呂雄贏得「庇里牛斯山女王」的稱號。

這些努力後續在拿破崙三世手中擴展。皇帝在一八五九年造訪附近的呂—聖索弗（Luz-Saint-Sauveur）後，啟動了大型公共工程計畫，最後興建了一條連結庇里牛斯山溫泉鄉的新馬車道，更讓火車網絡由露德延伸到皮耶菲特（Pierrefitte）。

隨著「溫泉線」在一八六四年開通，現在庇里牛斯山與巴黎及其他歐洲首都可藉由公路與鐵路直接連結。然而再一次，西班牙在庇里牛斯山與該國其他區域的連接建設上，落於法國之後。一八六〇年代末，邊境城鎮普威格塞爾達成為巴塞隆納菁英的夏日熱門度假勝地。然而直到一九一四年，多數西班牙訪客都必須從法國前往此鎮，先從佩皮尼昂搭乘公車或火

「水鄉生活」之路。呂一聖索弗的拿破崙橋是十九世紀庇里牛斯山偉大工程之一，攝於一八九〇至一九〇六年間。（國會圖書館）

車，或搭乘一九一三年落成，連結普威格塞爾達與維勒法蘭奇—德—孔弗隆的「黃色小火車」。

庇里牛斯山與外在世界剛剛拉近的距離，也反映在其他層面。十九世紀末、二十世紀初，山脈兩側最早的大型蓄水池，為西法兩國主要城市與庇里牛斯山本身提供水力發電。一八九六年，科特黑就設有電燈。四年後，連結皮耶菲特與呂—聖索弗的路上電車線鋪設完成，旅客開始在每年夏天匯聚在科特黑與其他溫泉鄉。這些公共工程發展無疑地會吸引遊客。早在拿破崙戰爭結束時，某些威靈頓手下的英國軍官就對貝恩區域的狩獵環境與溫和冬季氣候印象深刻，於是帶著妻兒舉家搬遷此地。不過數十年，波城就出現了一群富裕外來人口組成的永久英語社群，冬天時人口會增加到四千多人，並維持著整年活動行事曆，包含板球、牌戲宴會、馬球、高爾夫球、英國國教會與每三週舉行的獵狐活動。

波城也吸引了一小群有錢的美國人，例如《紐約先鋒報》（New York Herald）發行人小詹姆士．高登．班奈特（James Gordon Bennett Jr.），他贊助了亨利．莫頓．史丹利（Henry Morton Stanley）搜尋李文斯頓的探險旅程；還有亞伯拉罕．林肯的遺孀瑪麗．陶德．林肯（Mary Todd Lincoln），一八七六至八〇年間因為健康因素在此住了四年。一八七八年，尤里西斯．格蘭特（Ulysses Grant）歐洲行時經過波城，當地英美社群為前總統舉辦盛大晚宴。其他庇里牛斯山城鎮也出現英語社群，例如維內—勒—班恩與巴格內—德—畢高爾

（Bagnères-de-Bigorre）。十九世紀的最後幾十年中，科特黑每年平均接待兩萬名遊客。一方面，這些遊客也是庇里牛斯山「大發現」的結果。他們的旅遊書寫、信件、繪畫與攝影，影響了庇里牛斯山地景的想像重塑，讓這座山脈更加靠近現代世界的心靈，世界也深刻穿透庇里牛斯山本身。

## 崇高的庇里牛斯山

庇里牛斯山的「大發現」屬於十八世紀以來山岳地景美學與文化發現的廣大一環。一二七六年阿拉貢的培德羅三世（Pedro III, 1239-1285）留下第一個登上卡尼古山（九千一百三十四英呎／兩千七百八十四公尺）的登頂紀錄，就在今日的法國東庇里牛斯省境內。根據同一時期造訪阿拉貢的義大利修士與編年史家撒利姆貝內・迪・阿達摩（Salimbene di Adamo），國王在兩位全副武裝的騎士護衛下騎馬出發，隨後改為徒步登頂。一行人出發沒多久就遇上雷雨，響聲之大，導致國王與隨從竟「摔到地面，恐懼驚憂得就跟死者一般」。暴風雨減緩後兩位害怕的騎士不願繼續向前，因此無懼的國王只能孤身前往。即將登頂時，培德羅經過一座湖，投石其中，「一頭可怖的巨龍從湖中竄出，空中盤桓一陣，直到天色因其吐出的惡氣而灰暗」。[3]

培德羅全身而退，成功登頂無疑也增添國王的榮耀，但騎士的恐懼卻是中世紀人對山岳的普遍態度——而非國王當時超乎尋常的登頂慾望。對多數中古時代歐洲人來說，山岳是令人恐懼之處（*loci horridi*），必須盡可能避開；山頂更是巨龍、惡魔或巫師盤據之地。[4]對十七世紀前往阿爾卑斯山的英國旅人來說，「高聳邪惡」的山岳讓他們害怕，並視為「地球的垃圾」。然而這種態度卻不是像某些作者暗示的普世皆同。西元前五十五年，羅馬詩人與哲學家盧克萊修（Lucretius）讚美山中漫步的喜悅，並認為山岳是讓維納斯女神「賜愛予眾人心中」的地景之一。[5]

一三三六年，詩人佩特拉克（Petrarch）與弟弟登上普羅旺斯的旺度山（Mont Ventoux），「一探高度之上的風光」。[6]一五四一年瑞士植物學家與人文學家康拉德．格斯納（Conrad Gesner）寫給朋友的信中，談及他對「山岳的傾慕」，並宣布他決心「在神賜予的生命中，每年花季都爬幾座山，或至少一座。部分為了植物研究，部分為了身體運動，同時也是滿足個人喜好」。[7]一六九三年，約翰．丹尼斯（John Dennis）描述一段穿越阿爾卑斯山的旅程，「基本上，我們就踩在死亡邊緣；一步踏差，生命與肉體立刻都會毀滅。」然而丹尼斯同時也發現，「這一切的感官經驗在我內心激起不同情緒，愉快的恐怖，可怕的歡愉。同時間，我感到無限喜悅，甚至顫抖。」[8]從十八世紀末開始，山岳開始被視為享受而非害怕的地景，甚至是值得仰慕的對象。這股轉變背後的初期動力，來自浪漫主義運動對於壯闊自然地景的半宗教渴望。十九世紀中，維多利亞時代的藝評約翰・羅斯金（John Ruskin）明確拒絕過去對山岳地景的恐懼害怕，並讚頌「這些地球上的雄偉教堂」是自然之美的縮影。這股新生的喜愛，還無法全盤驅走過去對山岳的負面情緒。「足以激起痛苦或危險的事物，亦即任何形式的恐怖，或對恐怖事物的討論，或類似恐怖運作之事，就是崇高之源。」艾德蒙・柏克（Edmund Burke）於一七五七年宣稱。[9]

在行家眼中，山岳確實體現了許多崇高的特性。「除了神的兒女，沒人知道如何結合大量的美與恐怖。」蘇格蘭高地詩人湯瑪斯・葛瑞（Thomas Gray）於一七六五年寫下。十八世紀最後幾十年，許多旅人發現阿爾卑斯山有這些特性，但愈來愈多人也在庇里牛斯山尋找此一組合。一七九七年，法國政治家與詩人查理—法蘭索瓦・布希索・德・米爾貝爾（Charles-François Brisseau de Mirbel, 1776-1854）攀登畢高爾中峰，讚美「山岳、深淵、冰河、古代冰雪與天湖，大自然廣袤寧靜的工坊，果實豐碩的田地，受到山澗潤澤灌溉」。[10]德・米爾貝爾將眼前地景與過往期待做比較，注意到「過去我認為混亂無用，像是自然古怪隨意產生的群峰，現在卻似一隻仁慈之手崇高創作」。

英國小說家安・拉德克里夫（Ann Radcliffe, 1764-1823）將她十八世紀的暢銷哥德式小說《奧多芙的神祕》（*The Mysteries of Udolpho*, 1794）第一部的場景設定在庇里牛斯山。拉德克里夫從未真正造訪此地，她所描述的地景明顯都來自想像，由荒涼山峰、令人暈眩的峭壁深淵、孤寂落日、憂鬱森林、高塔與流瀉瀑布組成，住著一群牧羊人與無法無天的「盜匪」。小說一開始的長篇旅行紀錄中，女主角艾蜜莉．聖奧伯特與生病的父親穿越庇里牛斯山，前往地中海。這趟旅程毫無敘事目的，純粹只是為了帶讀者穿越崇高的古典地景，讓她的女主角得以沉思「空中的更高區域，廣闊冰河展現的恐怖冰封」，穿越「形狀奇特的高聳峭壁」，「部分拔地而起有如石錐；有些花崗岩塊，則超越岩盤向外延伸，破碎邊緣上經常積累雪堆，即使聲音震動也會顫抖，落入谷地時將造成傷害威脅」。[11]字裡行間的草原、森林與流動溪水則軟化了這類描述，造就一幅她稱為「美好與崇高，『睡在恐怖懷中的美女』之完美圖像」。

許多造訪庇里牛斯山的旅客，入山時腦中已經滿溢各種崇高語彙。哈蒙德的書寫裡充滿「可怕瀑布」、「令人驚恐的溪流」、「駭人」深淵與「荒涼高地」。十九世紀英國旅人露易莎．史都華．柯斯代羅（Louisa Stuart Costello）形容她在波城第一眼看到「雄偉的庇里牛斯山鏈」時，「一連串綿延不絕的可怕山岳，深邃透明，閃耀著歡愉」。[12]「可怕」與「駭人」這類形容詞是一種恭維。雨果初次前往科特黑附近的瀑布上方健行時，寫信給妻子，形容「下方黑暗深處傳來駭人可怕的咆哮，就在我腳下的深淵……我的周遭一片漆黑，彷彿凝滯。山岳穿過雲層裂縫，彷彿探出撕裂斗篷，向我展示壯麗景象」。[13]

即便自詡科學書寫如《山岳、地理與礦產史》（*A History of Mountains, Geographical and*

*Mineral*, 1809）的作者也描述春季竄湧的庇里牛斯河流「雜亂無章」，以及「恐怖景象前的陰鬱沉默」，並仍然強調「森林、岩石與急流都展現出崇高與美的特色」。[14]如同拉德克里夫，這類描述通常都會伴隨著對庇里牛斯山地景中溫和「圖像」的描寫。在首次定義「圖像」概念的論文集中，英國藝術家與英國國教牧師威廉・吉爾平（William Gilpin, 1724-1808）主張圖像地景之美在其形式、色彩與「伴隨者」，而非與崇高概念有關的偉大榮耀。[15]

庇里牛斯山則擁有許多伴隨者。一八四〇年，蘇格蘭作家亨利・大衛・英格利斯（Henry David Inglis）將科特黑附近的阿爾熱萊—加佐斯（Argelès-Gazost）谷地「伊甸園」，拿來與阿爾卑斯山之旅相比擬。「許多崇高景象，就像圖畫景象，皆四處可見，」他寫道，「但他處卻看不到如此契合的崇高之美與如詩如畫，沒有其他地點擁有山景魅力揉雜田園沃土的溫柔可親。」[16]在《駕車穿越法國》（*A Motor-Flight Through France*）中伊迪絲・華頓（Edith Wharton）讚美「庇里牛斯山邊境的甜美多樣。沒有其他地方如此完美結合田園牧歌與森林蓊鬱，沒有任何村落也充滿簡約與浪漫，前景如此甜美，遠方卻崇高閃耀」。[17]

## 書寫庇里牛斯山

對亨利・羅素來說，這些地景上的對照，不只讓庇里牛斯山與阿爾卑斯山迥然不同，也在遊客心中激起不同的反應。羅素認為，前者激發恐懼，而後者卻是「誘惑的；庇里牛斯山屬於藝術家與詩人」。[18]這並不完全符合事實。詩歌與阿爾卑斯山並非難以相容，從華茲華斯（William Wordsworth）到愛蜜莉・狄金生（Emily Dickinson）等一長串詩人可以為證。但毋庸置疑，庇里牛斯山經常入詩，多變的地景也經常啟發令人驚訝且難以預料的文學反應。一八三一年，當時仍是劍橋學生的年輕阿弗瑞・丁尼生（Alfred Tennyson），與詩人密友亞瑟・哈倫（Arthur Hallam）經過科特黑。在給兄弟的信中，丁尼生詩意描述了古典浪漫的庇里牛斯山景，「陡峭峽道，崎嶇山尖，嚴密松林，雲露流連，環繞著翠綠草坪，各形各色各種力度的流水，清澈小溪間歇潑下山徑，流入藍色小湖，深邃澈冽的湖水來自附近冰河，以及擦過黑色突出岩層傾瀉而下的瀑布。」[19]

然而一八三八年，十七歲的夏爾・波特萊爾（Charles Baudelaire）與繼父在巴赫吉度過夏天時，卻在他的悲慘主義詩作〈互不相容〉（Incompatibilité）中刻劃出一幅非常不同的山岳景象。他寫到山湖的「浪費令人哀嘆」，受到「沉靜（宰制），令你想要逃開；／山岳底床的永恆沉靜／不流動的空氣，一切盡等待」。[20]多年後，波特萊爾在組成《巴黎的憂鬱》（*Paris Spleen*）的「散文小詩」之一〈蛋糕〉中，回憶這「不流動的小湖」，視為「難以言喻的偉大崇高」之表現，「我的思緒撲騰，如大氣輕盈。粗俗熱情，如恨與褻瀆之愛，此刻卻遠如腳下深淵中飄浮的雲朵。我的靈魂如此廣闊純真，有如籠罩我的天際穹頂。」[21]

然而遐想不久，坐下來吃片麵包的詩人，就被誤以為他是吃蛋糕的街童打斷。波特萊爾切了「一大片」給他，但麵包下肚前，又有「另一個小惡魔」來騷擾這孩子。原來是來打劫的兄弟。兩個男孩打得厲害，「搶奪珍貴戰利品，沒人願意分享」，直到第二個男孩咬下前人一塊耳肉，「蛋糕」碎片撒落一地，「與砂石混為一體，難以區分」。即便在詩人少年時期的庇里牛斯山天堂，波特萊爾也提醒我們，人並非生而向善，「在這優美國度，麵包被叫做蛋糕，是如此珍稀的美食，因而引發大戰，幾乎兄弟鬩牆！」

一八六二年春天，英國「頹廢派」詩人阿爾吉儂・查爾斯・史溫本（Algernon Charles Swinburne, 1837-1909），波特萊爾的大粉絲，也跟著家人來到科特黑。身為旅行作家亨利・史溫本的後代，他熱愛野外游泳，卻也時不時遭受癲癇發作之苦，甚至昏厥。他的家人很憂慮他的健康狀況，也對他想在戈布湖（Lake Gaube）冰冷湖水中游泳不甚開心。然而他的獨自跳水之舉卻產出十九世紀最傑出的英文詩歌之一：〈戈布湖〉（The Lake of Gaube），也是書寫庇里牛斯山最傑出的詩歌之一。[22]史溫本詩中一開始喚起許多讀者應已十分熟悉的古典庇里牛斯山景，「太陽是我主與神，崇高，安詳／主宰群山……草地，峽谷與山峰，都是同一喜悅榮光／在合一中激越／在太陽強大而引人入勝的寧靜中。」

詩人接著跳進湖裡，帶給讀者迥異的感官經驗，「天堂，身旁的水形成深邃天堂／如地獄般深且如死亡晦暗／縱身一躍令血液呼吸加速／比慾望更甜美的停頓。」熱與寒、明與暗的極端，形成一種感官／靈性轉換，讓史溫本以附近森林中叢生的蠑螈相比：「當中午陽光下的閃亮蠑螈歡欣享受日光／令我身體加速的精神也歡欣離開陽光／從山岳花叢，高山怒放的光輝中離開／向下穿越水中的無底深夜，寧靜陰鬱的欣喜。」

一篇一八九〇年評論雨果旅行書寫的文章中，史溫本回憶他曾在戈布湖抓到並馴服蠑螈，並描述他的驚豔，「當蠑螈像閃亮生動的火焰藤蔓一般，穿越盛放花朵，竄向可悲小松樹林的邊緣，樹林中心有這片安靜的無底小湖；湖上深黝微光讓它看似黯淡鋼鐵。」[23]許多度假者經常在戈布湖中游泳，但很少人經歷史溫本在一八六二年春天一頭跳進雪水湖後所描寫的感官經驗。他發現「向下穿越水中無底深夜，寧靜陰鬱的欣喜／死亡—漆黑且彷彿死在戀人夢中一樣的甜美滋味」。

庇里牛斯山也成為另一首十九世紀古典詩作的主角。一八四一年夏天，德國詩人海因里希．海涅（Heinrich Heine, 1797-1856）造訪科特黑，尋求不知名疾病的解藥——可能是性病，這種疾病將於七年後讓他變成鎖在「床褥墳墓」上的半盲囚犯。海涅的庇里牛斯山求藥之旅與巴黎流放的人生低點同時發生，當時他正在許多文學及政治爭議中煎熬。一封給友人的信中，他反駁即將失明死亡的謠言，但形容自己「由於在此進行的浸浴而感到慵懶；非常慵懶，因此得花力氣才握得住筆」。[24]

海涅從治療與山岳獲得安慰：「泉水每天都施展神奇功效，我也希望能夠復原。我們很少聽到政治。人們的生活安靜平和，很難相信革命戰爭——我們這個時代的野蠻運動——會傳到庇里牛斯山來。」即便海涅進行治療時，所謂的「野蠻運動」也在庇里牛斯山某些區域發生，亦即第一次卡洛斯派戰爭。海涅將科特黑與戰爭納入他仿史詩詩作《阿塔・特羅爾》（Atta Troll）中，在當年秋天展開創作。海涅形容此作為「最終的浪漫主義森林之歌」，描述由科特黑逃走的跳舞熊阿塔・特羅爾領導動物革命，反對人類宰制。從這個前提出發，海涅對許多蔑視的對象發動一連串粗糙攻擊，包含上帝、施瓦本詩派（Swabian poetry school）、平等主義、文學矯飾與參加卡洛斯派戰爭的德國王子菲力克斯・利奇諾斯基（Prince Felix Lichnowski）——他在詩中被稱為「史奈潘斯基」（Schnapphahnski）②。

詩作中同時提到好幾個知名的庇里牛斯山地標，如西班牙橋、巴格內、隆塞斯瓦耶斯隘口與戈布湖。海涅對浪漫主義的攻擊導致他無法禮讚山岳（「那些看來藍與金／卻是，唉，閒置的雪／閒置的雪，孤單沉悶／正是孤獨中的無趣」），他所形容的地景，「魁梧巨大峭壁／形狀扭曲變形／看著我有如石化般／原始時代的怪獸」，與丁尼生的精巧修辭大相逕庭，也與他在信件往來中描述的庇里牛斯山不甚相同。25

②譯註：菲力克斯・利奇諾斯基王子在卡洛斯派戰爭中支持唐卡洛斯，後來在一八四八年起義中遭德國農民殺害。德語的「Schnapphahn」意指公路強盜。

其他十九世紀作家，對於山岳都表達出比較不矛盾的正面意象。「我深受庇里牛斯山吸引，終我一生，我所夢想或言語的，就是山脈、急流、巖穴與深淵。」二十一歲的奧羅爾・杜班（Aurore Dupin, 1804-1876）在首度造訪庇里牛斯山時，給母親的信中如此寫道。[26]她更為人知的名字是喬治・桑。喬治・桑的朋友伊凡・屠格涅夫（Ivan Turgenev）後來追憶一八四五年的庇里牛斯山健行是「我人生中最快樂的一段」——當然這段回憶也跟他與歌手寶琳・薇亞朵（Pauline Viardot）的熱戀有關。數年後他在詩作中追憶「我在群山中行走／經過美河與狹長谷地／目光所及一切／對我說著一件事：／我戀愛了！我戀愛了！」[27]

英語世界也透過十九世紀開始發展的旅行文學來發現庇里牛斯山。包含約瑟夫・哈迪（Joseph Hardy）的《庇里牛斯高地山脈的圖像與文字之旅》（*A Picturesque and Descriptive Tour in the Mountains of High Pyrenees*, 1825）；費德列克・強森（Frederick H. Johnson）的《南法與庇里牛斯山的冬季寫生》（*A Winter’s Sketches in the South of France and the Pyrenees*, 1857）；詹姆士・厄爾斯金・穆瑞的《一個夏天在庇里牛斯山》（*A Summer in the Pyrenees*, 1837）；湯瑪斯・克利夫頓・巴黎（Thomas Clifton Paris）的《三月漫步庇里牛斯山信件集》（*Letters from the Pyrenees During Three Months’ Pedestrian Wanderings*, 1843）；露易莎・史都華・柯斯代羅的《貝恩與庇里牛斯山》（*Béarn and the Pyrenees*, 1844）；厄尼斯特・畢爾波羅（Ernest Bilborough）的《揉合法國與西班牙；或庇里牛斯山之春》（*Twixt France and*

*Spain; or, A Spring in the Pyrenees*, 1883）；瑪莉・波丁頓（Mary Boddington）的《庇里牛斯山寫生》（*Sketches in the Pyrenees*, 1837）；普林斯頓大學歷史系畢業生艾德溫・阿薩・迪克斯（Edwin Asa Dix）的《仲夏駛過庇里牛斯山》（*A Mid-summer Drive Through the Pyrenees*, 1890）。看似無止盡的旅行書籍，導致無動於衷的評論者，對強森的《南法與庇里牛斯山的冬季寫生》擔憂地寫下評價：「波城與庇里牛斯山雖然不像義大利或法國與德國常見的旅行路線那般陳腐老舊，卻也有不少作者寫過各種主題。」

法國的旅遊書籍則包括甘維爾女伯爵（Comtesse de la Granville）的《自庇里牛斯山歸來》（*Retour des Pyrénées*, 1841）與朱勒・德・佛（Jules de Fer）的《庇里牛斯山的圖像紀念品》（*Souvenirs pittoresques des Pyrénéees*, 1843）都讓同胞更加熟識庇里牛斯山。阿道夫・提耶爾的塞爾達涅旅行紀錄被翻成英文，此外還有伊波利特・泰納（Hippolyte Taine）的《庇里牛斯山之旅》（*Voyage aux Pyrénées*, 1857）與朱勒・米歇雷的《山岳》（*La Montagne*, 1885）。一八九五年，雨果的《阿爾卑斯山與庇里牛斯山》（*Alpes et Pyrénées*），收錄一八三九與四三年前往兩座山區的旅程上寫給太太的家書，首度以英文出版。

這些書籍多數遵循類似套路，結合對庇里牛斯山景的宜人描述，介紹村鎮城市、當地色彩與歷史背景。有些經得起時間考驗，例如英國牧師、小說家與博學家沙賓・巴靈—顧爾德的《庇里牛斯山之書》（*A Book of the Pyrenees*, 1907）。一八九六與九七年，英國旅人哈洛德．史班德（Harold Spender）花了兩個夏天，與朋友在法國與西班牙庇里牛斯山及安道爾比較偏遠的區域健行露營。他在《穿越庇里牛斯山高地》（*Through the High Pyrenees*, 1898）中描寫這趟「享樂與運動」之行，仍舊是庇里牛斯山文學的經典作品之一。

希拉爾．貝洛克的《庇里牛斯山》（1909）鉅細靡遺收集重要旅行資訊，結合淵博的史地知識。貝洛克是個純山派，他會冒險進入山區，僅帶著背包、地圖與少數必要裝備，穿著伊斯帕托帆布草鞋而非靴子。他對科特黑與其他溫泉鄉的「世界主義者、殖民者、游牧者等」深感不以為然。對貝洛克來說，「世界主義者」通常與猶太人同義，比他在科特黑觀察到的粗俗富人還低上一等。他認為世界主義者「破壞他們自己也渴望之事。而他們渴望之事，對其餘人類來說卻是詛咒」。[28]

以「海濱拾荒者」聞名的《每日快訊報》專欄作家與旅行作家約翰．賓根．莫頓（John Bingham Morton），是貝洛克的朋友，也有類似想法。在《庇里牛斯》（*Pyrenean*, 1938）一書中，他描述一條從地中海到大西洋、橫跨庇里牛斯山的單一山徑，筆下的庇里牛斯山彷彿現代世界的解藥，而現代世界則是由「鎖在市郊庭院的羊群」、「布爾什維克軍營風格的公寓及旅館」與他在加爾瓦涅看到的「笨拙」法國遊客所組成。這些遊客在「偉大嚴肅山峰的陰影下……勉強應付蹣跚前進，氣喘吁吁的詛咒混雜著可怕女人的尖笑與尖叫」。高山地區才能給予莫頓一些慰藉，例如隆塞斯瓦耶斯隘口附近遇到的「愉悅小谷地」，「看起來就像當天一早世界剛剛創造時那樣清新，我停下腳步，彷彿剛迎面而來的是青春與純真。這是對外界邪惡一無所知的地景，如此飽滿自信。」

## 藝術家

庇里牛斯山的重新想像，不只來自文字。十八世紀以來，庇里牛斯山也吸引了一批藝術家與插畫家，以繪畫、版畫及插畫給了歐洲大眾第一眼的視覺印象。這些作品經常刊登在法國期刊如《自然》（La nature）、《世界之旅》（Le tour du monde）、及《插畫》（L'illustration）中。此外也出現在庇里牛斯山相關書籍內，這類書籍的插畫通常是作者自繪。哈蒙德的書都有他的素描繪畫，詹姆士・厄爾斯金・穆瑞與喬治安娜・查特頓女士（Georgiana Chatterton）的書也是。法國版畫家路易—朱利安・傑科帖（Louis-Julien Jacottet, 1806-1880）以庇里牛斯山為兩本畫集的主角：《紀念庇里牛斯山》（*Souvenir des Pyrénées*, 1835-1836）與《紀念庇里牛斯山：再遊》（*Souvenir des Pyrénées, nouvelle excursion*,1841-1842）。亞伯・提桑帝爾（Albert Tissandier）的一八八九年阿拉貢與加泰隆尼亞庇里牛斯山旅程紀錄，也包含作者本人執筆的精細畫作。

有些藝術家專注在比較有戲劇張力的庇里牛斯山地標，如加爾瓦涅。其他人則被地景地形中比較微妙的細節對照所吸引。歐仁．德拉克洛瓦（Eugène Delacroix, 1798-1863）在一八四五年從奧博內（Eaux-Bonnes）溫泉鄉寫給朋友的信中，抱怨「庇里牛斯山自然之美，不是繪畫能夠輕易捕捉的。不管畫什麼，一切都如此巨大，這一團中都不知要從何開始，也不知該怎麼處理繁複的細節」。[29]德拉克洛瓦最後於當年出版了《庇里牛斯山畫冊》（*Album des Pyrénées*），以一系列油畫水彩描繪山岳及此地居民。古斯塔夫．多海曾多次造訪庇里牛斯山，他的油畫，以及刊於泰納與布萊克本旅行書中描繪炸毀樹幹、瀑布與暴風天際的神祕鋼筆畫，正展現了拉德克里夫所想像的庇里牛斯山。

施瑞德的庇里牛斯山繪畫則專注在岩石與山岳的形象光影，他認為藝術、製圖學與地形研究應當相輔相成。[30]巴黎藝術家及版畫家夏勒．朱亞（Charles Jouas, 1866-1942）一開始以繪製巴黎歌劇布景聞名，直到一八九六年認識了作家兼出版人亨利．貝哈爾迪。貝哈爾迪對他的畫作印象深刻，因此立刻派他前往呂雄，為《庇里牛斯山一百年》繪製插畫。朱亞後續無數次重訪庇里牛斯山，讓這位都市藝術家變成了不折不扣的「庇里牛斯山插畫家」。優雅俐落的素描水彩以人物與地景為主，從火堆旁的牧羊人、山路小徑上蹦跳的約會情侶，到綁繩走上覆雪山脊的男男女女。

從庇里牛斯山的一側到另外一側，氣候、光線與地形變化，吸引了不同感知風格的藝術家。多數人集中在比較晴朗的東庇里牛斯山，他們經由法國南方海岸來到此地。一九〇八

崇高的庇里牛斯：古斯塔夫．多海，伊波利特．泰納《庇里牛斯山之旅》書中插畫，一八七五年。（Flickr圖庫）

年，一名瘦弱的威爾斯畫家詹姆士・狄克森・因內斯（James Dickson Innes, 1887-1914）跟著另一位藝術家，追隨馬諦斯（Matisse）的腳步，來到班尼優附近的科利烏賀。這位史雷德藝術學校（Slade School of Fine Art）畢業生，也是奧古斯都・約翰（Augustus John）的好友，以斯諾登尼亞（Snowdonia）的阿瑞尼格佛爾山（Arenig Fawr）③的陰鬱畫作聞名。他因為喜愛吉普賽人的生活方式，不顧孱弱身軀，喜歡露天席地而眠。造訪南法時留下一些卡尼古山與東庇里牛斯山的驚豔之作，情緒濃重的畫作部分來自因內斯習慣在日出或日落時作畫，避開地中海豔陽；另一部分也是死亡陰影的呈現。他最終於一九一四年八月死於肺結核。

死亡與疾病也威脅著蘇格蘭現代主義建築師及設計師查爾斯・雷尼・麥金塔。一九二四年，他與妻子瑪格麗特前來科利烏賀及附近的波文德作畫。麥金塔搬到法國是自我放逐，離開忽視他的國家。他決定棄建築專心繪畫，也產生一系列晚年的蓬勃創意。他的水彩畫專注於波文德、附近海岸及東庇里牛斯山區的村落野花。麥金塔描繪庇里牛斯山的堡壘村落充滿明亮色彩，牆面建築的細節在光影強烈對照下栩栩如生。即便持續面對經濟困難，麥金塔仍舊訂定了五十幅畫的目標，希望在倫敦展出，卻於一九二八年完成四十幅畫時死於喉舌癌。他的畫作從未完整在英國展出，直到二〇〇四年麥金塔精妙的天鵝之歌獲得法國官方肯定，因此設立了一條「麥金塔之路」（Chemin de Mackintosh），可從波文德出發遍訪他畫中所有難忘的景象。31

庇里牛斯山也出現在法國動物畫家羅莎・邦賀（Rosa Bonheur, 1822-1899）的作品中。她是十九世紀最知名的女畫家。身為女性主義者、女同性戀，又生於基督教社會主義家庭，邦賀在一八五〇年父親過世後一年，才首度造訪庇里牛斯山，當時她剛初具動物畫家的名聲。連同終身摯友及同輩畫家娜塔莉・米卡斯（Nathalie Micas），在取得警察許可穿著男裝後，她騎馬前往奧博內、呂—聖索弗及露德等地；邦賀通常比較喜歡穿著男裝。這趟行程是由擔心女兒健康的米卡斯母親出資贊助；兩位女性騎馬穿梭城鎮泡溫泉，邦賀則主要進行素描寫生。

一度，兩位女性一起去爬博貢山（Mount Bergons），娜塔莉向母親形容馬爾伯赫（Marboré）與羅蘭隘口的景色，老鷹飛翔，羅莎進行「素描，我則懶散寫信給您。現在是下午五點，太陽餘暉落下；牛隻從草原移往別地，悠閒哞叫。牛鈴響聲愈來愈近，可憐的動物似乎感謝神賜下涼爽夜晚。看到牠們在山間奔跑，會以為牠們是鹿。牠們是足上艦隊，只是規模較小」。32

嚮導怎麼看待兩位穿著男裝的女士，只能單憑想像，但邦賀經常返回庇里牛斯山，以她

③ 譯註：位於英國威爾斯北部。

知名的自然寫實畫風畫羚羊、牛羊與騾夫。在邦賀的庇里牛斯山畫作中，山岳總是背景，但在特定畫作如《跨越庇里牛斯山的騾夫》（Muleteers Crossing the Pyrenees, 1857）與《羚羊》（Chamois, 1888）中，則留下十九世紀藝術中某些最震懾入勝的庇里牛斯山高地印象。邦賀比較不知名的哥哥奧古斯特・邦賀（Auguste Bonheur, 1824-1884）也是極具天分的藝術家及動物畫家，他也描繪庇里牛斯山區的動物，如戲劇化呈現出高山動物爭鬥的《戰鬥》（Le Combat, 1862）。

## 立體派的麥加

庇里牛斯山也成為畢卡索靈感的來源。一九〇六年，畢卡索帶著當時的女友費南德・奧利維耶（Fernande Olivier）在靠近安道爾的耶達省戈索爾（Gósol）小鎮度過春夏。他在此對當地居民及乾燥赭紅色的山脈進行素描繪畫。動人刻畫戴著圍巾或沒穿衣裳的農婦、赤裸的養豬人及九十多歲的房東荷賽普・豐德維拉（Josep Fondevila），畢卡索歡快地重新發掘他的西班牙與加泰隆尼亞根源。奧利維耶形容這位房東是個「強韌的老傢伙，前走私客，有種奇異狂野的美」。畢卡索被豐德維拉的黝黑光頭外表及走私過往所吸引，為他的光頭做了一個模型，甚至自己也剃光向他致敬。

畢卡索對庇里牛斯山的喜愛，無疑地讓這座東庇里牛斯山小鎮在現代藝術史中佔有特殊地位。今天法國的塞黑鎮（Céret）是靠近法國—加泰隆尼亞邊境的瓦耶斯皮區（Vallespir）首府，為美好富裕的鄉村小鎮，周遭圍繞著櫻桃園與葡萄園。東北方數英哩外則是勒白度隘口，繼續往東走就會看到卡尼古山。高大粉彩建築與巨大法國梧桐樹下，四處可見的咖啡廳、時髦商店與一間現代美術館，則見證了塞黑在二十世紀藝術史上難以置信的地位。一切始於一九〇九年，法國畫家法蘭克・布爾提・哈維蘭（Frank Burty Haviland）與西班牙雕刻家瑪諾羅（Manolo）從巴黎來到此地，打算追尋畢卡索的腳步，前往戈索爾。

但他們的追尋卻因為西班牙與摩洛哥戰爭爆發而停擺。不願冒著被徵兵的風險，瑪諾羅決定跟著哈維蘭返回巴黎。隔年二月，在瑪諾羅妻子的鼓動下，他們重返塞黑，並決定在此落腳。一九一一年夏天，哈維蘭邀請他的朋友畢卡索加入。一九一一年在畢卡索的生涯中是特別重要的一年。四月份，「立體派」這個詞第一次出現在法國報紙上，不僅形容在巴黎與布魯塞爾的兩場集體展覽，更象徵著激進（對許多評論者來說也是醜聞）背離了印象派。

畢卡索的作品並未參加兩展，但他與朋友兼合作者喬治・布哈克都被視為這股新運動的精神創始人。布哈克曾形容兩人關係就像「一對被綑在一起的登山客」廣為人知，兩名畫家在一九一一年的夏天一起在塞黑過了三週。直到九月畢卡索回到巴黎時，他已經畫下《塞黑地景》（Landscape at Céret）及立體派指標畫作《抽煙斗的男人》（L'homme à la pipe）。這幅作品是三角幾何形狀的驚人融合，並以相同名稱諷刺地指涉梵谷作品。布哈克在塞黑待到次年一月，可能也在此地畫下他的名作《彈吉他的男人》（Man with a Guitar）。次年夏天，兩位畫家又來到塞黑；一九一三年春天，畢卡索再次於三月返回此地，同行者有詩人馬克斯・雅克（Max Jacob）與奧利維耶。畢卡索本想整個夏天在山裡作畫，卻因為愛人奧利維耶診斷出致命癌症，加上愛犬弗利卡因病被當地獸醫安樂死，決定返回巴黎。當年八月，他再度返回塞黑，當時地方報紙寫道：「塞黑小鎮歡聲雷動。立體派大師已經抵達，準備享受應得的休憩。」

同一年，哈維蘭與瑪諾羅在小鎮附近廢棄的嘉布遺會（Capuchin）修道院成立一間藝術學校，這項行動很快吸引一連串巴黎藝術家，包含璜・格利斯（Juan Gris）、尚・馬爾尚（Jean Marchand）、馬克・拉法各（Marc Lafargue）與華昆・蘇尼耶（Joaquim Sunyer）來到塞黑。雖然哈維蘭與妻子曾在一戰期間短暫離開塞黑，往後幾年小鎮仍持續吸引穩定數量的藝術家，來此尋求便宜住宿與作畫之處。這些人包含了一九一九至二一年的兩年間中，飽受折磨的俄羅斯表現主義畫家柴姆・蘇丁（Chaim Soutine）與俄羅斯—法國藝術家平許・克里梅尼（Pinchus Krémègne）。

若說蘇丁不能接受鄉居生活，確實有些客氣了。他容易陷入狂暴憤怒中，撕毀不喜歡的畫布，將完成的畫作扔在潮濕工具間，窮困無序的生活讓當地人都看不下去。「他經常暴怒，總是又醉又髒。」克里梅尼回憶道，「人們視他為村中傻子。他一直很討厭塞黑。人們問他年紀多大時，他總是說塞黑的兩年不能算。」[33]無論如何，在那兩年中，蘇丁完成了超過兩百幅作品，包含一些對於周遭地景的野蠻反動，反映的更多是他的內在狀態，而非庇里牛斯山。隨著納粹佔領，不少作家與藝術家，包含馬克・夏卡爾（Marc Chagall）、尚・杜布菲（Jean Dubuffet）及尚・考克多（Jean Cocteau）等，都在離法路上穿越塞黑。某些人的作品如今也呈現在塞黑的現代美術館中。這間美術館是哈維蘭於一九五〇年成立，獲得畢卡索與馬蒂斯的支持，向這個一度被藝評家安德黑・索羅門（André Salmon）稱為「立體派麥加」（la Mecque du cubisme）的小鎮致敬。

## 森林的邊緣

二十一世紀初，多數世界最知名且偏遠的地景，不論是否親眼見過，都已經深印在我們腦海中。網路快搜一下，就能拉出幾乎世界各地的高畫質照片；即便是技術最差的攝影師，拿著手機也能拍出比幾十年前更高品質的照片。新科技讓我們可以從過去不可能的角度與視角拍攝熟悉地景。由於種種新的可能，我們很容易遺忘曾經有個時代，對世界偏遠地方的印象，全仰賴藝術家個人的視野與技巧。也很容易忽略畫家獨有的主觀視野，即便是面對我們已經熟悉的地景。

英國寫生畫家雷・阿特金斯（Ray Atkins）是幾位在庇里牛斯山工作的當代藝術家之一。畢業於肯特郡的布洛姆利藝術學院（Bromley College of Art）與史雷德藝術學校，阿特金斯是法蘭克・奧爾巴哈（Frank Auerbach）的學生。阿特金斯過去以工業地景的大尺寸描繪——如雷丁（Reading）瓦斯工廠與密爾沃爾（Millwall）碼頭——而出名。二〇〇九年，七十三歲的阿特金斯做了一個極端的決定，搬到法國庇里牛斯山區阿斯貝村附近的農莊。二〇一五年七月，我在藝術空間藝廊看了一場庇里牛斯山畫作展覽。這些畫作讓我印象深刻；躍動的半透明筆觸，捕捉一年當中不同時刻的森林、菜豆田、盛放的梨花樹，光線與色彩閃爍活躍。最令我感到驚訝的是，庇里牛斯山本身並未出現在畫中。山脈自然地被分派到遠景，畫作專注在前景微妙變化的質地與色彩。次月，我跟妻子造訪阿特金斯的阿斯貝農莊。前往農莊的路是一條狹窄的二點五英哩（四公里）土路，穿越綿延數英哩的濃密森林山丘。這些森林經常完全遮蓋山脈，令人覺得壓迫緊閉。

阿特金斯與他的伴侶舞蹈家暨編舞家李曉華（Hsiao-Hwa Li音譯），在重新裝修過的農莊迎接我們。小馬尾、大鬍鬚與眼鏡下的阿特金斯，看來就像個銀髮嬉皮，還有點道士與太極大師的味道。剛剛完成一件四呎長的油畫，讓他心情很好；他為這件作品已經忙了好幾週。阿特金斯不太喜歡討論他的作品，寧願讓畫作自己發言。但我們坐在廚房，吃著曉華做的蛋糕時，他仍舊一一回答我的問題。

他一開始決定搬到阿斯貝來，是因為離婚後他必須賣掉康瓦爾（Cornwall）的穀倉，並為六百幅畫作另外找個家。這座穀倉跟前妻家比鄰而居。搬到庇里牛斯山拯救畫作的複雜決定，讓阿特金斯也發現新主題「簡單恬靜的地景」明顯與他過往喜愛的工廠、瓦斯管線、碼頭、回收場與康瓦爾錫礦截然不同。阿特金斯一開始難以接受奧爾巴哈形容為「太鄉村」的環境。他的花園可以看到傑爾峰（Pic de Ger）從遠方突出在奧索山谷之上，一如他許多畫作的場景。對阿特金斯來說，山岳令他不悅地想起塞尚的經典作品《聖維克多山》（Mont Sainte-Victoire），這是他極力想要擺脫的影響。

阿特金斯對自己一開始「過度浪漫」的庇里牛斯山作品並不滿意。他的經紀人邁可・理查森（Michael Richardson）也不滿意，他認為這些作品就像「少了交響樂團的室內樂」——意指阿特金斯喜愛的古典樂類型。當理查森建議他專注在森林，而非山岳時，阿特金斯立刻接受這個想法，因為「真正的主題經常太醒目以致被忽略了；沿著這個思考，我立刻就想通了，對啊，就是森林。因為我討厭它。因為太陰暗、壓迫，所以我討厭森林」。這裡討論的是個務實也是美學的選擇。阿特金斯患有嚴重的黃斑部病變，只能透過「鏡片之外」的周圍視線看到明亮顏色。

在這個夏勒・朱亞曾經宣稱「受到大自然主宰」之地，阿特金斯被迫仰賴記憶與猜想，找出他畫作中迸射的顏色——他形容為「在黑暗中工作」的過程。黃斑部病變也解釋了他為何對花園外的山岳缺乏興趣。「現在我看向遠方地景，我看得到它們，卻毫無細節，」他說，「我看到的部分很少，所以不大有興趣。一切都無法聚焦，這影響了我的選擇。」阿特金斯對自己的困境坦然接受；但對這位執著的畫家，我實在不願想像更糟的情況。這讓花園畫布上呈現的花朵、樹葉、樹叢的豐盛圖像更加令人震驚。

他帶著我們參觀穀倉儲藏室與充滿光線的美麗工作室時，他確實是畫家中的畫家，會對光線消逝動怒。位處森林與英法藝術界的邊緣，他是儲藏室中數百幅畫作的唯一守護者與策展人。對浪漫主義嗤之以鼻的藝術家來說，他卻是個浪漫的人。我們沿著漫長土路下山時，我猜想他的畫作是否能找到永久的家，又或者有一天訪客會來到這片森林覆蓋的山丘，就像走上麥金塔之路的旅人，因為他們知道阿特金斯曾經住在這裡，他們也想看看他畫過的地景。

## 水的生命

許多十九世紀的詩人、藝術家與作家一開始來到庇里牛斯山，是以遊客、度假者或享受溫泉鄉的身分來到。羅馬時代的庇里牛斯山溫泉鄉，其硫磺泉就開始用於水療，例如阿克斯萊泰爾姆（Ax-les-Thermes）或呂雄。好幾世紀以來，遊客來此飲用、浸泡泉水，或進行泥浴，治療疾病傷口或單純養生。十九世紀，許多溫泉鄉都受益於「健康觀光產業」；一開始是出於拿破崙三世與歐珍妮皇后的庇蔭，他們在比亞希茲度假時會造訪庇里牛斯山溫泉。拿破崙在庇里牛斯山推動的公共工程計畫，部分也是受到一八五九年夏天在巴格內─德─畢高爾遇到的索爾弗利諾（Solferino）戰爭法國傷兵的影響。他特別要求在鎮上興建一間新的軍醫院。

接下來數十年，已具規模的溫泉鄉如科特黑、巴格內─德─畢高爾、維內─勒─班恩、呂─聖索弗與奧博內都經歷一段觀光客爆炸性成長的時期，因此小型庇里牛斯山鄉鎮也想趕上葛蘭姆．羅布（Graham Robb）所說的「礦泉水潮」，想為當地泉水取得醫療效果的醫學與科學證明。[34]有些鄉鎮減少熊與狼的數量，並從街上趕走豬羊與乞丐，試圖為新的都市貴客提供更文明的環境。其他人則宣稱對特定疾病有療效。奧盧─勒─班恩（Aulus-les-Bains）宣稱能治療「愛之病」（梅毒）。巴赫吉的泉水則在治癒傷口及皮膚疾病上素有盛名，吸引了羅馬軍團與印度支那戰爭的法國老兵。

隨著這些鄉鎮愈發熱門，它們也試著擴大觀光客群。白雪覆蓋的山峰，穿著地區傳統服飾的牧羊人，鐵路海報提供了鄉間世外桃源的美好景象，巴黎人從首都出發僅需八小時就能抵達。比較發達的溫泉鄉則搖身一變，成為夏季度假勝地，充滿市集、魔術秀、賽驢、銅管樂隊、吸菸室與賭場、巴黎風喜劇演出及「歌廳」、偷窺秀、販售觀光客小物的攤販，以及稱為「油醋醬」（*vinaigrettes*）的兩輪小馬車。有些城鎮還變成「山上的海濱度假村」。女演員莎拉・貝恩哈特（Sarah Bernhardt）行過堅信禮之後，一八五〇年代首度與家人來到科特黑，記得此地是個「令人生厭卻迷人的小地方，許多綠意及屬於山民的小屋」。[35]

到了世紀末，科特黑已經全然不同。一八七八年夏天，鎮上主要街道雞蛋大道（Promenade des Oeufs）上穿梭的人包括莎拉・貝恩哈特、藍道夫・邱吉爾（Randolph Churchill）、埃米爾・左拉（Émile Zola）、聖彼得堡市長與各種公侯伯爵。一八八八年，五十四歲的艾德加・竇加（Edgar Degas）也來到此地，試圖治療他的支氣管炎，之後兩個夏天都重回此地。庇里牛斯山溫泉鄉吸引了不少外國名人。魯迪亞德・吉卜林（Rudyard Kipling）與患有風濕病的妻子凱莉都是維內—勒—班恩的常客。這個溫泉鄉在十九世紀末已經完全英化，擁有植物園、紳士俱樂部與賽馬場。

由於硫磺泉飲與水療按摩為妻子帶來正面療效，讓吉卜林感懷於心，又受到附近卡尼古山的吸引，他在一九一一年給法國山岳俱樂部的信中寫道：「我來此僅為了尋求一點陽光……但我發現了卡尼古，我發現這是山脈中的魔術師，我臣服在他的權柄之下……驚奇喜悅地看著他。」其他前來維內—勒—班恩這個「庇里牛斯山天堂」的訪客，包含吉卜林的朋友菲德烈克・史雷・羅伯茨爵士（Lord Frederick Sleigh Roberts）及約瑟夫・霞飛（Joseph Joffre）元帥。前者是南非布爾戰爭中的英軍指揮官，後者則是一次世界大戰頭兩年西方戰線的法軍指揮官。

巴格內—德—畢高爾也在十九世紀吸引了顯赫的英國人，包含英國—愛爾蘭的布魯克家族（Brooke），家中第七個孩子艾倫於一八八三年生於此地，之後成為二次世界大戰中的大英帝國總參謀長與陸軍元帥艾倫布魯克爵士（Lord Alanbrooke）。一九三三年十月，巴格內接待了意想不到的客人。流亡中的列夫・托洛斯基（Lev Trotsky）與妻子娜塔莉亞歷經一連串私人與政治事件，包含女兒齊娜的自殺與同一年希特勒獲提名為德國總理後，在此休養兩週。後來托洛斯基在莫斯科公審上，談起逗留庇里牛斯山的時光，反駁他於這段時間在義大利策反蘇聯的指控。

很難想像托洛斯基會過上藝評亨利・布萊克本所描述的奧博內生活。這種生活中，沿著「地平線大道」（Promenade Horizontale）的散步會穿插在「喝水、早餐後的瀑布、午睡、三點鐘騎馬、另一個小瀑布與喝更多水、或四點鐘泡溫泉、五點鐘散步、六點鐘晚餐、走走『地平線大道』直到八點、接著去俱樂部、舞會、『社交圈』、自由行動或月下散步。然後肯定是早早上床」。[36]

對某些訪客來說，這個季節充滿了「心之冒險」的機會，更進一步受到溫泉鄉圖書館、閱讀室的刺激小說與雜誌的推波助瀾。這些書籍包括《愛的騎士》（*Un chevalier d'amour*）、《今日之女》（*Les femmes d'aujourd'hui*）、《下一個愛人》（*Le dernier amour*）與《水中精靈》（*Nymphes des eaux*）等。一八二九年，六十一歲作家與外交官法蘭索瓦—雷內·德·夏特布里昂造訪科特黑，在前往義大利就任法國大使前，舀取此地的水。在《墳墓之外的回憶錄》（*Memoirs from Beyond the Tomb*）中，他描述自己在森林中寫詩，「看到一名少女坐在山澗旁；她起身向我說：從村莊的謠言得知我在科特黑。我發現不知名少女是歐西坦人，兩年前曾寫信給我，雖然我從未見過她；神祕無名少女向我揭露：女神自己現身了。」[37]這名「歐西坦人」是二十六歲的卡斯戴爾巴哈女伯爵李奧婷·德·維勒妮芙（Léontine de Villeneuve）。她成了夏特布里昂「最後的愛人」，在啟程前往羅馬之前與她享受了一段短暫熱戀。

但並非所有訪客都能接受這類行徑。建築師尤金·維奧雷—勒—杜克（Eugène Viollet-le-Duc）就對一八三三年在科特黑看到的富裕老人行徑感到震驚。他「在皮耶菲特找了女孩，帶到巴赫吉……他們是墮落大師；他們靠著美酒、硫磺泉與純淨空氣過活。少了這些，他們的腿就走不動，瘦弱身形將顯得蒼白，四肢無力腐敗」。[38]一八四五年夏天由於爆發結核性喉炎，德拉克洛瓦必須來此治療，他也厭惡自己在奧博內必須過著「脫節生活」。他對前來治療的病人卻遭受「所有感官墮落」的「悲傷場景」感到噁心。[39]

今天的巴赫吉是健行與滑雪的熱門基地，擁有一所電影院、一間游泳池與溫泉。一八九〇年，艾德溫．阿薩．迪克斯形容此地為「沮喪的夢魘」，「一排令人顫抖、女妖作祟的醫院」充滿「臉色哀愁的病人，他們曾試過其他溫泉卻未果，因此來此最後一試；受傷或崩潰的士兵，拄著拐杖的傷障人士在土路上越過我們揚長而去」。[40]泰納描述奧博內鎮上下雨的日子，「一排雨傘及淋濕斗篷」的「可悲景象」。「擔憂無望的臉龐」每小時喝下一杯水，四處可見的樂師「獨自彈奏，各有音調，以令人敬畏的無畏，在這場音樂競賽中破壞每首樂曲」。閱覽室的使用者「除了最陰鬱的小說之外什麼都不讀；他們發現自己的自殺傾向，建構暗殺理論」。[41]

奧克塔夫．米爾博（Octave Mirbeau, 1848-1917）是一位作家、無政府主義旅人兼《虐待花園》（*The Torture Garden*）及《女僕日記》（*The Diary of a Chambermaid*）的作者；他在既歡樂又厭世的小說《精神衰弱者的二十一天》（*Twenty-One Days of a Neurasthenic*）中，邪惡諷刺地寫下「水的生命」。米爾博的主角喬治．瓦瑟來到一處不知名的溫泉鄉，逃避世俗，卻發現此地充滿將軍、政客及其他想要避開的人類動物。「我最討厭庇里牛斯山的一點，就是它們是山。」瓦瑟寫道。「我對山岳有著狂野、無邊際的詩意喜愛，就像對人一樣：然而它們對我來說，都代表著宇宙生成的一切無法治癒的憂鬱，無望的沮喪，難以呼吸的死亡空氣……我景仰它們的雄偉形象、變幻光線。但它們的內在生命令我害怕……我感覺死亡之地大概就是山上之山，就像此刻我寫作時眼前所見。」[42]

今日，水療的黃金年代已經過去，部分溫泉鄉的設施也為了迎接新客群而更新。維內—勒—班恩的溫泉館包含水中有氧、水中健身房與水中拳擊，還有溫泉「降神會」課程，要價六百二十美元。許多英國遊客消磨夏天歲月的俱樂部與植物園仍舊保存良好，當代遊客可以一覽吉卜林博物館，走一趟「吉卜林之道」。奧盧—勒—班恩自詡為「膽固醇溫泉」，位於加貝谷地（Garbet Valley）源頭的位置，讓此地非常受到健行者與當日往返遊客的歡迎，由此出發探索周圍山林。科特黑也重新包裝成滑雪與健行的基地，纜車可以直達戈布湖。部分溫泉設施已經關閉，但此地蜿蜒街道結合了消逝美好年代的氛圍與海濱小城的味道。夏季時光，莎拉．貝恩哈特、喬治．桑與竇加曾與將軍政客走過的雞蛋大道，現在充滿家庭遊客、健行者與度假客，來此享受各種二十一世紀娛樂，從瑜珈課、古典樂、爵士音樂會到更具活力的挑戰，如峽谷健行與「鐵之路」——鋼索輔助登山路線——也是附近山林的熱門活動。

其他城鎮卻沒這麼好運。一八三〇年奧博內住了三百個虛弱患者；到了五六年，人數卻來到六千四百人，主要是因為歐珍妮皇后的贊助。一八八一年，亨利．布萊克本從旅館陽台往下看，發現「廣場上的噪音騷動（樂器聲響遠比任何義大利管風琴更不協調），年輕人的尖叫笑鬧，與愛人調笑，無止盡的鈴響，鞭子呼嘯，不同國家的聲音都關在有限的空間裡，被附近岩石反射，幾乎難以理解」。[43]

今天的奧博內是個掏空鬼城，人口不到五百，附近圍繞著森林、峭壁與深谷等壯闊地景。旅館與公寓多數閒置，街道公園杳無人跡，許多建築明顯將要倒塌。一度壯麗的六層樓王子旅館，擁有彩繪磚牆與大理石窗櫺，如今卻是美好年代的空殼遺跡，近期毫無復甦的跡象。我們住的旅館，看似很適合拍攝《鬼店》（The Shining），走廊暗沉無人，褪色地毯，通往空蕩頂樓的樓梯封閉，憂鬱鋼琴樂聲從後方飄出，彷彿是來自另一個世紀的音樂。

服務人員帶著嚴肅自尊維持一切如常，然而鎮上到處都散發著衰敗氣息，從木板遮住或空蕩蕩的窗戶，到掉字的招牌，郵局信箱封閉，還有毛骨悚然的大教堂，從鎮上拔地而起，像一枚火箭船。甚至明信片也閒置太久，已經變形。在「地平線大道」上，我們穿越粉紅炫目的棋盤俱樂部，上面掛著基督教青年會（YMCA）致贈的謝牌，感謝本城在一次大戰期間允許美軍使用城內設備「休憩娛樂」。此外還有數列歐珍妮皇后下令種植的巨大法國梧桐。

以皇后為名的小超市，正是十九世紀溫泉熱光輝歲月的見證。鎮上居民將未來希望寄託在泡泡計畫上；這個前溫泉鄉的驚人新設備中，客人可以在一顆巨大玻璃球中泡熱水，像太空船般俯瞰附近的衰敗，一邊聆賞音樂，一邊將頭泡在水中，或如我們旅館接待所形容的「裹上巧克力」——帶著些許不可思議的諷刺口吻。「泡泡」原本預定於二〇一六年開幕，但到了一八年一月仍舊還沒開放，不過已近完工。二十一世紀構想能否避免歐珍妮皇后的遊樂場進一步瓦解，並為這座仍舊迷人的溫泉鄉帶來久違的客人，仍待觀察。

## 歐洲的第二個遊樂場

庇里牛斯山也受益於另一種形式的「健康旅遊產業」——逃離工業化城市、提供清淨空氣及運動空間的娛樂地景。從每年夏天蜂擁穿越庇里牛斯山高地的健行者與登山客，到山裡度週末或夏令營的童軍團與學生，今日此類觀光產業是庇里牛斯山經濟的主軸。在法屬與西屬庇里牛斯山中，旅遊公司競相提供泛舟、峽谷溯溪、彎道與越野滑雪、自行車、露營、狩獵、雪板及冒險公園攀樹（Treewalking）等服務。一九七〇年代末至八〇年代初之前，穿戴防磨衣與頭盔在河谷中速降、游泳與翻滾的峽谷溯溪運動，在庇里牛斯山中幾乎從未聽聞。現在卻成了阿拉貢的瓜拉山脈及庇里牛斯山等其他區域的主要熱門活動。

這些活動已經成了庇里牛斯山魅力的一部分，很容易忘記它們的歷史其實都不久遠。一八七〇年，英國登山家萊斯利．史蒂芬（Leslie Stephen）在瑞士阿爾卑斯山攀登旅遊紀錄中，將瑞士形容為「歐洲遊樂場」。[44]此時，庇里牛斯山才剛展開演化成另一種山區「遊樂場」的進程。一八八一年，《布萊克伍德愛丁堡雜誌》（Blackwoods Edinburgh Magazine）語帶嘲諷地指出：「真正的庇里牛斯山——現代法國心靈與現代法國旅人的庇里牛斯山——是意外產生的。它們的任務不在於高聳雲霄，而是宜人，扮演娛樂健康的夏日勝地；作為維希及特魯維爾（Trouville）的適當對手：它們並無其他用處或目的，持續稱之為山，實在可笑。」

但非所有旅人都這樣想。「這片廣闊孤寂中最偉大的景色，只有步行者才看得到。」湯瑪斯・克利夫頓・巴黎（Thomas Clifton Paris）如此宣稱。[45]亨利・大衛・英格利斯也喜歡徒步穿越庇里牛斯山，並堅稱「除了拿張好地圖，在這個人跡罕至的區域裡研究下一步路徑，還有什麼比這更開心的？」[46]喬治・桑也享受攀登「難以抵達的山脈，甚至連馬車或馬匹也無法抵達」，並向母親誇耀自己捨轎步行。「牧羊人與羊群穿越的雪橋！」她在自傳中寫道。「我該如何形容呢！怎樣都看不夠。令人驚豔。甚至都不會想到危險。我先生最是無畏，我跟著他到處走。」[47]「山岳似乎要壓碎我，令我窒息，」莎拉・貝恩哈特則抱怨，「我必須盡一切可能讓眼前的地平線擴展到視線之外可作夢的天空上。我想到山上去，讓它們失去輾壓的效果。因此我們要愈爬愈高。」[48]一九一一年，維內—勒—班恩本地的法語報紙驚訝地報導，十四名英國女士登上卡尼古山。

此時，健行登山已經成為庇里牛斯山的重要活動，其他運動則在二十世紀初跟上。十九世紀的最後幾十年中，法國山岳俱樂部開始在阿爾卑斯山、佛日山脈（the Vosges）及庇里牛斯山舉行年度滑雪比賽。在滑雪史中，E・約翰・艾倫（E. John Allen）描述法國山岳俱樂部視這種新興運動為「民族運動」，強調體態柔軟、冷靜自持與勇氣等高盧美德。這些被視為對抗德國威脅時，維持法國生存的必須條件。[49]一九一〇年在奧博內舉行的一場競賽中，主辦委員會包含戰爭部長與五名將軍。直到一次大戰過後，滑雪運動才逐漸轉向娛樂目的，並在庇里牛斯山落地生根。一九二一年，第一間庇里牛斯山滑雪度假村在巴赫吉溫泉鄉興建，也標誌著大圖爾瑪萊（Grand Tourmalet）成為法屬庇里牛斯山最大滑雪場的開始。

此時在法國運動月曆上，圖爾瑪萊峰（Col du Tourmalet）已公認是環法自行車賽中最艱辛的一段。一九一〇年五月，《汽車報》（L'Auto）主編及這場新競賽的主辦人亨利・戴斯格杭吉（Henri Desgrange）派他的朋友阿方瑟・史戴芬內斯（Alphonse Steinès）研究一條通過庇里牛斯山的賽道。上到九千六百三十九英呎（兩千一百一十五公尺）的圖爾瑪萊峰時，史戴芬內斯僱用的車卻遭困雪堆。史戴芬內斯的司機拒絕前進峰頂，因此他只得下車步行，並很快在雪中迷路，掉進一處縫隙，最終等待搜救隊救援。之後，他給上司發了一封知名電報：「跨越圖爾瑪萊沒問題。道路令人滿意。自行車可以通行。史戴芬內斯。」[50]

當年七月，庇里牛斯山納入十五站比賽中的第九及第十站；在兩百零二英哩（三百六十二公里）的路線內，要穿越四處庇里牛斯山隘口，包含圖爾瑪萊。第十站的最後一段在歐比斯克峰（Col d'Aubisque），史戴芬內斯與助理及一群觀眾在高高的隘口上，焦急等待第一名騎士出現。出乎意料之外，第一位抵達的騎士是個不知名的外來者，因為過於疲累，甚至無法回答自己姓名。第二位抵達的騎士則是最受歡迎的選手，奧運銅牌得主奧克塔夫・拉皮茲

（Octave Lapize）。他對著史戴芬內斯與助理大喊：「你是殺人兇手！你是兇手！」並宣布要退出比賽。

拉皮茲並未退出比賽，最終獲得年度總冠軍，而圖爾瑪萊峰也成為「死亡循環」（Circle of Death）的四處庇里牛斯山隘口之一。這趟特別折磨人的挑戰中，必須得在不比驢隊土路好上多少的路況中，平均騎上十四小時。圖爾瑪萊峰也與環法賽的偉大傳說之一有關。聖瑪莉—德—坎龐（Sainte-Marie-de-Campan）村的廣場上，有一尊高壯的男性金屬雕像，其站在火堆上，一隻手勝利高舉著自行車把。肌肉糾結的手臂與腿部，讓這尊雕像看來像史達林治下俄國的史塔漢諾夫突擊手④紀念像。這座雕像紀念一九一三年的一場事件，當時「三屆不幸」的法國車手尤金・克里斯多夫（Eugène Christophe）面對旗鼓相當的比利時對手菲利浦・提斯（Philippe Thys），終於率先抵達圖爾瑪萊峰頂。

克里斯多夫當時領先十八分鐘整，即將贏得此站與大賽冠軍。但下降到呂雄的路上，他的車把斷裂，他被迫扛著自行車走了六英哩（十公里）到下方的聖瑪莉—德—坎龐，看著他剛才超越的對手一一揚長而去，不禁淚下。根據環法賽的嚴格規定，克里斯多夫不能換車或

④譯註：Alexey Stakhanov，蘇聯於一九三五年推行社會主義經濟制度，以礦工史塔漢諾夫為樣板人物，激勵勞工增產報國的運動。

請人修車。然而，他可以自行修車，因此他最終在聖瑪莉—德—坎龐找到一名鐵匠，借用他的鍛造工坊。雖然因為請了七歲男孩幫忙鼓風，導致他被罰減十分（後來降為三分），四個小時後他仍舊完成此站剩餘的三十七英哩（六十公里），列為本站第二十九名。

克里斯多夫從未贏得環法賽，但他拒絕放棄的堅持，讓他成為法國自行車史上的典範。「厄運當前的勝利」，正如雕像上所言。一個霧氣午後，我們開車前往隘口，各年齡層的自行車騎士朝向赤裸騎士的大型雕像賣力前進；這尊「圖爾瑪萊的巨人」（Géant du Tourmalet）紀念一九一〇年拉皮茲的傳奇登頂。肌肉緊束，表情猙獰，雕像正是圖爾瑪萊與肉體折磨之間最具說服力的呈現。我們小心駛進濃霧中，一道道閃亮黃橘色萊卡車服的自行車騎士也沿著陡峭山路一路險降，或咬緊牙關撐上隘口。赤裸騎士歷史洪流的陰影下，所有人仍舊前進。

## 神祕的庇里牛斯山

庇里牛斯山也吸引另一群渴求超脫世俗的訪客。山脈的歷史不能忽略一位名叫伯納德蒂・蘇比荷（Bernadette Soubirous）的十四歲農家女孩，一八五八年時她宣稱在市集小城露德的馬薩比耶勒洞穴（Massabielle），看到聖母瑪利亞十四次。天主教會一開始雖頗為懷疑，但教宗最後也認可了這些會面，露德因此成了世界上最知名的瑪利亞聖殿，每年吸引四百到六百萬朝聖者。有些人單純前來向聖母致敬，但岩穴中傳聞具有療癒力量的泉水也吸引病患、殘疾與垂死者來此，尋求神蹟。

露德的朝聖人潮，讓這座庇里牛斯山市集小城，變成天主教宗教藝品的花俏賣場，速食餐廳夾雜無數聖母紀念品商店，窗戶裡除了聖母石膏像，什麼都沒有。一九〇三年伊迪絲・華頓前來此地時，這股轉變已經相當誇張，驚恐的她認為「粗俗主義浪潮來勢洶洶且令人難以忍受，特別是對這個美好國家中最美好地景的最新衝擊」。[51]二十年後，托洛斯基也對「販賣奇蹟的商店，偷渡神明的辦公室」感到同樣憤怒，此地還整合了「使徒的微小奇蹟與廣播—電話……是嚴肅科技與德魯伊⑤祭司驅魔術的結合」。[52]

戰間期間，由於此地接近中世紀卡特里異端者的前根據地，庇里牛斯山也開始吸引另一種不同教派的信徒。一九三一至三二年間，一位名叫奧圖・蘭恩（Otto Rahn, 1904-1939）的年輕德國學者，來到卡特里派的前要塞，位於阿列日省的蒙特賽古爾（Montségur）。一二四四年，卡特里派全面戰敗前在此垂死掙扎。蘭恩對於城堡的興趣，主要來自沃夫蘭・馮・艾

⑤譯註：Druid，古羅馬時代英國凱爾特文化中的智者，身兼醫者、魔法師、占卜者、詩人、以及其所屬部族的歷史記錄者。

森巴赫（Wolfram von Eschenbach）的十三世紀史詩《帕西瓦爾》（Parzival）。這部作品也啟發了華格納的同名歌劇。蘭恩是個浪漫而不循常理的文學學者，就像華格納，他也相信史詩中暗藏訊息，由卡特里派人士傳給一名前往德國的歐西坦吟遊詩人。這些訊息據傳證實了卡特里派一度持有所謂「聖杯」的神祕酒杯或容器。蘭恩與華格納都相信艾森巴赫詩中所提的「聖杯城堡」蒙特沙瓦許（Muntsalvatsche），就在蒙特賽古爾附近。

蘭恩首先在名為「*Kreuzzug gegen den Gral*」（1933）的書中，發展出這些瘋狂理論，書名可譯為《毀滅聖杯的十字軍：生與死的浪漫文化》。這番理論卻引起卡爾．瑪麗亞．威利古特（Karl Maria Wiligut）的注意。這位盧恩文字學家號稱「可觀看前世」，是海因里希．希姆萊（Heinrich Himmler）的上師，更為人知的化名是「威斯妥」（Weisthor），當時服務於慕尼黑的納粹武裝親衛隊種族清算總部的史前與早期歷史部門。威斯妥與希姆萊都受到聖杯神祕思想的吸引，對於蘭恩的理論非常興奮，因此邀請他加入武裝親衛隊。這並不是可以隨意拒絕的邀請，蘭恩若有絲毫拒絕的傾向，也很快被一千德國馬克的續集著作預付金給克服了。一九三六年奧運期間，一位朋友問他為何穿戴親衛隊制服與短劍，據說蘭恩回道：「親愛的保羅，人得吃飯啊。」

武裝親衛隊也確保蘭恩吃得還不錯。一九三六年，他帶著親衛隊提供的一群「研究員」前往冰島尋找聖杯。這一次搜尋仍舊讓他回到蒙特賽古爾，並出版了《路西法的宮廷：尋找帶光者的異端之旅》（*Luzifers Hofgesind, eine Reise zu den guten Geistern Europas*）。這本書集幻想、暗示及不切實際的空想於大成，讀者得拋棄所有邏輯與懷疑，才可能接受書中最基本的假設。許多讀者也許跟蘭恩一樣，對天主教會鎮壓卡特里派感到不齒，卻很難接受聖杯是由路西法冠冕落下的寶石打造，這頂冠冕則由卡特里「女王」富瓦的艾斯克拉蒙德（Esclarmonde de Foix）保存在蒙特賽古爾。又或者卡特里派是希臘神話「金羊毛」裡海克力斯、傑森、阿爾戈英雄及「帶光者」阿波羅神的後代，這些人都屬於「路西法的宮廷」。

蘭恩相信或希望讀者相信，卡特里派將聖杯與其他寶藏埋在蒙特賽古爾附近的洞穴內。在塞內加爾僕役兼保鑣哈布杜（Habdu）的陪伴下，他花了許多時間尋找寶藏。若說這些調查缺乏一般實證精神，還算是客氣的。相對地，蘭恩誘人誇大的言詞經常暗示著黑暗神祕與祕辛，這種說法也許能取悅他的武裝親衛隊金主，卻很難吸引有點常識或批判分析能力的讀者。他經常誇大其辭，甚至造假。一度，他被抓到在蒙特賽古爾的洞穴內，描摹一幅他在此發現的畫。他也為了一場書面訪問寫了好幾篇草稿，宣稱自己在楓丹內洞穴（Fontanet）發現「狗的石雕像」；他卻將洞穴大小從十英呎改成三十英呎（三公尺改成九公尺）。另一次事件中，他在蒙特賽古爾附近的迷谷（Val de L'Incant）中殺了一條蝮蛇，並宣稱蛇是為了保護聖杯。[53]

蘭恩模稜兩可地追尋「異教徒先祖與異議者的鬼魂」，卻正合希姆萊的脾胃，因此於一九三八年九月獲得升遷為武裝親衛隊的資深突擊隊（SS-Obersturmführer）。當年稍晚，部分仰慕者稱呼的「正版印第安那瓊斯」卻失勢了，可能因為其同性戀傾向及（或）酗酒的習慣。一九三九年三月，他被發現在提洛爾（Tyrol）附近的庫夫斯坦山（Kufstein）上凍死。宛如偏見一般，「祕密史學家」之間一直對他的死辯論不休；有些人宣稱他被武裝親衛隊殺害，有些傳記作者則堅稱他是發現聖杯的「阿爾戈英雄」之一，卻英勇地藏了起來，好讓希特勒不能濫用聖杯的神奇力量。[54]

蘭恩的作品雖然沒什麼學術分量，卻在納粹想像中建立了庇里牛斯山神聖地景的地位。聖杯與其他奧祕在此等待被發掘。一九三八年十一月，荷蘭納粹史前生物學者阿西恩．波默思（Assien Böhmers）代表武裝親衛隊神祕研究組織——祖先遺產學會（Ahnenerbe）前往庇里牛斯山，調查希姆萊對於雅利安人（Aryan）種族神聖起源的想法。波默思本人並不相信這套理論，卻視此任務為映證自己信念的機會。他認為雅利安種族源自克羅馬儂人（Cro-Magnon），並認為自己已經在鹿角上的薩滿畫作發現其假說的證據。鹿角上的薩滿畫就像阿列日省孟德斯鳩阿旺泰三兄弟岩洞群中發現的「巫師」畫。

希姆萊並不滿意這項發現，他告訴波默思，雅利安人由靈長類演化而來的想法是「對人類的侮辱」，而「庇里牛斯山聖杯」理論，即便在戰爭期間，仍舊持續佔據著納粹的想像。[55]根據加泰隆尼亞作家蒙特賽拉・里柯・貢葛拉（Montserrat Rico Góngora）說法，希姆萊在一九四〇年十月國是訪問造訪巴塞隆納期間，親自前往加泰隆尼亞的聖塔瑪莉亞德蒙特賽拉修道院（Abbey of Santa María de Montserrat），試圖確認這座修院是否就是「庇里牛斯山偉大的蒙特沙瓦特（Montsalvat）城堡」。[56]其他故事則圍繞著奧圖・史柯澤尼（Otto Skorzeny），他曾帶領救援行動解放墨索里尼（Mussolini）。一九四四年，他祕密前往庇里牛斯山，發現不少卡特里寶藏，包含約櫃與聖杯，並將它們藏在史列赫斯冰河（Schleigeis Glacier）之下。另外一則故事中，一九四四年有架飛機載著納粹種族理論家阿弗烈・羅森堡（Alfred Rosenberg）飛往蒙特賽古爾，參加卡特里派覆滅七百週年紀念，並在空中做出巨大的凱爾特十字架圖案致意。

近年來出版的書籍，如丹・布朗（Dan Brown）的《達文西密碼》與麥可・培金（Michael Baigent）、理查・雷伊（Richard Leigh）與亨利・林肯（Henry Lincoln）的一九八〇年代暢銷著作《聖血與聖杯》（*Holy Blood, Holy Grail*），為南法卡特里之地再掀一波類宗教幻想。《聖血與聖杯》還曾被《紐約時報》形容為「大眾野史的偉大作品之一」。兩本書都以蒙特賽古爾附近的雷恩堡（Rennes-le-Château）小鎮神父貝林傑・索尼耶（Bérenger Saunière）所發現的陰謀論為基礎。一八九〇年代，他在鎮上教堂一根中空祭壇柱子裡發現藏於其中的羊皮紙卷。這些文件據說揭露了一個稱為「錫安會」（Priory of Sion）的數百年歷史神祕天主教社團，成立來隱藏抹大拉的馬利亞（Mary Magdalene）曾嫁給耶穌，並在耶穌被釘十字架後逃到法國的歷史。她在法國建立了墨洛溫王朝（Merovingian dynasty），並將基督血脈的聖杯（*san greal*），轉變成墨洛溫的皇家血脈（*sang real*）。

一九九〇年代，這些文件被發現是一位名叫皮耶・普蘭塔（Pierre Plantard）的騙子在一九五六年混進法國國家圖書館中，建立他自己與墨洛溫王朝血緣關係的精心騙局。然而揭露真相並無法阻攔遊客前往雷恩堡。二〇一二年十二月，數百名遊客與記者聚集在東庇里牛斯山腳下的布加哈許村（Bugarach），相信這個世界將於十二月二十一日終結，而布加哈許會是僅存之地。這項預言是來自一則網路故事，宣稱為五千年歷史的馬雅「長紀曆」（Long Count Calendar）的預測。

我們並不清楚，馬雅人為何選擇一個人口僅有兩百的庇里牛斯山安靜村莊作為僅存地點之一，或者他們是否同意俯瞰村莊的布加哈許峰是外星太空船的降落地點；外星人會將剩餘人類擄走。但在狂熱且經常缺乏證據的二十一世紀世界中，這種卡特里派、馬雅、外星人與末日的結合令人難以抗拒，因此布加哈許在二〇一二年冬天發現自己擠滿了遊客。聰明的當地人賣起「末日批薩」與「世界盡頭」舊貨，並以每晚美金一千六百元的價格出租房間。到了十二月二十一日，幾十名記者聚集在布加哈許，沒人看見任何外星飛船降落或離去。世界並未結束，庇里牛斯山再次成為詭祕歷史與偉大陰謀論的寶山，古代歷史在此卻從未被發掘。

# 第九章 失落王國

庇里牛斯山就像直入雲霄的雪松；
人們築巢，就像鳥群，在枝椏間，
沒有爭搶進食的禿鷹能清除他們；
生命著根的每一處山脊
正是壯大巨人的一根枝椏，
這雄偉的生命之幹。

——哈欣特·貝爾達格爾（Jacint Verdaguer, 1845-1902），《卡尼古山》（*Mount Canigó*, 1886）[1]

對卡特里派的著迷，並不限於納粹與神祕陰謀論的愛好者。今日，奧德（Aude）省以「卡特里國度」（Pays Cathare）自許，並以卡特里城堡鄉鎮「充滿溫暖真實的歷史觀光之地」作為認同的一部分。每年，數千名健行者走過「卡特里之路」（Sentier Cathare）沿線的中世紀城堡；這條路線大致與庇里牛斯山脈平行，西起富瓦，東至海岸邊的新港（Port-la-Nouvelle）。法國與加泰隆尼亞有無數的「卡特里假期」帶人走上這條傳說中「卡特里善人」穿越庇里牛斯山，進入西班牙，逃避宗教迫害之路。一間旅行社宣傳卡特里國度健行之旅將穿越「被時光遺忘的傳說之地，偉大的自然之美」。另一間則保證客戶將有機會「探索卡特里異端者之鄉，並解開雷恩堡之謎——丹布朗《達文西密碼》的靈感來源」。還有一家提供「當地美食、香醇的隆格多克葡萄酒及深受地中海文化影響的庇里牛斯山區」，遊客可以盡情「探索卡特里城堡與祕密路線」。

歐洲最殘忍血腥的宗教迫害事件之一，一轉成為美食家、品酒人與休閒健行者的度假地，不僅要歸功於大眾文化與神祕幻想，還有對卡特里悲劇本身的長期浪漫想像。然而重新創造「卡特里國度」不過是歷史與幻想攜手賦予庇里牛斯山獨特地方精神（*genius loci*）的許多方式之一。某個層面上，這不令人意外。對一座經常被描繪成野蠻不適人居的荒野山脈來說，庇里牛斯山實際上充滿了歷史。山脈各地都可以發現數千年人類聚落的實質證據，從史前的巨墓石、瞭望塔、城堡、教堂、山區禮拜堂到中世紀圍牆村鎮、雕像與紀念物等等。然而直到十八、十九世紀前，這些歷史並不被外界重視。在「大發現」之前，庇里牛斯山的過往，也就是當今我們所知道或者記憶的一部分，通常被視為西班牙或法國歷史的附帶。

隨著庇里牛斯山在十九世紀開始成為觀光勝地，情況開始轉變。旅人與觀光客開始將明顯戲劇化或動人的庇里牛斯山過往，納入旅行紀錄或行程之中。因此博學強記的沙賓·巴靈—顧爾德堅持他的庇里牛斯山著作「並非指南，而是對於山脈的入門介紹，給予來訪讀者關於此地的簡明歷史」。其他十九世紀旅人在山脈地景的描述之外，也納入庇里牛斯山歷史的重要地點。

這類參考書就跟當今旅遊指南中的歷史簡介效果差不多，提供一種氛圍，激起知識與趣，也為地景本身添色。然而，將庇里牛斯山（浪漫）過往轉變為觀光景點的同時，這些罐頭歷史也影響了庇里牛斯山如何被穿越山區的人與遠在千里之外的人想像跟理解。有興趣的不僅是觀光客。一如歐洲其他地區的山脈，庇里牛斯山也在十九世紀的西班牙與法國獲得新的重要地位。獨特壯麗的山景成為國家驕傲的來源，也是國家資源與權力之所在、科學探索發現之地、地方與全國文化歷史的地景。實際上，庇里牛斯山成為西法兩國自我想像與定義的方式之一，舊有的「野蠻邊境」意象已經被新的認同所取代，這個認同中，庇里牛斯山有歷史，這部歷史又是構成西法國家歷史的一環。同一時期，庇里牛斯山歷史也開始點燃「國中之國」的民族主義想像，這些國中之國的領土經常延伸進入庇里牛斯山間。

因為庇里牛斯山的歷史不只是西班牙與法國的歷史，更是阿拉貢、加泰隆尼亞、納瓦拉與巴斯克國度的歷史，還是隆格多克與歐西坦、富瓦與土魯斯古國及前貝恩子爵國的歷史。此外還有安道爾「共治公國」、許多特定地點及庇里牛斯山相關的領主、伯爵及子爵領地。這些國家或小國部分屬於歷史學者諾曼・戴維斯（Norman Davies）所稱「半遺忘的歐洲」，部分則幾乎不復記憶。[2]但仍有一些小國提供了候位國家（nations-in-waiting）的文化想像基礎，這些候位國家的領域跨越庇里牛斯山兩側，而且從未真正接受庇里牛斯山的邊界現實。

## 變成行省的國家

民族國家到來之前的完整庇里牛斯山政治史，並非本書所能掌握。這段歷史必須回顧羅馬人征服的凱爾特伊比利部族，法蘭克人及西哥德人的塞普提曼尼亞省（Septimania）。若要完整處理這個主題，這段歷史必得追溯個別庇里牛斯山谷地的政治史，因為統治者經常對此地只有脆弱掌控權，武裝衝突、領土佔領、世系轉換與策略婚姻經常造成盤根錯節的王朝世系、伯爵與領主家系。部分庇里牛斯山的世家貴族，包含富瓦、利巴戈爾薩與索伯哈爾伯（Sobrarbe），當初是法蘭克人在西班牙與摩爾人之間建立的緩衝區，直到十六世紀仍控制數萬人民。這樣的統治者需要花上整本書的篇幅來介紹。

今日，西班牙納瓦拉的「契約社區」（*foral*）是中世紀納瓦拉王國的殘餘。納瓦拉王國一度從西方的巴斯克各省延伸到東方的上艾伯洛河谷，首都定於潘普洛納。桑喬三世大帝（Sancho III "the Great", 994-1035）統治下的納瓦拉盛世中，王國也向北跨過庇里牛斯山伸入法國境內，往南進入西班牙，幾乎接近布爾戈斯（Burgos）。十四世紀末，一名由西向東穿越西屬庇里牛斯山的旅人，一路上將會經過卡斯提爾王室所屬的巴斯克各省，納瓦拉王國殘部及阿拉貢王室控制下的前納瓦拉領地，安道爾共治公國及加泰隆尼亞公國。

在法國側，同樣的旅程則會經過一群五花八門的領地管轄者，從法國王室領土的基恩（Guyenne）開始，穿越蘇勒（Soule）與貝恩子爵領地，畢高爾伯爵、科曼日（Comminges）伯爵、阿馬尼亞克（Armagnac）伯爵及富瓦伯爵領地，最後來到隆格多克（一二二九年鎮壓阿爾比十字軍異端後，部分被法國兼併）及胡西雍伯爵領地（加泰隆尼亞的一部分）。一五一二年，阿拉貢的斐迪南自任納瓦拉國王，入侵這個七百年歷史的王國，將統治者凱瑟琳與胡安三世（Quean Catherine & Jeane d'Albret）往北驅趕到庇里牛斯山隘口之外（*ultra puertos*）的下納瓦拉（Basse-Navarre）小王國。因此展開超過十年的戰爭，直到西班牙納瓦拉在一五二四年為卡斯提爾兼併才告終，只留下貝恩子爵領地與下納瓦拉仍在阿爾布黑家族的控制下。

一五八九年，當納瓦拉的亨利三世（Henry III, 1553-1610）變成法王亨利四世時，納瓦拉王國與法國聯合起來；一六二〇年，兩王國確定統一。到了一六九四年，一幅法國的庇里牛斯山脈地圖將這些領土全部分置於西班牙或法國境內。同一幅地圖也將前加泰隆尼亞的胡西雍領地納入法國國界，承認《庇里牛斯條約》中獲得的領土。其他法屬庇里牛斯山的子爵或伯爵領地接下來也被納入法國大革命後創造的新行政區域劃分。新疆界在十九世紀法國製圖師維克多・勒瓦瑟（Victor Levasseur, 1800-1870）所設計的精采地圖中獲得確認。這幅地圖中既有法國各區域的地圖細節，又添加了歷史地點與相關人物的誘人插圖。

類似過程也在西屬庇里牛斯山展開。一四七九年，卡斯提爾與阿拉貢王室正式合併，此一安排成為西班牙國家開創的基礎，也終結了阿拉貢的自主地位。然而，即便兩王室結合了，阿拉貢人與加泰隆尼亞人仍持續頑強地維護中世紀的自主地位。一七一六年，西班牙繼承權之戰後，波旁國王菲利普五世（Philip V）公布施行《新基本法令》（Nueva Planta decrees）。新令之下，加泰隆尼亞人失去語言與中世紀享有的自由。書面上，十八世紀的西屬庇里牛斯山中，唯一的中世紀獨立殘部只剩下阿蘭山谷與安道爾。直到一八三四年，前者持續享有阿拉貢的詹姆士二世於一三一三年允許的自主地位，讓此地居民免於封建義務，改納小麥年貢。

安道爾共治公國一開始是由八世紀的查理曼大帝頒布章程，作為協助對抗薩拉森人的獎賞，至今仍舊維持在法國與烏爾海爾主教區共治下的半獨立國家。十九世紀末，一趟跨越西屬庇里牛斯山的行程，除了安道爾之外，若不是在文化上，就會在行政上穿越西法兩國。也是從這段時期起，旅人開始探索失落的庇里牛斯山過往，歷史也開始成為觀光景點與想像主題。

## 富瓦領主

這類興趣經常會專注在庇里牛斯山歷史上比較多采多姿而浪漫的面向，反映出當代的消費習慣和對山岳及其住民的想像。雨果注意到巴斯克省分的共和精神，及「深刻的祕密連結，沒什麼能打破（那種）牽絆，不論是外交條約邊界，還是庇里牛斯山自然疆界，每個人都是神祕巴斯克家族的一員」。造訪露德時，詹姆士．厄爾斯金．穆瑞提醒英語世界讀者，回到十四世紀黑王子愛德華以亞基丹王子身分統治西庇里牛斯山的時代，並邀請未來的訪客想像：「當仰慕露德城堡絕佳的地理位置及附近優美的景色時，可別忘了城堡塔樓上一度飄著英格蘭旗幟，就連法國菁英也無法拔下。」[3]

在《舊納瓦拉與巴斯克省分的城堡宮殿》（*Castles and Chateaux of Old Navarre and the Basque Provinces*, 1907）一書中，美國作家法蘭西斯．米爾頓（Francis Miltoun）告訴讀者，他將超越舊法國省分的「地理與地形界線」，建立一個「散發歷史與浪漫光芒」的「想像熱點」。[4]許多旅人追尋這種傳統，因此部分名字與地點在書寫中不斷重複出現。前往科特黑的訪客，少有人能抗拒誘惑，不去描述納瓦拉女王安古蘭的瑪格麗特（Marguerite of

Angoulême, 1492-1549）的野餐。據說這場野餐中，她與朝臣創作出《七日談》（*Heptaméron*）——薄迦丘《十日談》的法國版。

前往歐代茲與富瓦的訪客無一倖免也都會描述此地最知名的領主，富瓦伯爵與貝恩子爵加斯東三世（Gaston III, 1331-1391）生平。以加斯東・菲比斯（Gaston Phoebus）之名廣為人知，公認是庇里牛斯山史上最知名的「浪漫」人物。菲比斯生於貝恩，此地在十三世紀末才剛成為富瓦伯爵領地的一部分，他深受庇里牛斯山谷地與貝恩山區氏族的獨立傳統所影響，也以家族座右銘「有膽你碰我」（Toquey si gauses）作為準則。菲比斯經常以這種帶刺的防衛態度對待外來者。百年戰爭時，他雖代表富瓦向腓力四世宣誓效忠，卻不願代表貝恩宣誓，理由是「我的伯爵領主此刻正在他的貝恩領地，此領地為神所賜予，不是來自於世上任何人，因此除了他心所悅外，並無負其他」。菲比斯與勝利的金雀花王朝及阿拉貢王國也保持同樣遙遠的距離。[5]

身為一名英勇戰士與收穫豐碩的獵人，他參加過無數戰役，對抗不同敵人，包含英國人、死敵阿馬尼亞克伯爵及普魯士異教徒。自信、自尊心強的菲比斯給自己取了加斯東・菲比斯這個名字，是因為他的金髮與俊俏容貌；除了戰爭殺戮之外，他還富有文雅情調。能說三種語言與數種當地方言，作詩寫書，包含一本名為《狩獵之書》（*Le livre de chasse*）的附圖狩獵指南，其中有一幅菲比斯本人身著亮麗金線紫袍的精采插圖。他在富瓦城堡中的圖書室藏書豐富，包含阿拉伯文學、哲學、數學與醫學作品的翻譯；他的朝廷也以奢華娛樂及因此前來的詩人、音樂家及南法吟遊詩人而聞名。

菲比斯也容易陷入狂怒與偏執。他曾將自己的堂兄弟捅死，更囚禁且很快殺害了獨子與繼承人，因為他認定後者試圖毒殺自己。一三八八年，編年史家尚．弗瓦薩爾前往歐代茲拜訪菲比斯，很快就被他迷住。「我一輩子看過許多國王、王子與騎士，」弗瓦薩爾寫道，「但從未遇過如此英俊且教養良好之人，體格健美，臉龐迷人。」[6] 弗瓦薩爾參加午夜開始的晚宴，賓客被號角聲邀請進入菲比斯的城堡，享受一場「室內馬戲團」的娛樂——裝在城堡造型內的點心，神祕野獸、寓言人物及各種雜耍、跳舞熊、摔角比賽、力士與吟遊詩人，還包含菲比斯本人。

弗瓦薩爾的描寫造就了「庇里牛斯山之主」的名聲，更持續吸引訪客前來這座俯視中世紀富瓦城的高聳城堡。此地是菲比斯朝廷的駐地之一。菲比斯在法國歷史中的地位，主要來自他能在法國、阿拉貢競爭的邊境上維持獨立的能力，同時成功開創了法國歷史學家皮耶．圖科—夏拉（Pierre Tucoo-Chala）曾說的「從富瓦到歐代茲的單一偉大庇里牛斯山國家」。[7] 豐富的性格，與中世紀騎士及南法吟遊詩人文化的關聯，也讓他必然成為十九世紀庇里牛斯山旅行寫作的參照。露易莎．史都華．柯斯代羅向這位「偉大的富瓦伯爵」致敬，穆瑞則哀嘆他的富瓦城堡已經從「王室權柄及領主奢華的居所」轉變成「負債者監獄」。[8]

另一位十九世紀旅行文學中不可或缺的歷史人物，是法國的亨利四世（1553-1610），他是所有法王中最受歡迎的一位。亨利也是貝恩／納瓦拉獨立傳統的產物。母親是不苟言笑的胡格諾派忠實信徒珍·德·阿爾布黑（1528-1572），納瓦拉的統治女王。他在波城出生，卻跟農民僕役的小孩一起長大；他在此地習得的粗糙簡陋禮儀，後來招致法國宮廷嘲弄。童年與青少年時期，母親施以嚴厲教養方式，包含經常打罵、粗糙食物及無畏風雨攀爬高山，以堅定體能心智。一度，阿爾布黑派年輕的亨利在暴風雨中進山，才不須面對她安排的決鬥。

一如菲比斯，亨利也熱愛狩獵，

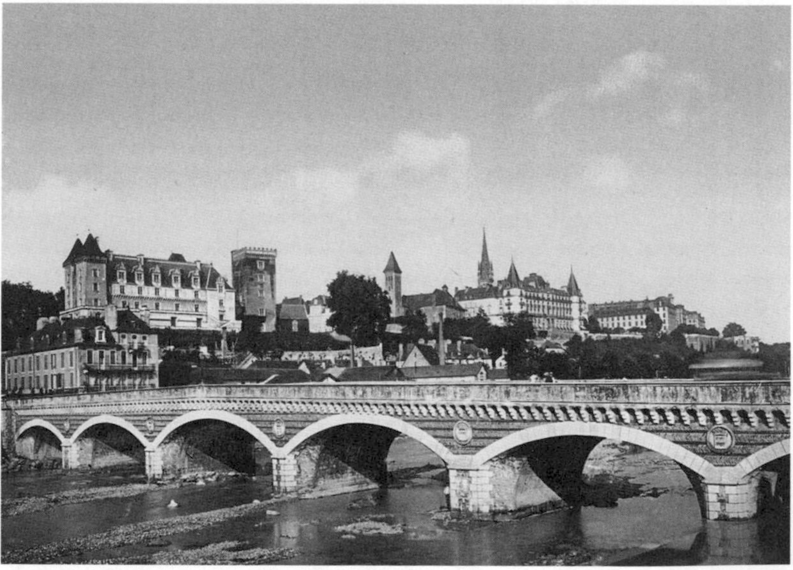

沉浸在歷史中的風景：波城的一隅，背景是亨利四世（Henry IV）的城堡。照片年代大概是1890-1900年代。（國會圖書館）

特別喜歡獵熊。雖然在宗教戰爭中，他以納瓦拉王的身分為胡格諾派英勇無情地戰鬥，但比起他母親，亨利更為寬容可親，喜愛美食、美女與網球。雖然他在一五八九年轉宗天主教以換取法國王冠，不過他在宗教戰爭中的經驗，以及身為邊陲庇里牛斯山國家的獨立統治者身分，讓他有足夠的獨立思考，在一五九八年簽下《南特詔書》（Edict of Nantes），讓法國的思想自由首度合法化。法國宮廷視他為毫無教養的痞子，他卻從未失去庇里牛斯山根源。他經常要求從出生地貝恩送來葡萄、無花果，甚至鴨子；更廣為周知地承諾每位農人在週日都能「盤中有雞」——無疑是因為從童年起就跟農民建立了熟識的關係。

許多十九世紀旅客穿越庇里牛斯山時，都會帶本弗瓦薩爾的中世紀史，或《羅蘭之歌》，並經常在描述眼前所見時引述或參考。喬治安娜・查特頓女士造訪隆塞斯瓦耶斯隘口時，想像羅蘭的「英勇行列蜿蜒穿越那些浪漫峽谷窄道，想起描述戰役的詩歌傳說」，接著引述詩句。[9]「亨利與蘇利的鬼魂（蘇利公爵麥西米連・德・貝敦〔Maximilien de Béthune〕，也是亨利四世的非正式首相）據說有時仍在壁壘間散步。」一八四四年，露易莎・史都華・柯斯代羅前往亨利四世的波城城堡時寫下：「大家堅定相信，珍女王曾將天主教犯人扔進大蓄水池裡，可以看到無數傷者鬼魂在池邊徘徊。」[10]

對菲比斯、亨利四世這類男性，或安古蘭的瑪格麗特這類女性的歷史想像，並非只是因為他們的性格或成就。這些統治者也展現出對中央權威的獨立叛逆性格，許多外人認為這是庇里牛斯山民的特色，深具魅力且鼓舞人心。「每個谷地都是與隔鄰世界不同的小宇宙，就像水星與天王星的差異，」一八三七年法國經濟學者米歇・謝瓦利耶（Michel Chevalier）訪問東庇里牛斯山與安道爾時寫下，「每個村莊都是一個氏族，某種擁有自己愛國主義的國家。每一步都有不同人種性格，不同意見、偏見與習俗。」[11]亨利・史溫本則說：「加泰隆尼亞人的暴力精神，對自由的狂熱激情，經常讓國家成為內戰與流血衝突的場域。」[12]米歇雷則盛讚「兩股衝動精神——巴斯克與加泰隆尼亞」是庇里牛斯山的兩個極端的「衛士」，「明確適當地引領陌生人進入唐吉訶德的國度。」[13]也有人視庇里牛斯山為某種活生生的前現代博物館，在這裡，人們看見並喜愛個別王國統治者身上的獨立精神，神奇地被整個社區保留下來。

## 庇里牛斯烏托邦

這些想法經常匯聚到庇里牛斯山的安道爾「微型共和國」身上。一系列書籍文章，如《庇里牛斯山的共和國》（*The Republic of the Pyrenees*, 1869）、《隱藏的共和國安道爾》（*Andorra, the Hidden Republic*, 1912）及〈安道爾：庇里牛斯山的共和國〉（Andorra: The Republic of the Pyrenees, 1895），顯示出十九世紀後半及二十世紀初對這個自主的庇里牛斯山共治公國的好奇想像。安道爾的微妙地位可追溯至八世紀查理曼遠征摩爾人時，今日安道爾國歌〈偉大的查理曼〉（El gran Carlemany）仍舊唱誦此一事件。歌中讚美「查理曼大帝，我父／由薩拉森人手中解放我」。一二八七年，富瓦伯爵羅傑—貝納三世（Roger-Bernard III）與烏爾海爾主教簽訂名為《共治》（Pariatges）的憲政安排，免除安道爾人的封建義務，以每兩年向富瓦伯爵及烏爾海爾主教納貢作交換。

雖然富瓦——後來則是法國——與烏爾海爾主教透過代表（*viguiers*）共治這個公國，安道爾實際上是由六個教區選出的成員組成議會自治的。這個小國沒有警力或軍隊，只有從各家戶抽出六百人組成常備民兵，家家戶戶都有義務維持一把毛瑟槍、一磅火藥、二十四顆子彈及火藥紙，隨時待命。出動機會並不常見。直到一九一四年連結拉瑟烏海爾鎮的道路落成前，從法西兩國只能經由馬徑驢道進入安道爾。領土總共只有一百五十平方英哩（三百八十八平方公里）；直到十九世紀末，全國只有三千多居民。

這個偏遠山區共和國的存在卻令許多外人頗感興趣。當夏洛特・柏金斯・吉爾曼（Charlotte Perkins Gilman）的女性主義烏托邦小說《她鄉》（*Herland*, 1915）中的男性角色之一暗示同伴搜尋人跡未至的女性天堂可能是徒勞無功之舉時，凡戴克・「凡」・珍寧斯（Vandyck "Van" Jennings）則回應：「那個庇里牛斯山某處的古老共和國安道爾呢？很少人知道這個國家，但它已經自給自足一千年了。」

十九世紀，許多旅人造訪共治公國，並將它形容為完全不同的失落山區烏托邦。對穆瑞來說，安道爾是「現存最古老的自由共和國」，居民「比最純粹的義大利共和國享有更真實且實質的自由」。[14]半個多世紀後，哈洛德·史班德與同伴在安道爾首都安道爾城（Andorra la Vella）會見前總統法蘭西斯可·杜蘭（Francesco Duran），花了幾個小時詢問他共和國組織與憲法。對話結束時，史班德「感到相當滿意，歐洲仍有這樣一個國家，財富力量的影響甚微，而簡單生活尚未被『現代生活』汙染」。[15]

對於法國近日阻擋將萊賽斯卡爾德（Les Escaldes）溫泉鄉轉變成「結合溫泉與賭博的中心——第二個摩納哥」的提案，史班德感到非常欣喜（雖然烏爾海爾主教支持此案），「因為並無須將賭博地獄送進這個恬靜田園國家的中心」。其他旅人也附和安道爾的共和香格里拉形象，神奇地並未遭到現代世界改變。美國旅人特別受到安道爾的共和價值觸動。在《庇里牛斯山的共和國》書中，美國詩人與外交官巴雅德·泰勒（Bayard Taylor）描述這個共治公國是個「陌生人的安全方舟，對居民來說則是不可侵犯的自由之家」。泰勒寫下他對這個長期追尋的山岳共和國的第一印象，「那一天清澄晴朗；庇里牛斯山的微風吹走山中殘留的霧氣，但柔軟朦朧中我看見想像織就的一切。」[16]

其他旅人也透過類似面紗來看這個共治公國。在《隱藏的共和國安道爾》中，另一名美國人路易斯·蓋斯頓·李瑞（Louis Gaston Leary）——新教牧師暨貝魯特美國學校教師——

描述他看到這個念想多年的國家之第一眼：「金色光芒從籠罩山區壁壘的黑色暴風雲層中破隙而出，映照在這個歐洲最奇妙、最不為人知的國家——隱藏的安道爾共和國。」對李瑞來說，即便在赤貧與土地被貴族把持的政府下，安道爾居民仍是「世界上最自由的人」。李瑞認為，甚至許多旅人都注意到安道爾人「難以撼動的沉默寡言」也是獨立傳統的驕傲產物。「你會覺得他們不擅表達，並非因為粗野無禮，而是在貧困文盲之下，他們有著紳士的直覺。」[17]

但也並非所有旅人都喜愛安道爾不合時宜的純樸魅力。對英國旅人維克多・史考特・歐康諾（Victor Scott O'Connor）來說，安道爾人「被自己的獨立精神、對這塊土地的熱愛給救贖了；否則他們實在毫無魅力……他們一事無成，沒有歷史，缺乏偉大回憶，也欠缺明媚風光，十個世紀裡他們只移動了寸步。這樣的獨立有何利益？這不是恬靜農村，希臘與光的子民，只是處於原始狀態的粗魯加泰隆尼亞人」。[18]

其他追尋庇里牛斯山烏托邦的人，也為自己的慾望，找到更不可思議的對象：法屬拉渾那區的古斯特（Goust）小村落。位於三千兩百六十四英呎（九百九十五公尺）的山間台地，在奧索山谷南緣不到一平方英哩（二點五平方公里）的區域內，古斯特有八到十戶人家，人口很少超過一百。許多人在此長久居住。在古斯特台地上，百歲人瑞是常態，一位生於一四四二年的人聲稱在一六〇五年去世前，曾獲得亨利四世給予的養老金。古斯特的共和地位宣示總是朦朧不清，無法確認它是否真的正式成為共和國。無論如何，一八四八年《錢伯斯愛丁堡週報》一篇文章描述這個「不知名共和國」是個「小小的神話綠洲，屬於天上而非人間」，由十二位睿智族長組成政府，與下方世界相比，少了裝腔作勢、炫耀賣弄與假仁假義。[19]

在歐洲正受革命摧殘的年代，作者在古斯特發現「個人、社會與地域幾近絕對的平衡」，更是「民主國家極簡極純的表現」。此地做為大陸其他區域模範的唯一缺點，是社會組織狹窄的一致性，亦即「在此個人不存在，團體才是一切」。其他旅人也將古斯特描寫為古代共和價值的保存地。一八九〇年，艾德溫．阿薩．迪克斯造訪他口中的「獨特聚落，孤立，無視時光演進與新的道路，『迷失在雲中的自然之子』」。爬上通往台地的陡峭步道，發現一小群農村婦女在「八間老掉牙的灰石小屋」外，迪克斯與同伴脫下帽子解釋：「我們從美國前來這個聚落，對方願意提供的任何接待，將被我國視為正式往來。」[20]

迪克斯的口齒雖然不太靈光，但他真心被古斯特共和國的平等特質與居民所感動。他形容這群居民「誠心地開墾豐足這一個小地方，如樹不動般生活」。一八九四年一篇關於「針眼共和國」的專題報導中，美國《民主標準報》（Democratic Standard）記者造訪古斯特，觀察到「自十七世紀以降，人口鮮有變化……居民長壽健康，擔任牧羊人或織者，看似樂天知命，對財富權力毫無野心」。記者驚訝發現此地既無教堂也無墓地，因此「山岳小共和國居民」必須建造一條滑坡道，「將重物與死屍滑送下方墓地」。事實上，古斯特並非看起來的遺世獨立。居民經常下山到附近谷地販售羊毛、尋找男女配偶、參加彌撒、結婚與讓孩子受洗。然而這種庇里牛斯山「迷你共和國」的概念，透過孤立來維持古代價值，對部分訪客及永遠不會造訪此地的遠方讀者來說，遠比現實更有魅力。

## 候位國家

華特．基希納（Walther Kirchner）在他歷史名著中注意到，關於山岳文化的態度，歐洲有一股「新的民族精神」在拿破崙戰後興起。「音樂、文學、藝術與多數政治領域中」瀰漫著一股「更積極排外的風格」。這股發展也進入「山岳的世界，並很快成為民族主義特別有興趣的場域相互競爭」。[21]在基希納的想法中，這種競爭主要透過征服山巔來展現，並視為個人登山者與國家的勇氣、大膽與肢體力量的象徵。

相較阿爾卑斯山與喜馬拉雅山，這類民族奮鬥的試驗在庇里牛斯山並不常見；然而庇里牛斯山在十九世紀民族主義的想像中，確實提供了另一種啟發。納瓦拉崛起，成為卡洛斯派戰爭中卡洛斯派支持者的據點，部分跟中世紀自由（*fueros*）受到西班牙政府威脅有關。這種中世紀自由賦予納瓦拉「契約社群」地位的基礎，在數世紀以來維持自治的庇里牛斯山谷地中特別受到重視。納瓦拉的中世紀過往也成為現代巴斯克民族主義的參照點。

對多數軍事史學生來說，納瓦拉的瑪雅隘口是因為一八一三年蘇爾特元帥對威靈頓軍發動攻擊而聞名。但對多數巴斯克人來說，這處隘口與另一場發生在一五二二年的戰役有關。當時在瑪雅村（巴斯克語稱為阿邁烏爾〔Amaiur〕）上方的城堡內，兩百名納瓦拉騎士對抗七千名卡斯提爾士兵。這場戰鬥持續大半個月，直到他們終於投降。瑪雅城堡陷落終結了阿爾布黑王朝與法國盟友試圖從卡斯提爾王室手中收復納瓦拉失土的企圖，同時更讓卡斯提爾軍隊暫時佔領下納瓦拉多數區域，摧毀城堡，以免再被利用。

今日，瑪雅城堡正在進行修復。城垛堡壘的殘跡中，晚近時期立了一柱方尖石碑，以西文致敬：「致為了納瓦拉獨立而戰的瑪雅城堡眾人：永恆之光」。對巴斯克民族主義者而言，十一世紀的納瓦拉王國，是歷史上第一次，也是唯一一次，統一了七個巴斯克領地。這段歷史啟發了一九二二年建的紀念碑，後續在一九三一年遭西班牙民族主義者炸毀，當時納瓦拉與巴斯克各省正在辯論一條西班牙共和國之下的區域自主法令。直到一九八二年，紀念碑才又重建，今日仍舊是巴斯克與納瓦拉的政治地標，甚至在二〇一一年時，巴斯克左派——民族主義選舉聯盟還將之取名為「阿邁烏爾」。

其他候位國家也有自己的庇里牛斯山紀念地。加泰隆尼亞小城拉瑟烏海爾鎮中，由荷賽普·摩拉古埃斯將軍的長髮銅製胸像，向加泰隆尼亞捍衛民族認同的「被遺忘英雄們」致敬。在西班牙王位繼承權戰爭中，這位卡斯戴爾城保衛者於一七一五年遭到巴塞隆納波旁軍五馬分屍。每年的九月十一日，當地人在此聚集，紀念加泰隆尼亞日。對許多歐西坦民族主義者來說，卡特里派的蒙特賽古爾城堡，仍舊是反抗象徵，以對抗西蒙·德·孟福爾（Simon de Montfort）領導的「外國入侵勢力」法軍。這場勝利則為兼併隆格多克開路。反教權詩人與歷史學者拿破崙·佩哈（Napoléon Peyrat, 1809-1881）曾形容蒙特賽古爾為「艾賽尼派①的錫安，庇里牛斯山的柏拉圖式德爾菲神殿，約翰奈特教會②的羅馬，亞基丹中受到譴責的不馴之地」。22

庇里牛斯山在這些候位國家的民族想像中所扮演的角色，並不僅限於回憶與紀念場址。

① 譯註：Essenian，活躍在公元前二世紀到公元一世紀的猶太教派，艾賽尼人分布在各大城市，過著集體生活，推崇禁慾主義、安貧樂道、每日清潔。與當時許多相關教派共享類似的神秘主義、末世來世、彌賽亞觀和禁慾苦修。

② 譯註：Johannite Church，全名為原始基督徒的約翰奈特教會，是由法國神父伯納德—雷蒙德·法布里·帕拉普拉特（Bernard-Raymond Fabré-Palaprat）於一八〇四年創立的靈智派教會。宣稱延續基督教初期，以施洗者約翰、使徒約翰與約翰相關經典為主的原始約翰派教會。

從葛利格③的音樂到洛磯山脈（Rocky Mountain）畫家，山脈地景經常出現在十九世紀的民族文化想像中。類似過程也伴隨著十九世紀巴斯克、加泰隆尼亞與歐西坦人的新民族意識發展。歐西坦民族主義者及語言復興者有時會引述加斯東．菲比斯為靈感。歐西坦詩人菲德希克．密斯特哈爾（Frédéric Mistral）在其編纂的南法方言大辭典中，將自己比為「思想上的牧羊人」，「攀上高峰山坡……疊起紀念國家的石塊，並為度夏的牧地標上記號。」[23]

巴斯克作曲家荷西．瑪麗亞．烏桑迪札加（José María Usandizaga）將他以巴斯克語創作的一九一〇年歌劇命名為《山峰高處》（Mendi mendiyan）。加泰隆尼亞作曲家菲力普．培德雷爾．沙巴泰（Felip Pedrell Sabaté）的歌劇《庇里牛斯山》（Els Pirineus）中，「山岳的歌隊」邀請觀眾「來看庇里牛斯山……如我所見，光榮的大教堂，堡壘與城堡，論壇與殿堂，一切偉大事物的聖骨匣，一切光榮者的避身地，光燦榮耀，每位思想者與所有放逐者的天堂，所有自由與學派的保護之地」。[24]對於視加泰隆尼亞為西班牙國家禁臠的十九世紀加泰隆尼亞觀眾來說，巴拉蓋爾神父所指的卡特里人迫害中，不難發現當代處境的回響。

十九世紀加泰隆尼亞人的「戶外行動者」運動中，庇里牛斯山是個重要關鍵。加泰隆尼亞科學戶外行動協會（Associació Catalanista d'Excursions Científiques）在一八九〇年改組為加泰隆尼亞戶外活動者中心（Catalan Excursionist Centre，簡稱CEC）。對CEC來說，「戶外活動」從來就不僅限於健行與活動，實際上知識與美學的發掘更結合了強大的民族主義與愛國主義傾向。ＣＥＣ鼓勵會員探訪加泰隆尼亞鄉村，並且「全面性分析理解加泰隆尼亞的民族性格與哲學」，如一名會員所說。

對投稿ＣＥＣ期刊《加泰隆尼亞戶外活動者中心會刊》（Butlletí del Centre Excursionista de Catalunya）的戶外行動者來說，健行是發現或再發現我們土地（*nostra terra*）的過程。這過程中，歷史、文學、民俗與羅馬式教堂跟岩石植物的研究，同樣重要。如同羅伯特・休斯（Robert Hughes）曾寫道：「回饋不僅是知識，更是某種歷史人的狂喜，對於過往佚失文化的狂想。」[25]藝術家聖迪亞哥・魯西紐（Santiago Rusiñol）於一八八〇年步行穿越特爾谷地（Ter Valley）前往利波爾聖塔瑪麗亞本篤修道院時也同樣說出：「利波爾！我們聽到你的聖名迴盪在山間時，心中盈溢甜美想像與美好回憶！當我們聽到這名時，真正加泰隆尼亞人的心臟激烈跳動！終於，我們來到你面前，中世紀的珠寶！我們很快將進入你的樸素修院！我們將呼吸千萬名本篤派修士曾呼吸的空氣……我們正進入一塊夢想過上千次的未知之地。」[26]

一九〇八年，ＣＥＣ成立了山岳運動部門，部分是為了減少會員的焦慮：「避免我們的

③譯註：愛德華・哈蓋魯普・葛利格（Edvard Hagerup Grieg），一八四三至一九〇七。挪威作曲家，浪漫主義音樂時期的重要作曲家之一。具有民族主義、愛國主義思想傾向，作品大多以風俗生活、北歐民間傳說、文學著作或自然景物為題材，具有鮮明的民族風格，是挪威民族樂派的人物。

戶外運動變成一種休閒娛樂，賦予其真正的運動性格。」[27]雖然新的部門推廣滑雪、雪橇等山岳運動，這類活動的重要性總是比不上探索加泰隆尼亞過往的肢體、情感與知識行程。這些渴望無疑地以庇里牛斯山為重心，勝過其他任何山脈。

## 聖山

將庇里牛斯山帶進民族主義想像中，沒有人比加泰隆尼亞「桂冠詩人」哈欣特．貝爾達格爾神父更用力。貝爾達格爾曾是天主教神父，卻因與教會關係惡劣，遭逐出教會。他寫散文及詩，是十九世紀加泰隆尼亞文藝復興運動（Renaixença）的中流砥柱，可說以一己之力在數世紀的忽視之後，復興活化了加泰隆尼亞語言。貝爾達格爾也是熱情的戶外運動者兼庇里牛斯山學者，他的名聲主要來自兩篇史詩：《大西洋》（L'Atlàntida, 1877）及《卡尼古山》。兩部作品都以庇里牛斯山為背景，甚至是主角。

一八七九年，他在普拉特—德莫洛溫泉進行醫療時，第一次走進庇里牛斯山。一八八七年至九四年間，他多次在佛斯卡山谷（Vall Fosca）、阿蘭山谷、孔弗隆谷地與庇里牛斯山的其他區域獨自健行。背包中帶著筆記本，對旅程中收集的地景、河流、羅盤方位與民俗文化，留下細膩的描述。貝爾達格爾的詩文與旅行書寫，經常對加泰隆尼亞失落的中世紀榮光發出痛苦哀嘆，並在庇里牛斯山旅行中找到靈光與低潮。

他爬過無數高峰，包含阿內托峰、埃斯塔特峰（Pica d'Estats）與馬拉德塔峰。但與他關係最密切的是卡尼古山。這座山峰是加泰隆尼亞庇里牛斯山中最知名的一座，並成為史詩作品《卡尼古：再征服時代以來的庇里牛斯山傳說》（Canigó: llegenda pirenaica del temps de la reconquista）的主角。庇里牛斯山所有山峰中，卡尼古山特別適合成為文學學者李察・托倫茲（Ricard Torrents）所稱的「加泰隆尼亞人根本詩歌」的主角。高達九千一百三十四英呎（兩千七百八十五公尺）的卡尼古山，位於今日法國胡西雍省，長久以來便是加泰隆尼亞人的「聖山」，也是加泰隆尼亞本身的象徵。每年夏天的六月二十三日，數百人會從山頂持火炬下山，跨越加泰隆尼亞，為聖約翰節點燃篝火。

卡尼古山的神話部分來自其地理位置，俯視著歷史上屬於加泰隆尼亞領地的胡西雍，在平原上以彎曲扇形拔地而起，似乎四面八方都可以看到這座山峰。晴朗的日子裡，甚至可以遠眺巴塞隆納。貝爾達格爾無數次攀登卡尼古山，這些攀登經驗反映在《卡尼古山》詩句中四處可見的細膩地景描述。四千三百七十八行詩句描述一則悲劇故事，十一世紀加泰隆尼亞一位名叫漢提爾（Gentil）的貴族愛上精靈女王佛羅黛奴（Flordeneu），女王在卡尼古山坡上對他下了咒語，讓他無法接受徵召，對抗入侵的薩拉森人。敘事詩中，貝爾達格爾以加泰隆尼亞歷史上的真實地點、人名與事件，結合了傳說、神話、民間故事與對庇里牛斯山的詩意讚美，特別是卡尼古山。「卡尼古山是一株巨大的木蘭花樹／在庇里牛斯山間盛放／蜜蜂如精靈般梭遊／蝴蝶、翔鷹與天鵝／花蕚則展成崎嶇山崖／冬日銀白盛夏金黃／星辰也一掬芬芳的盛杯」。

二〇一五年八月，我跟巴塞隆納的老朋友安德魯一起首度攀登這座聖山。安德魯是個彪形大漢，但有段時間沒認真爬山，也從未攀過卡尼古山。他還有氣喘，因此我們兩人都不確定能否登頂。但安德魯是個熱情的加泰隆尼亞主義者，過去五年都身處最新一波加泰隆尼亞獨立運動的核心。加泰隆尼亞即將到來的區域選舉更強化了他的登峰決心；他希望新的基進─民族主義聯盟能夠擊退馬德里拒絕讓加泰隆尼亞舉行獨立公投的決定。

選舉前兩天，我們在維內─勒─班恩會合。次晨，在這個曾因吉卜林而聲名大噪的溫泉鄉，我們走上多數門窗緊閉的淡季街道。比起從遠方眺望，維內看到的卡尼古山沒那麼壯觀。延伸的山脊突出在布滿岩石的光禿中空峭壁之上，頂峰並不清晰；無數小山脊向頂峰匯聚，猶如自然扶壁，強化了山岳本身的扇形。不到半小時，當我們蜿蜒向上穿越一片濃密松杉林後，眼前景象為之一變。

我們走了兩個小時後，卡尼古山再次出現，我們可以看到維內─勒─班恩與其他村莊城鎮在下方明亮的日光中閃爍。整個早上，我們多數時間走在陰影下，土路轉成岩石，短暫走上山脊、山岬與峭壁邊緣，又再返回森林之中。路上無風、流水或鳥鳴，只有我們的聲音與腳步劃破寂靜。安德魯慢慢走，經常停下來休息或拍照，因此有時我持續前行。當我停下來等待時，他的草帽與印著「就在此刻」（Ara es l'hora）的紅色上衣就會出現，踩著慣常的緩慢穩定腳步。中午時分，我們開始離開森林，在無敵晴空的陽光下氣喘吁吁上行，或在狹窄橫徑與開放山路間找路。左側是驚人的孔弗隆谷地與地中海景色，右側則是庇里牛斯山的高峰。

下午時分，我們抵達岔路口，一條通往山頂，另一條則前往波塔列山屋。我們已經決定隔天再攻頂，因此往下經過湖邊沼澤地，這裡是培德羅三世曾宣稱看到龍的地方。我們跟來自巴塞隆納的七十五歲加泰隆尼亞人侯安併桌；他說自己跟二十六歲的女兒安娜一起來爬卡尼古山，是為了星期天的選舉，祈求加泰隆尼亞好運。晚餐桌上充滿了政治、公投與獨立的激辯，因此我們很早就上床休息。隔天黎明即起，下方佩皮尼昂方向的海岸線天空正開始轉紅。

早餐過後，我們返回岔路口，在通往頂峰的崎嶇山脊上，路過的登山客講著各式各樣語言：法語、英語、西語及加泰隆尼亞語。沿路上，我發現侯安跟兩位來自佩皮尼昂的「北方加泰隆尼亞人」聊天。「我們想脫離西班牙這坨屎，」他說，「我不是說西班牙人，我說的是西班牙。」兩名法國人禮貌點點頭，但我感覺他們並不完全同意。當我談起當天早上出現在卡尼古山的不同國籍人士，其中一人臉色一亮，並說：「我們都是兄弟！」至少那天早上在山裡，我們確實如此。我們走了約一小時後，抵達一排狹窄的尖銳岩石，從山脊通往頂峰。我跳上一小塊方尖石碑，上面刻著加泰隆尼亞歌手路易斯．拉克（Lluís Llach）的名言，與貝爾達格爾的詩句。

雖然太陽已經高升，氣溫仍低到我幾乎感覺不到自己的手，坐下來看著眼前景象，風勢與狹窄的頂峰令我感到不安。下方的東面是一片卡其色、棕色與沙色的閃耀平原，點綴著幾塊白色城鎮，延伸至閃亮海洋。面向西方，在升著加泰隆尼亞旗幟的金屬十字架外，庇里牛斯山的崎嶇壯麗向外延伸。侯安、他的女兒與部分加泰隆尼亞人身披旗幟在此地拍照。

幾分鐘後，安德魯以他樹懶般的速度攀過岩石抵達頂峰，拿出他特地為了此刻準備，稱為「星旗」（Estelada）的非正式加泰隆尼亞分離主義旗幟。當他擺姿勢拍照並傳回當地議會（asamblea）時，我坐著發抖。從頂峰下來讓我鬆了一口氣，終於能再次感受到陽光暖意。侯安稱此為「加泰隆尼亞的神話之山」，安德魯、侯安與安娜都對這趟政治朝聖之旅興奮不已；他們對於次日選舉中即將浮現的獨立派聯盟相當樂觀。這趟朝聖之旅雖然沒有明顯的宗教意味，但卡尼古的「神話」地位至少部分也跟那位憂鬱神父多次攀登有關。國家取得政治形式之前，必須先被想像出來，透過語言、歷史、領土、地景與傳統。貝爾達格爾提醒了加泰隆尼亞人，他們曾經的、可能的樣貌，一如他也邀請同胞共同想像，這座他稱為「西班牙的巨人／屬於西班牙及加泰隆尼亞」的高山。

# 第四部：世界之上的家園

庇里牛斯山
是我心所愛，
幸運小屋，
總令我欣喜。
無處比我家鄉更加美麗，
無人比我友人更加甜蜜。
喔，山上的人們
一起歌唱
為我家鄉的和平與前途。
停，停，停在那
山人們正在那。

——阿弗列．羅蘭（Alfred Roland），〈庇里牛斯山之歌〉（Tyrolienne des Pyrénées）

# 第十章　山民

我們很快就碰到兩位山民跟我們打招呼，英俊健碩；雖然光腳走路，卻帶著庇里牛斯山當地人特有的優雅敏捷。帽上優雅裝飾著山區野花，身上散發的探險氣味令我十分興奮。

——哈蒙德・德・卡邦尼耶荷，《庇里牛斯山之旅》（*Travels in the Pyrenees*, 1813）[1]

歷史中，庇里牛斯山民經常受到外界不同眼光的想像，隨著對庇里牛斯山的態度一同改變。史特拉博語帶貶意地寫到阿斯圖里亞斯、坎特布連及庇里牛斯山蠻族的「粗俗野蠻」行為，例如睡在地上、吃山羊肉並「像女人一樣」蓄留長髮。這些伊比利山民喜歡運動，例如拳擊、跑步與武術；他們喝啤酒而非葡萄酒，隨著笛子與號角的音樂起舞，「以低姿上下蹲跳」。[2]史特拉博寫作的時代，山岳在古希臘羅馬人的想像中，通常與原始蠻族有關。然而，在庇里牛斯山基督教化、並納入聖地牙哥德孔波斯特拉朝聖之路後，此地居民仍被認為是非我族類。

《加里斯都抄本》形容巴斯克人為「勇猛族群；他們居住的土地是一片野蠻森林」。[3]《加里斯都抄本》對於納瓦拉人的描述更嚴厲，他們被公認為「墮落、背信棄義、不忠腐敗、貪婪、酗酒、各種暴力、勇猛野蠻、厚顏無恥、無信無文、殘酷好辯，幾無美德可言，長於一切邪惡不公之事」。[4]這些邪惡行徑似乎還包括了與動物進行「不倫通姦」，並據說導致納瓦拉人在驢馬後方加鎖，保護他們的獨享權利。這種不實際的可笑預防措施當然只存在作者個人的幻想之中。

十八世紀以降，對於庇里牛斯山民的形象描寫則漸趨正面。安娜·瑪麗亞·波特（Anna Maria Porter）的浪漫小說《白岩：或庇里牛斯山獵人》（*Roche-Blanche; or, The Hunters of the Pyrenees*, 1822）中的英國男主角克拉倫斯·威洛比在貝恩長大，透過與「熱愛身體行動且精神愉悅的庇里牛斯山居民」互動，發展出敏捷與力量。一八四〇年，旅人記者亨利·大衛·英格利斯寫道：「我從未在庇里牛斯山民身上看見瑞士人令人困擾的罪惡——貪婪。山民與陌生人的接觸太過有限，因此未能澆熄他們自然的正義、慈善與慷慨……庇里牛斯山很少見到任何形式的犯罪；偷竊少見，謀殺更是前所未聞。」[5]

法國製圖家艾瑪爾・達爾洛・德・聖索德（Aymar d'Arlot de Saint-Saud, 1853-1951），無數次進入西屬庇里牛斯山進行繪測，經常稱讚協助他的山民眼光敏銳，充滿求知慾。《西班牙庇里牛斯山地圖貢獻》（*Contribution a la Carte Des Pyrénées Espagnols*, 1892）書中，他羅列了「仁善、可親、慷慨、直率、誠實、對本地的驕傲」（作者自譯）為阿拉貢與加泰隆尼亞庇里牛斯山的西班牙居民主要的性格。比起他自己國家中「身心都比較不活躍」的山民，這些美德更讓他讚許。[6]十九世紀的旅行書寫、畫作、明信片與旅遊海報，經常呼應這些描寫，讚美庇里牛斯山民的美德。庇里牛斯山納入現代世界的過程中，住在山間的人民也被「發現」。一如同一時期內「被發現」的地方，這些想像通常比較專注山民多采多姿的異國風情；也一如地景，通常是帶著浪漫主義透鏡描繪出來的。

## 牧羊人

動物畜牧業之外，很少有其他職業更能體現庇里牛斯山本質，也更被外界浪漫理想化。考古證據指出，早在新石器時代，牧羊人已經在庇里牛斯山放牧綿羊、山羊與牛隻，並囤積冬季飼料。有些學者主張山脈部分地區出現的大量史前石碑，是為了標誌通往高山牧地的路徑。在關於東庇里牛斯山的中世紀季節性牧群移動研究中，大衛・布蘭克斯（David Blanks）

描述的畜牧經濟核心標誌在數世紀中從未改變。農家依靠綿羊、山羊與牛群提供奶、乳酪、羊毛、肥皂、肉及肥料，骨頭則用來製作容器、卡片、刀及笛子。[7]

這類村落經濟中，每位家戶成員都有其角色：男人負責剪羊毛；女人則紡紗；年輕男孩放牧綿羊；女孩則負責送食物或送牛奶與奶油到山下。可能的情況下，少年會帶著牧群到最近的草地，當天則趕回主人家。但若草地很遠，這些少年可能會在高山上過夜，甚至度過整個夏天。通常由女孩組成的信使團，會從村裡帶來新鮮的麵包與訊息。十一月到五月中，這些動物則吃飼料。

光譜的另外一端則是大地主、修院或其他遙遠雇主，聘用專業牧羊人帶領大批羊群來回高山牧地。這些領薪水的牧羊人收取錢幣及食物，帶領羊群到高山牧地度夏，然後將牠們送回加泰隆尼亞，或甚至遠到瓦倫西亞過冬。有些人職業生涯中有多名雇主，後來自己也成為牲口飼主。穿越土地時，所有牧羊人都必須清楚谷地與村落之間訂定的《協議使用條約》，以及世俗與教會權威徵收的什一稅和其他要求，以乳酪、牛奶及羊毛支付。

一旦進入高山，這些牧羊人多少進入自治狀態。從一三一八至一三二五年，帕米耶（Pamiers）主教雅克．傅尼耶（Jacques Fournier）在富瓦伯爵領地蒙大猶（Montaillou）地區進行的卡特里異端宗教審判詰問中，我們可以得知比較有經驗的專業牧羊人（*bergers*），通常最多十人，帶著一百頭以上的牲口，群居在共享小屋中。夏季月份，他們照管牲口並製作乳酪與牛奶，放在特別挖出的洞或山澗的小「蓄水池」中保冷。小屋中則維持著嚴格階級，從屋長（*chef de cabane*，牧羊人領袖）一路到最低階的牧羊人移工，後者必須跟他們的牲口住在隔離出來的羊圈（*cortals*）中。這些中世紀牧羊人社群維持著嚴格規範。低階牧羊人不得先於領袖吃喝，破壞規則的人會遭毆打或禁食。8

## 庇里牛斯山的世外桃源

這些中世紀牧羊人社群的獨立與行動能力，招來宗教審判的狐疑眼光；然而晚近時代裡，他們的形象大不相同。牧羊人是現代初期與舊制度（ancien regime）①文學中的浪漫典型。一七七八年，以筆名德．讓利夫人（Madame de Genlis）廣為人知的法國大眾作家史黛芬妮—費莉西蒂．德．讓利（Stéphanie-Félicité de Genlis, 1746-1830），描述她在坎潘河谷遇到的真實庇里牛斯山牧羊人。她的筆觸完全符合當時瑪麗．安東妮宮廷中的流行。德．讓利的牧羊人描寫奠基在世外桃源的傳統中，她寫道，「古豎笛與風笛的粗獷聲響；牧羊人坐在

①譯註：舊制度時期意指法國歷史十五到十八世紀的時期，從文藝復興末期開始，到法國大革命為止。舊制度標誌著法蘭西王國的興衰，這一時期也是現代史的發端。後期興起的啟蒙主義反映了資產階級的興起。

岩石邊吟唱著鄉野氣息」或「庇里牛斯山的女兒們，每一位都驚人健美」帶著水果乳酪籃給她們的牧羊人祖父。[9]眼見一名牧羊人送給愛人一束玫瑰花，德．讓利總結道：「若世上有幸福，就是這些行為，這些情感，希望永遠不變。」

這類思索通常伴隨著對牧羊人社群組織的細節描述。八、九歲的牧羊人會照看谷地正上方山坡上的羊群，年紀較大者則前進高山牧地。年輕牧羊人可以「爬上岩塊、跳過急流、無畏懸崖高度」，退休的牧羊人則在他們下方的谷地提供勞力、耕田或種植。十五歲時，少年牧羊人會從父親手中接過牧羊人手杖，父親則會接過鍬鏟，代表著農工的新角色，直到最終退休不再勞動，「躺在草地上……陷入深沉遐思」度日。

德．讓利對庇里牛斯山牧羊人的讚譽，也讓其他訪客頗有同感。「庇里牛斯山真正的居民，山中的本地牧羊人，雖然未經文明薰陶，或生活貧困，卻充滿活力、慷慨且高尚，即便困頓或遭遇厄運時也保持傲氣」，哈蒙德這樣描寫庇里牛斯山旅程中經常提供他遮風避雨之處的人。[10]對哈蒙德來說，這些牧羊人體現了「真正的高貴」，是來自「種族而非氣候」。朱勒．米歇雷則描述「這些牧羊人的漫遊人生」是「南方最美好的一部分。這些游牧人，在永恆孤寂中伴星而行，半是天文學家，半是驅魔師，負重前行」。[11]

庇里牛斯山牧羊人的生活，並不總是如外人所見的那般美好。前往高山草地季節游牧的牧羊人——艾斯提維斯（*estives*）——一出門就是幾個月的時間，與家人或牧羊人以外的其他人幾乎斷絕聯繫。在某些情況中，除了他們自己隨身帶進山的、像棺材一樣的木盒，或是阿列日省及庇里牛斯山其他區域可見的圓頂乾石堆積小屋——歐希（*orris*），他們幾乎無從遮風避雨。如果不是牲口群的主人，對牧羊人來說，付出這麼多時間與力氣，換得的物質回報卻是稀微的。

「這些谷地豐美，但即便今日，土地耕種者也很少分得這些豐盛收穫。阿薩・迪克斯在一八九〇年代觀察到。「現在的庇里牛斯山農人或山人，一如過往，必須在貧困中養家。但他通常只能提供最微薄的食物給家人。毋庸置疑，就跟任何貧乏生活一樣，這種勉力維持生活的聯合焦慮，

十九世紀的傳統庇里牛斯山生活。注意門外的亮麗現代橋樑。湯瑪斯・阿倫（Thomas Allom）繪，《庇里牛斯山酒館的雨天》（A Cabaret in the Pyrenees: Rainy Day），約一八四〇年。（土魯斯市立圖書館。維基共享。）

讓他與他們家人風霜憔悴。」[12]季節游牧的牧羊人大半年都不見人影；夏日在高山上，冬天則回到低地，僅有短暫時間與妻兒見面。他們的妻子通常跟丈夫一樣孤寂，並不令人意外；阿拉貢庇里牛斯山的酗酒、早孕比例之高，足以證明。

羅莎・邦賀神采飛揚的庇里牛斯赤腳牧羊人畫作，或十九世紀法國明信片與「溫泉之路」鐵路海報裡，庇里牛斯牧羊人帶著手杖、羊群與牧羊犬走在原始山景前的景象，容易模糊了牧羊生活的嚴酷現實。這些法國明信片經常描繪帶著寬邊帽、穿著斗篷的西班牙牧羊人，是更「野蠻的」西班牙庇里牛斯山的狂野表現。二十世紀初，西班牙攝影師與藥劑師李卡多・康百赫・艾斯卡爾丁（Ricardo Compairé Escartín, 1883-1965），將幾張令人驚豔的高山西班牙牧羊人照片，收進他領先群倫的上阿拉貢地區民族誌研究中。康百赫是個狂熱的庇里牛斯山學者，牧羊人與農人穿著傳統服飾面對鏡頭的美麗照片，正是他有意識記錄下已經開始從山區消逝的習俗、服飾與傳統。十九、二十世紀初肖像中理想化的庇里牛斯山傳承與傳統，卻帶著一股鄉愁思緒，感懷那個已經被現代化徹底改變的社會。這不是第一次，也不會是最後一次。

## 黑暗山谷

這股改變的強度可以從佛斯卡山谷（黑暗山谷）中窺見，此地就在加泰隆尼亞庇里牛斯山的艾古埃斯托特斯國家公園中。山谷之名來自陡峭狹窄的邊坡，限制了冬季月份能射進谷地的日照。多數遊客從通往阿蘭山谷與法國的主要道路進入。離開蘇威特橋鎮（Pont de Suert）不久後，向右轉，進入一條大致沿著弗拉米賽爾河（Flamisell River）的道路。接著開上一條陡峭山坡之間的彎曲山路，山坡上仍舊布滿濃密橡樹與聖櫟，向上穿越一連串草原台地，間或點綴著加泰隆尼亞庇里牛斯山常見的平庸滑雪村。

直到二十世紀初，佛斯卡山谷幾乎完全與外界隔離。一千四百位居民住在十九個村落中，半封建農業社會由三大家族把持，沒有學校、電力或馬車步徑以外的道路。多數人穿著木鞋或光腳。一如幾世紀來的習慣，他們與牲口同住，主要靠牧養牛羊、馬驢育種或製作犁具、馬鞍或其他農家副業來維生。一九一二年加泰隆尼亞電力公司（Energía Eléctric de Catalunya，簡稱ＥＥＣ）展開一項野心計畫，也打破他們與世隔絕的環境。ＥＥＣ打算開發今日艾古埃斯托特斯國家公園境內三十七座冰斗湖的水力發電，供電給一百五十五英哩（兩百五十公里）外巴塞隆納的紡織工廠。

這個計畫是由艾米利．利烏．派利蓋特（Emili Riu i Periquet, 1871-1928）提出。這位出身附近索爾特城的記者、政治家兼企業家，聯合加泰隆尼亞與外國投資者，在一九一一年成立加泰隆尼亞電力公司。一九一二年夏天，四千多名加泰隆尼亞、西班牙、葡萄牙、義大利與土耳其工人進入佛斯卡山谷，無分晴雨在超過六千五百六十二英呎（兩千公尺）的高度工作，這些工人造出一條十九英哩（三十公里）長的公路，從最近的賽古爾村（Pobla de Segur）直接進入上谷地，此外還建立電話線、發電站及軍營式的營地。他們在十二座湖泊間，開鑿出全長九點五英哩（十五公里）的隧道網絡，將湖水引入一條大型洩洪道，從高山直洩下方一點九英哩（三公里）的卡普德拉村（Capdella）發電站。

一切在難以置信的二十三個月內完工。今日發電站仍舊營運，但得站在山谷上方、薩岩特蓄水池（Sallent reservoir）後的荒涼岩峰人工林後露出頭來，才會發現這個系統的驚人工程成就。從蓄水池搭乘纜車往上到漢托湖（Estany Gento），洩洪道由此將水洩到兩千七百九十英呎（八百五十公尺）的山下。過去驢車走的窄軌道，現在成為穿梭一連串狹窄隧道的健行路徑，繞過蒙策尼山脈，途經多已棄置的舊抽水站與其他工業建築。

一張舊照片顯示，一群利烏手下的工人穿著背心與草繩編底的涼鞋，站在湖面由滑輪拉繩控制的鐵桿上。就像完成紐約摩天大樓的工人照片一樣，他們也露出完成史詩任務的驕傲神情，以及一週七天，一天十一小時工作的肉體韌性。即便天氣狀況有時會迫使他們用冰爪、雪鞋及冰斧工作。原始的現場工作條件下，仍有約四千名工人最終落腳在卡普德拉。這個社區擁有自己的電影院、圖書館、網球場與食堂，還有加泰隆尼亞電力公司經營的旅館，就叫「電力旅館」。這些發展對山谷原住民來說有立即與長遠的影響。部分當地人宣稱「他們」的電力被奪走，地主則從加泰隆尼亞電力公司獲得永久補償，保證永久享有無償電力。

大量生產的產品衝擊當地經濟，農民拋棄舊業，選擇電力公司比較好的薪資與工作，並開始將孩子送進公司學校。不過幾年時間，數世紀未曾改變的生活型態已經面目全非。在整個庇里牛斯山間，類似過程在不同地方以不同速度推進。

庇里牛斯山社會從來不只是牧民社會。早在西元前一世紀，法屬庇里牛斯山中部的羅馬行省就挖出金、銀、銅及其他金屬。現在的聖伯特航—德—康明居（Saint-Bertrand-de-Comminges），舊稱盧格度倫（Lugdunum），也設有大理石採石場。一七七八年，邊境城鎮普威格塞爾達中有兩千四百名

卡普德拉村上方漢托湖上的工人，日期不詳。（特別感謝卡普德拉水力發電歷史博物館提供的舊照片。）

婦女進行紡紗與毛襪編織。一八三七年，穆瑞觀察到卡洛爾山谷（Carol Valley）居民製作的羊毛襪，每年有三萬雙出口到波爾多、土魯斯及法國其他地區。一八九〇年，《黑森林》（Blackwoods）雜誌報導「放牧職業只佔庇里牛斯山商業很小的一部分……由於四處可見的水力，許多村落都有磨坊與鋸木廠。部分山谷中……幾乎每個農人都有粗糙的小型石磨，將自己的大麥、蕎麥與玉米磨成粉。手織機數量很多，紡出農人們穿的粗羊毛布」。[13]

如同佛斯卡山谷，庇里牛斯山的工業化破壞了地方村落經濟，卻也提供了農業之外更高薪的選擇，農民與牧羊人放棄土地，前往都市工作，或在休閒觀光業，或十九世紀開始四處興起的礦業、工廠與工坊，尋求新就業機會。在阿列日省的畢羅斯山谷（Biros Valley），許多當地人放棄牧羊，前往蒙大猶與布拉爾（Bulard）的含銀與含鋅鉛礦裡工作。法屬庇里牛斯山維克戴索社區（Vicdessos）中，一九一〇年冶金工廠開張後，農場數量也大幅減少。

動物養殖產業化；社區共有土地使用與放牧路線有限制；人口減少；年輕人不願意接受辛苦低薪的工作。以上這些因素都構成牧羊人與飼主數量的長期減少。但庇里牛斯山的古老放牧世界從未全然消失。從貝恩庇里牛斯山區移民到美國的旅程中，主廚尚・路易・馬托克（Jean Louis Matocq）動人描述二十世紀中期庇里牛斯山的童年時光，相信他的中世紀先人應該也不會太陌生。住在三百年歷史的農場上，沒有水電、廁所，十一歲的他已經開始犁田、擠奶、牧羊並為冬天準備牧草。[14] 一八三七年，穆瑞寫到「庇里牛斯牧羊人（以狗及哨子）聚攏羊群的敏捷」。「在這些山中，看不到『趕羊』；」他寫道，「聚攏羊群或阻止牠們亂走，不需要『認識牧羊犬』；庇里牛斯山的牧羊人、他的狗與羊群似乎都很清楚彼此的職責；相互信任與情感將他們結合在一起。」[15]

今日估計庇里牛斯山仍有上百萬頭綿羊；日落時高山草原上，庇里牛斯山犬（Patou）輕鬆聚攏羊群的景象，仍舊是庇里牛斯山最美的奇觀之一。在馬爾卡道山谷（Marcadau Valley）與奧索谷地，你仍舊可以看到卡其奶油色的庇里牛斯山乳牛，脖子上掛著巨大鈴鐺；還可以向牧羊人共享小屋購買新鮮製作的乳酪，或經過牽著滿載乳酪牛奶的騾驢；遇見從高山牧地下行的男女。牧羊人仍舊在每年夏天帶著羊群進行年度季節放牧，只是現在許多人用卡車或廂型車載運牲口，並騎摩托車或越野車去照看羊群。雖說如此，仍舊可以看到在高山上獨居的牧羊人，吹口哨或呼喚動物；他們彷彿是十四世紀阿列日或塞爾達涅牧羊人的後代，正如埃曼紐．勒華．拉杜里所說的「就像他呼吸的山風一樣自由」。[16]

## 夜間工作

另一種十九世紀旅人也經常稱道的庇里牛斯山知名職業，卻大相逕庭。巴斯克語稱為「夜間工作」（*gaulana*）的走私，可以溯源至十六世紀，當時菲利普二世想將庇里牛斯山變成「異端邊境」，並將取締非法走私也納入宗教審判的職責之中。但不論是聖職或世俗執法人員都無法在山脈間施展權威，這片地域提供了無止境的潛逃躲避機會。十六世紀的庇里牛斯山多數區域仍舊是無法無人之地，盜匪、潛逃者、造假者、逃犯和燒炭、伐木與鑄鐵工比鄰而居。

許多盜匪走私者來自貴族，例如烏埃斯卡省希斯塔因山谷（Gistaín Valley）的聖胡安德普蘭（San Juan de Plan）領主菲利培・德・巴達西（Felipe de Bardaxí），他的匪團事業結合了搶劫、謀殺與跨境馬匹走私。巴達西也在法國宗教戰爭期間擔任西班牙王室間諜，與天主教軍隊共同對抗胡格諾派。也因此，他持續享有王室保護，直到他在村落接受聖餐禮時遭到部分敵人以斧頭砍殺。他的名聲如此響亮，以致聖胡安的居民以天主經及聖母經禱文慶祝他的死亡。這項傳統一直延續到一八八八年。[17]

十八、十九世紀期間，法西兩國政府偶爾攜手合作打擊未稅品走私。一七二二年，巴黎與馬德里法院同意遣送「盜賊、刺客與遺棄者」返回各自國家，這類合作也包含走私客。一七七三年五月，一百四十名走私客暫時控制了邊境城市普威格塞爾達，並放出監獄裡遭到判刑的兄弟。回應此舉，兩國政府簽訂了一系列條約，允許軍隊跨越邊境追捕走私客。

一八三〇年，西班牙政府祭出嚴格的反走私法，刑罰包含流放到安地列斯群島（Antilles）與絞刑。一八四二年，財政部為了在邊境執行海關禁令，將世紀初成立的準軍事組織卡賓槍隊，改隸屬戰爭部，以強化對庇里牛斯山邊境的管控。但這些努力並未生效。許多庇里牛斯山村莊谷地依靠這些帶貨人（*paqueteros*）維持繁榮與生存。有一次，在十九世紀的烏埃斯卡省阿伊薩（Aísa）的阿拉貢村落中，一名當地神父請求女王伊莎貝二世（Isabel II）赦免同村十二人。這些人因為搶劫政府商店內的貨物而遭逮捕，部分則為了躲避追緝而逃進法國。神父請求的理由是村裡已經沒有男人可以照顧動物與收成。

在阿拉貢與納瓦拉地區，走私是種專業或半專業活動，甚至到了需要一行上百名武裝人員護送騾隊，揹著家用物品、工具、橄欖油、菸草、火腿與槍枝穿越山脈的地步。阿拉貢地區的艾丘與安索山谷中，走私客經常與卡賓槍隊發生徹夜戰鬥。在安道爾，西班牙走私客利用共治公國位於法國境內的地理便利，逃避關稅；法國商人則利用安道爾對西班牙的免稅身分，從安道爾走私法國商品進入西班牙。十九世紀時，安道爾成為西班牙菸草走私進入法國的主要途徑，許多安道爾人開始特別為了法國市場種植菸草。

一如常態，壓制並無法阻絕價差及供需變化產生的產業。十八世紀，塞爾達涅成為西班牙金銀非法進入法國的主要入口。一八一八年，一名法國海關首長抱怨，工業織機與有經驗的工人透過塞爾達涅走私進入加泰隆尼亞，強化了當地紡織工業。第一次卡洛斯派戰爭期間，西班牙政府經常抱怨，卡洛斯派軍隊獲得法國走私客提供的火藥，法國當局則下令禁止邊境一帶居民擁有火藥，試圖阻止走私。

這些禁令卻未能阻止這些活動，甚至可能揠苗助長，這似乎是邊界禁令的常態。卡洛斯戰爭也造成西班牙對於走私制服、穀物、武器及士兵的需求大增。一八四〇年第一次卡洛斯戰爭期間，從聖尚—德呂茲穿越法西邊界的泰奧菲爾．高提耶觀察到，「戰爭造成兩類物資的邊界交易：首先是戰場上撿拾到的子彈，其次則是人口走私。他們像成堆物品一樣外銷卡洛斯派人士，甚至還有標價；上校多少錢，軍官多少錢。一旦成交，走私客前來帶走他的人，送過邊界到達目的地。就像送交一打手帕或一百根香菸一樣。」[18]英國卡洛斯派志願兵查爾斯．費德列克．海寧森後來回憶走私客帶著他「穿越十分陡峭危險的山道，平時沒經驗的旅人想到路上的自然凶險，大概就裹足不前了」。[19]

由於走私對庇里牛斯山谷地經濟的重要性，也就不難理解收入豐碩又膽大的走私客經常被視為本地英雄。「艾丘之王」培德羅．布倫（Pedro Brun）在十九世紀初期與卡賓槍隊對戰無數，導致伊莎貝二世對他懸賞通緝。布倫索性親自從阿拉貢家鄉前往馬德里宮廷，此舉贏得女王賞識，因而迅速獲得釋放。庇里牛斯山走私客也常被外界視為迷人角色。法國海報與明信片經常描繪穿著多彩服裝、帶著毛瑟槍、身負貨物的西班牙走私客，爬上孤寂山徑。古斯塔夫．多海就畫下武裝走私客靠在山邊的動人肖像。甚受歡迎的法國插畫家保羅．格瓦尼（Paul Gavarni, 1804-1866）也畫下他在庇里牛斯山旅程中遇見的幾位走私客，畫面極富異國風情且浪漫，並從中取為自己的筆名。

「大膽自信的結合。」保羅・格瓦尼，《庇里牛斯山走私客》，一八二九。（土魯斯市立圖書館藏。）

這類形象經常以哈蒙德從羅蘭隘口下山時遇到的走私客為基礎：「從這人的面容上，我可以感受到大膽與自信的結合；濃密糾結的鬍鬚漫入墨黑捲髮；寬闊胸膛坦露著，強壯緊繃的腿腳裸露；全身上下的衣物就是一件簡單背心；腳上所穿的就像羅馬與哥德人的風格，從腳跟而起的一片牛皮像皮包包覆，以兩條繫帶在踝上交叉打結固定。」[20]

一八七三年，哈蒙德協會創始成員法國詩人菲德希克・蘇特哈（Frédéric Soutras, 1814-1874），出版名為〈山岳回響〉（Les échos de la montagne）的三百五十行詩作，讚美來自奧爾山谷（Vallée d’Aure）艾斯東桑村（Estensan）的走私客布希斯・德・艾斯東桑（Brice d’Estensan）槍殺兩名關稅人員的事蹟。對蘇特哈來說，布希斯是真正的反抗者，「山峰上的獵人／冰河之側／看到臆羚／他想到關稅人員」，代表山谷人民智退財政官員的壓迫，逍遙山中追求無數的庇里牛斯山女性。走私客的描寫也並非總是如此美好。亨利・羅素曾告訴法國山岳俱樂部，他與夥伴在加爾瓦涅的牧羊人共享小屋，曾遭「四名可惡的西班牙人（設計）……腰上帶著閃亮短劍、斧頭與刀」。雖然兩名友人遭斧頭挾持，羅素與另一人逃出，在森林中躲了一晚，直到走私客離去。兩名人質毫髮無傷。[21]

多數走私客並非盜匪，而是庇里牛斯山兩側平民。一八三〇年代，塞爾達涅一名法國軍官抱怨走私貿易已經「導致人民放棄一般工作。這些邊境區域沒有一個居民願意接受誠實輕鬆的工作與薪水，反而熱切擁抱走私事業。對他來說只看到苦工，對他人而言則是價值與樂趣」。[22]二十世紀初，西班牙季節性移工經常用收入購買手錶與其他物品，未稅帶回村落。住在邊境附近的法國男女也慣常進行所謂的「家庭走私」（*pacotille*），跨越邊境到西班牙商店購物，法國邊管人員通常睜一隻眼閉一隻眼。有些西班牙人甚至就將店開在邊境邊，販售肉品、新鮮蔬果、葡萄酒、烈酒及香菸。

二十世紀多數時間，跨越庇里牛斯山的走私物沿著大致模式：工業製品從法國進入西班牙，農業產物則從西班牙進入法國。二次世界大戰期間，這個模式曾短暫反轉，庇里牛斯山走私客將所謂的奢華物資送進法國佔領區中，包含盤尼西林、蕾絲、線、糖與橄欖油，帶回來的貨物款項則以現金、珠寶與黃金支付。許多走私客也走私人口跨越庇里牛斯山進入西班牙，包含潛逃的猶太人、盟軍飛行員與自由法國支持者。戰後，貨物走私再度回到戰前模式，走私客再度從法國挾帶球型軸承、銅、精密儀器及其他工業製品進入西班牙；而酒類、綿羊、驢子、牛隻與馬則走相反路線。一九六〇年代，走私開始減少，因為邊界兩側的物價差別降低，走私成本則上揚。一九七〇年，走私已經成為邊緣活動；到了一九九五年，西班牙正式加入申根區時，走私就跟邊界本身一樣，成了不合時宜的歷史產物。

今日，走私歷史則成了吸引觀光的「名勝」。在安道爾，聖胡利亞德洛利亞（Sant Julià de Lòria）的菸草博物館展示《孤獨星球》指南所稱的「吞雲吐霧與走私的頹廢樂趣」。旅遊書籍仍舊邀請讀者一訪曾以「薩雷共和國」聞名的法屬巴斯克薩雷村（Salé），此地擁有漫長的走私歷史。其他庇里牛斯山專業也同樣納入文化遺產產業鏈中。露德的庇里牛斯山博物館中，觀光客可以在精美整修過後的貝恩農舍中觀賞田犁、鋤頭、攪奶桶、家具及牧羊人人型的漂亮展示。

其他庇里牛斯山博物館則致力於木塞工業、本地民俗服飾、農業施作、礦業、鹽業、民族誌與民俗傳統。在阿拉貢庇里牛斯山，每年春季都會舉行競賽，紀念過去將樹幹捆在一起送下高山的「筏夫」（*navateros*）。當地協會以傳統方式綑綁木身成筏（*navatas*），控制這些木筏沿著湍急河流而下。法屬與西屬庇里牛斯山間，健行者與訪客可以參加年度牧羊人節慶（fêtes des bergers），伴隨牧羊人進入高山。部分庇里牛斯山村莊仍舊慶祝的習俗傳統，可遠溯至前現代歷史中的神話迷信，這些也是庇里牛斯山過往的一部分。

# 第十一章　野東西

阿列日省長布倫形容山中農民的「野蠻與睚眥必報的精神」，他們「四分之三的時間都跟熊、狼日日搏鬥，因此也從這些肉食動物身上逐漸薰染了兇猛不安的氣質」。

——彼得・薩林（Peter Sahlins），《森林儀式》（*Forest Rites*, 1994）[1]

二〇〇七年，法國區域健行委員會（Comité Régional de la Randonnée Pédestre）在庇里牛斯山看似無止無盡的健行路線中再添一筆，增加了一條穿越普蘭港（Port de Plan）與奧爾山谷的路線，以紀念「魯賓遜的足跡」。魯賓遜通常是跟熱帶連在一塊，而非庇里牛斯山，但這條新路線追憶的是笛福（Daniel Defoe）小說中最後的重要章節。一六八七年，魯賓遜前往里斯本取得與巴西奴隸莊園有關的遺產。在「星期五」與另一名僕人的伴隨下，魯賓遜於十月份，選擇避開海洋，採陸路經過潘普洛納返回英國，卻發現庇里牛斯山也有其可怕之處。魯賓遜抵達潘普洛納時，發現庇里牛斯山隘口遭大雪封閉。最終他找到一名嚮導帶他前往「隆格多克源頭」，在僕人與四位法國旅人伴隨下進入山中。

離開之前，嚮導警告一行人要「有足夠武器防衛野獸」，一語成讖。進入山中第二晚，入夜後不久，嚮導就被「三頭巨狼攻擊，後邊還有一頭熊……他若走在我們前面，我們抵達前可能就被吃掉了。」星期五射殺了其中一頭狼，救了嚮導一命，接著又殺了熊，也因此引發「狼群深沉嚎叫，在群山間迴盪，聽來彷彿有大量狼群包圍」。

沿著峽谷窄徑下山，餓狼一路上追著魯賓遜與同伴，這群狼「在村裡肆虐，驚擾村民，殺了許多綿羊、馬匹及人」。狼群持續嚎叫直到「我們看見上百頭狼向我們逼近，集結成群，多數排成一列，就像深具經驗的軍官一樣」。魯賓遜一行人以槍聲及大喊阻擋動物前進，一邊退進附近樹林時，看到動物屍骸及「兩個被可怕生物吃掉的人」。整晚這群旅人擊退來自「狼軍」的不斷攻勢，「像惡魔一樣，前仆後繼」。殺了「約三十幾頭狼後」，一行人終於逃進附近村落，此地村民「非常恐慌，全副武裝；看起來狼群跟熊在前一晚闖入村落」。

笛福本人可能在前往西班牙洽商時穿越庇里牛斯山，但對於狼軍報復的誇大描寫，更可能是出於小說家的想像力，而非第一手觀察。但他筆下庇里牛斯山村民的恐懼倒是比較可信。狼與熊不一定有能力或欲望以半軍隊陣式去攻擊過路的旅人，但即便在十八世紀初，這些動物仍舊被庇里牛斯山居民認為是對家畜、甚至是自己生命的威脅。然而，若說庇里牛斯山人害怕、甚至厭惡某些野獸，他們也同時尊敬、甚至崇拜牠們，並在史前岩穴壁畫及修院教堂的羅馬式柱頭上，描繪刻畫牠們的形象。

許多庇里牛斯山村落仍舊舉行春日祭典，當地人打扮成熊，演出自前工業時代的過往流傳下來的神話與迷信。有些動物已經從山裡消失，卻仍舊是庇里牛斯山文化民俗記憶的一部分。其他「野生」動物，如笛福的狼群，則完全出自人類想像，證明了庇里牛斯山居民向自己詮釋山岳世界時，奇異、驚人且經常深刻動人的方式。

## 狩獵

從人類落腳庇里牛斯山開始，他們就為了生存或娛樂狩獵動物，從史前岩穴壁畫上的野牛、犀牛、獅子與猛瑪象，到十四世紀知名的狩獵指南——加斯東・菲比斯《狩獵之書》中描繪的狼、熊、狐狸、野豬、浣熊與水獺。[2]菲比斯親自寫作這本書，向摯愛的「森林小徑、鄉間與山坡上的石楠」致敬。書中精美的獵人、僕役、馴狗師與動物的插畫，顯示這項休閒活動，不僅是為了娛樂，也是責任。對菲比斯而言，所有領主都有狩獵責任，以確保佃戶的牲口不受狼群、狐狸或其他獵食動物攻擊。狩獵同時也訓練戰爭技巧，強化身體健康與道德觀，因為長期閒置不動，很容易導致「陷溺肉體歡愉幻想」與七宗罪。

菲比斯在狩獵方法與技巧上的智慧，充滿了對於特定動物的深沉崇敬，這些是他認定值得貴族追捕的獵物。雖然他的插畫中也有盜獵者使用的捕網及樹叢陷阱，菲比斯認定這類設置基本上並不高貴，是給「惡人、農民跟其他迫切需要新鮮肉食的普通人」使用。數世紀來法國貴族持續視狩獵為貴族專屬，然而庇里牛斯山社會的普通成員一直有自己的狩獵方式。十八世紀末，農民燃燒森林趕熊，整個村落參與吵鬧的趕獸活動——村落獵熊——有時為了殺熊，有時只是為了驅趕。

十六世紀，庇里牛斯山獵人開始用網、布與木槳來捕捉每年南移時經過庇里牛斯山的野生斑尾林鴿（*palombes*）。一八五九年，英國歷史學者查爾斯・理查・威爾德（Charles Richard Weld）在巴格內觀察到一處捕鳥站（*palombière*），一群富裕的觀眾聚集，觀看林鴿被待在柱頂的望風者吸引入網。捕網的設置「相當狡猾，當林鴿掙扎時，網子一拉就會落下，罩住可憐的鳥。緊接而來的是死亡，老婦會無情地咬斷牠們的喉嚨」。[3]

另一種比較沒那麼兇殘的網獵（*la chasse au filet*），仍舊在庇里牛斯山中部與西部九個限定本地人使用的地點施行。每年十月，法國巴斯克農人會進入山岳谷地與峽谷中，在谷地一端拉起獵網，另一端則是帶著床單與號角的望風者。好幾天，有時數週間，這些獵人會帶著木槳在峽谷上方的狩獵小屋中等待。一看到林鴿，望風者會拍打床單，吸引林鴿下降，其他人則吹動號角通知小屋中的持槳人。當鳥群向下飛進峽谷時，持槳人會向鳥吹哨、揮動木槳，改變牠們的飛行路線，將牠們趕進谷地深處等待的獵網中，接著牠們的脖子就會被扭斷。

雖有這些年度狩獵，每年林鴿的數量還是不少。但其他已經被趕盡殺絕或數量大幅減少的庇里牛斯山動物可就不是這種情況。一七一九年，笛福寫《魯賓遜漂流記》時，動物族群還包括狼、熊、野豬、山貓、野生山羊、羚羊、伊比利羱羊（Iberian ibex）與野生綿羊。過去三百年中，其中許多物種已經消失或數量大幅減少。一位法國學者宣稱一九五〇年為止的三個世紀中，有三千頭庇里牛斯山熊遭到殺害。一八三七年，穆瑞觀察到「現在庇里牛斯山的熊非常稀少；但又怎麼樣呢？殺熊人反倒獲得更響亮的名聲」。[4]

這樣的態度在十九世紀並不少見，有稀有野生動物「入袋」通常比保育來得更重要。一八七八至八七年間，英國運動家維克多・布魯克爵士（Sir Victor Brooke）在後來成為奧德薩國家公園的區域，獲得每年狩獵的許可；此舉也讓布魯克與繼承人掃光了區域內的羱羊族群。英國獵人愛德華・諾斯・巴克斯頓（Edward North Buxton）在環遊世界狩獵行的輕快記述《短暫跟蹤》（*Short Stalks*, 1893）中，描述他試圖在阿拉貢庇里牛斯山「捕捉」山羊與羱羊。對巴克斯頓來說，這些動物的吸引力，部分來自飄忽難近的行蹤，部分則來自「牠們的目的似乎是為了穿越某些人跡難至的岩架」。[5]他四次造訪，在高聳岩石坐上數小時，忍受寂靜孤寂的迷幻聲音「折磨」，才終於射殺一頭獵物。

二十一世紀的讀者可能對這樣的人沒什麼同情心，畢竟吹噓自己在加爾瓦涅射殺了暱稱「老兵」的三腿羚羊，其實也不過是因為這頭動物無力逃脫獵人與打手罷了。西班牙政府在一九一八年成立奧德薩國家公園禁獵保護區，部分也是為了阻止這類破壞。庇里牛斯山其他區域也在不同時間發起類似的保育行動。即便如此，部分物種已經難以挽救。十九世紀末，毫無攻擊性的羱羊僅剩奧德薩附近的一小族群，苟延殘喘至二〇〇〇年，直到最後倖存的羱羊西莉亞被落幹擊中。二十世紀初，野生綿羊已在庇里牛斯山全數滅絕。在西班牙，由於六〇年代佛朗哥獨裁政權成功的消滅行動，狼群已遭逐出庇里牛斯山。一九五〇年，庇里牛斯山熊的族群數量僅餘二十多頭。甚至幾種庇里牛斯山本土馬種，如波托克矮腳馬、梅倫矮腳馬與卡斯提爾馬（Castillonais）也遭獵殺到幾近滅絕。直到二十世紀下半葉，成功的保育行動才將牠們指定為保育類動物。

狩獵並非族群數量減少的唯一原因。森林消失、道路開發、村鎮及滑雪度假村擴大，以及數百條健行步道的開發，都縮減動物可以自由行動的空間。保育人士也許哀嘆動物消亡，庇里牛斯山居民本身卻常有不同想法。野生綿羊的消失部分也是因為草地競爭，而牧羊人需要保留牧地給自己的羊群。早在十四世紀，獵殺狼、熊的庇里牛斯山獵人，就能以此換取村民感激的黃金或食物。巴克斯頓殺熊時，「村民面對敵人之死的呼聲，勝過他獵殺一打豺羊」。農民並不一定要仰賴獵人來執行他們認定的除害任務。牧羊人與農民自己也射殺熊、狼，並在集體趕獸行動中敲鑼打鼓。然而，對特定動物的恐懼厭惡，並不妨礙人群對牠們的想像、敬重，甚至是愛慕。

## 棕熊

庇里牛斯山的文化想像裡，所有野生動物中，熊佔據了一個特殊又矛盾的位置。一方面，法國人將熊形容為「敵人」（*l'ennemi*），喚起傳統牧羊人對這種動物的敵意，因為熊不僅發動攻擊，也可能將羊嚇死。然而「馬丁老大」（Maître Martin）、「馬丁先生」（Monsieur Martin）或「路先生」（Lou Monsieur）等親密暱稱則給了熊一種類人特質。一八四八年，波城報紙一篇訃聞哀悼奧索山谷一頭名為多明尼克的熊之死，據信牠活到三十歲才死在當地獵人槍下。一九〇六年在戈爾貝山谷（Garbet Valley）的科米納克村（Cominac），當地居民驅使三頭受過訓練的熊，趕走執行令人痛恨的《一九〇五年政教分離法》的財稅官員——他們試圖將教會財產轉移給世俗政權。這次事件後來在無數明信片中遭到大肆宣揚嘲弄。

庇里牛斯山熊也被想像為某種超自然生物。弗瓦薩爾曾說過一則關於加斯東·菲比斯私生子兄弟貝恩的彼得（Peter of Béarn）的故事。他殺死「一頭比斯開森林裡的大熊」，先前熊已殺了他的四條狗。後來彼得開始夢遊，全副武裝，手持利刃，「彷彿身處戰場之中」，與熊對決；這頭熊現在成了他的夢魘。十九世紀英國民俗學者霍林斯沃斯（T.H. Hollingsworth）訪問兩名巴斯克馴熊人，他們稱自己的熊為「上帝之犬，聖彼得之犬」。根據霍林斯沃斯紀錄，不出門的時候，熊跟著他們一起住在山中小屋，「他們待熊總是十分和善，給予充足食物。例如若他們的魚（魚被視為奢華食物）不夠同時分給熊跟人吃，就會先滿足熊的需求。」[6]霍林斯沃斯的訪問對象相信「熊聽得懂我們說的話，會觀察、理解進行中的家事、工作或職業；因此與人同住的熊不可以放回山中，牠會將牠所學告知其他熊，這些非常聰明狡猾的熊，會下到谷地，運用強大力量加上獲得的知識，再次統治人類，就像以前一樣！」

十八世紀時，這些巡遊各地的馴熊人已經三不五時會出現在西班牙與法國南部。從十九世紀初開始，由於貧困的阿列日庇里牛斯山居民開始以「馴熊師」（*montreur d'ours*）為職業，因此人數大增。獲取令人垂涎的「猛獸訓練師」（*conducteur d'animaux féroces*）執照後，這些馴熊師開始帶著動物巡遊各地馬戲團、市集與村落節慶。由於野獸氣味會驚擾家畜與馬匹，因此馴熊師通常帶著熊走偏僻山徑，露天席地而眠。

巡遊馴熊師通常帶著小號、熊棒、鎖鏈與頸圈，穿著天鵝絨或羊毛長褲，頭戴貝雷帽。亨利·布萊克本曾在科特黑看到「一名穿著背心長外套的高傲法國人」，以鎖鏈牽著一頭跳舞的熊，前掌抓著肩頭上的棍棒，而戴著紅色貝雷帽與腰帶的小猴子則負責收錢。「跳舞熊的……悲傷回憶」或「收錢的可憐同伴小猴」，都讓布萊克本不喜歡。[7]訓練這些熊得付出大量時間、耐心與殘酷。首先得殺死母熊，奪取小熊。六個月大時，牠們被迫戴上鎖進下頜骨的金屬頸圈，或套上金屬鼻環。接著要學會直立、握持木桶、跳舞、耍球或裝死等把戲。

某些熊確實為飼主帶來令人驚訝的好收入。法國與歐洲各地都可以看到阿列日的馴熊師，甚至遠及美國、南美、澳洲與紐西蘭。有些人甚至出名發財。有些阿列日馴

文明與「馬丁先生」：一頭在呂雄的熊，一九〇〇年九月。（尤金・特魯塔，藏於土魯斯圖書館。）

熊師，當地俗話稱為「烏塞耶」（*oussaillès*），帶著美國鐵路線地圖、頸圈與點四八左輪手槍，前往美國。一八八九年，馴熊師尚．蘇凱（Jean Souquet）與另一位阿列日人尚．伊卡爾．穆瑪（Jean Icart Moumat）帶著一頭熊前往英格蘭，接著轉往格拉斯哥，由此搭乘西伯利亞輪船前往加拿大。蘇凱與同伴由此進入美國，並以「蘇凱兄弟」之名四處表演，遠及檀香山，並繼續前往紐西蘭與澳洲，最後返回法國。

一次世界大戰還未爆發前，由於不少國家已經通過法律禁止熊戲，這類巡遊已變得困難，或甚至無法進行。當阿列日地區熊的數量耗竭時，馴熊師被迫從中歐運熊到馬賽港。一九五〇年阿斯貝山谷最後一位馴熊師皮耶．德．利斯托（Pierre de Listou）死於自己的熊手下。一九六〇年代初期，整個庇里牛斯山脈估計僅剩二十四頭熊，因此一九九六年法國政府試圖重新引入熊群，以阻止數量下降，卻也讓過去圍繞馬丁先生的矛盾爭議再次浮上檯面。

## 再度野化庇里牛斯山

庇里牛斯山的物種枯竭並非不可逆轉。一九五七年，早在「野化」（*ensauvagement*）概念被發明之前，野生高山綿羊就已經被引入法屬庇里牛斯山。一九九〇年代，狼群也自行返回庇里牛斯山。一九四八年，法國外科醫生、獵人兼登山家馬叟．古圖希耶醫師

（Marcel Couturier, 1897-1973）將六隻阿爾卑斯旱獺引進呂—加爾瓦涅谷地中的巴哈達溪谷（Barrada），這是冰河期結束後這些動物首度出現在庇里牛斯山中。今日，加爾瓦涅與庇里牛斯山各處山坡上，都可以看到這些類似土撥鼠的哺乳類蹤跡。二〇〇九年，札拉戈薩的食物科技研究中心與國家農業食物研究所合作，從最後一頭伊比利羱羊西莉亞的身上抽取去氧核醣核酸（DNA），成功地讓一頭子羊存活了七分鐘。

然而重新引介熊隻卻充滿爭議。一九九六至九七年，法國密特朗（Mitterand）政府成功在中庇里牛斯山的梅勒村（Melle）附近引入三頭斯洛維尼亞棕熊。二〇〇四年，最後一頭本土庇里牛斯山棕熊——母熊卡奈爾——遭到射殺，重新引介熊隻計畫又再更進一步推展。兩年後，中庇里牛斯山引入另外五頭熊隻；今日庇里牛斯山的中區與西區擁有超過二十二頭熊。[8]法國野生動物專家尚—雅克．卡馬哈（Jean-Jacques Camarra）是管理熊隻引入計畫的熊隊（L'Equipe Ours）成員之一。我在波城的國家狩獵與野生動物辦公室（ONCFS）與他會面，亨利．羅素伯爵也曾在同一棟大樓擁有一戶公寓。六十出頭的卡馬哈，身體強健，擁有運動員體格，原本是一位冶金學家，但對山岳及山岳運動的興趣，帶他來到庇里牛斯山，在此接受生物學訓練。

卡馬哈相信這是一起成功的野生動物保育實驗計畫，更全心熱誠支持。他認為這個計畫顯示「大型動物，像這樣的大型肉食動物，可以在人類周圍生存，沒有問題」。他對熊的熱情相當明顯。當我問及熊為何在庇里牛斯山想像中佔有如此特殊的地位時，他的眼睛閃爍著光芒：「因為熊的足印就像人，他也有五隻腳趾。他可以像人一樣直立。他可以自由運用雙手抓樹。其次，他很聰明。第三，他體型很大。第四，因為他的毛皮；他就像泰迪熊。」

卡馬哈同時也承認熊「對人類很危險。他們可以是最好或最壞」，他清楚自己對政府保育努力的熱情支持並非人人認同。一九九六年第一次引介計畫之前，反對聲浪相對較輕，但十年後政府在露德以東三十一英哩（五十公里）的阿赫巴村（Arbas）引介三頭斯洛維尼亞棕熊，後來又再附近村落引入兩頭熊時，大眾的反應卻不可同日而語。引介計畫實施前，反熊抗議者就已偷走追蹤設備，威脅法國生態部長，並上演一連串憤怒、甚至暴力的抗爭。二〇〇六年四月，阿烈日的反熊抗爭者破壞阿赫巴村民會館。二〇一三年，五隻泰迪熊被吊在阿列日省的比荷村（Biros）旅客服務中心附近，中心外的道路上噴著標語：「熊去死」跟「觀光客去死」。

這類反對是立基於非常實際的「馬丁稅」——也就是經常發生的熊殺羊事件。這類死亡有時肇因於直接攻擊，但即便是熊的接近，也足以導致羊被嚇死或立刻流產。二〇一三年，在法屬庇里牛斯山中，熊殺了一百七十四頭羊，西班牙部分則有三十五頭。法屬庇里牛斯山區的羊群總數通常超過六十萬頭，這些損失對外人看來不足為道，卻令牧羊人及飼主憤怒不已。他們也痛恨掏錢支付庇里牛斯山犬與藩籬的費用。理論上，這些保護費用都有政府補助，此外政府更為牲口損失支付每頭三百七十美元（三百歐元）的補償金。

但這些措施並無法驅散放牧者對保育者及「垃圾熊」的憎恨，他們認為這些以抽象原則之名從斯洛維尼亞進口的熊，與放牧經濟一點關係也沒有。保育對阿赫巴這類倚靠觀光經濟而非牧羊的村莊比較有吸引力。卡馬哈認為，熊提供一種不可見或半可見的「鬼魂般存在」，只能感知，卻無法目睹。法屬庇里牛斯山的部分地方政府宣傳自己為「熊鄉」，甚至印製了餐廳使用的餐墊，詳述整個熊類保育計畫。

卡馬哈認為，反對法國政府引介計畫的聲浪正逐漸消散，牧羊人可以被說服接受這項計畫。在他的想法裡，熊跟牧羊一樣，都是庇里牛斯山與法國傳統的一部分。他也視熊類引介為地景保護的間接工具，因為「若沒了熊，要反對道路建設、滑雪場或其他事物會變得更加困難」。無疑地，熊類引介計畫確實對庇里牛斯山觀光經濟有所助益。我曾帶領一組五天的健行隊伍，穿越阿拉貢的「卡密爾之路」（Senda de Camille）。這條環狀路線據信是為了紀念一頭二〇一〇年於當地去世的公熊所設立。一路上並沒有卡密爾或任何熊蹤，我們也未預期看到什麼，但熊掌成了當地旅行社發展這條環狀路線的主題。這正是卡馬哈所謂「神祕」熊蹤吸引力的另一種證明。

熊也形成另一種間接觀光吸引力——東庇里牛斯山的熊節。每年二月的第二個星期天，普拉特—德莫洛—拉普萊斯特萊當地的年輕人會在身上塗滿油與煤灰，將觀眾拉扯到地上，直到被「白衣人」（*hommes en blanc*）制服，或被「理髮師」假裝「剃毛」，然後由另一群打扮成「獵人」者前來「殺」熊。這項年度儀式重現了傳說中熊曾綁架牧羊女，帶到森林中加以凌辱後，女孩才為獵人所救的故事。其他版本中，一名「熊人」死後，脫下熊面具站起身，從圍觀者中選出一名女性共舞。

查爾斯．伏海杰（Charles Fréger）的精采攝影論文中，探討今日歐洲許多國家仍存在的古老「野人」節慶，也包含庇里牛斯山的熊節。[9]對伏海杰來說，這類節慶構成一種「野蠻意象」，可以追溯至前基督教時代的「部落歐洲」。一張在法屬庇里牛斯山所拍的照片裡，一名戴著熊面具的男性，滿嘴獠牙，站在森林與遠方雪山之前。擬人形象讓「熊」人性化的同時，也喚起了野蠻與人性之間的模糊界線，雖然方向從不清晰。

## 變形人

庇里牛斯山經常是這類交會發生與想像的舞台。十七世紀初，倫敦最知名的「怪物」勝景之一，是一個名叫唐桑喬．費南多（Don Sanchio Fernando）的人。以「恐怖西班牙人」聞名，唐桑喬可以隨意變換不尋常的臉部表情，據說這是在庇里牛斯山中與野生動物同居十五年後習得的。根據一份當時的傳單，山居經驗讓這位西班牙人可以任意改變臉部形狀：

「他的舌頭可以伸出一呎長；眼睛可以同時左右轉；把臉縮到跟蘋果一樣大小；嘴巴拉到六吋寬，並做出鳥喙形狀，眼睛就像貓頭鷹一樣。」[10]

瑞典植物、動物學者卡爾．林奈在《自然系統》（*Systema naturae*, 1758）書中，在靈長目分類裡加入一項新物種：野人（*Homo ferens*）。林奈形容此一物種為愚鈍、四足著地、全身覆毛的（*mutus, tetrapus, and hirsutus*）。他還提到好幾起野人小孩被野獸帶大的事件，包含盧梭在《論人類不平等的起源與基礎》（*Discourse on the Origin of Human Inequality*, 1754）書中提及的「兩名庇里牛斯山男孩」。盧梭在一條註釋中反駁亞里斯多德說人類為四足獸後代的理論，引述一七一九年報紙報導兩名「野人……在庇里牛斯山被發現，就像四足獸般穿梭山林」。

盧梭嘲笑希臘哲學家的後代可能也曾「像熊般滿覆毛髮，四足著地，目光膠著在地面」，並堅稱這些四足著地的「庇里牛斯山男孩」是一種返祖表現，智人（*Homo sapiens*）的「結構則是如我當今所見，兩腳著地，像我們一樣運用雙手」。對當時仍視庇里牛斯山為野蠻山荒，僅存少許文明之地的人來說，返祖的野人兒童就像笛福筆下的狼群一樣可信。庇里牛斯山居民同時也將自己的擬人幻想投射到周遭地景上。三兄弟岩穴中，「巫師」的神祕形象描繪出似鹿人形，頭上有角，卻能以雙腿行走。好幾代的巴斯克兒童都跟「巴沙瑱」（*basajaun*）的傳說一起長大，巴沙瑱是個住在山林中的野人。有時被描述為會攻擊落單旅人的無情吃人惡鬼，巴沙璜有時也會以山林守護神的姿態出現，以口哨警告牧人，暴風或猛獸將至，聲音可達一哩之遠。

這類協助一旦提供，就必須報以牛奶、乳酪、麵包或堅果。巴斯克哲學家詩人喬瑟夫・奧古斯丁・喬荷（Joseph Augustin Chaho, 1811-58）曾描述巴沙璜「高大力猛：全身覆滿長細毛，就像髮絲一般；像人直立行走，矯捷勝過雄鹿」。巴沙璜也出現在西班牙作家多洛雷斯・雷東多・梅拉（Dolores Redondo Meira）暢銷的「巴茲坦三部曲」中。這部犯罪小說系列，場景設定在納瓦拉的巴茲坦山谷（Baztan Valley），對她飽受折磨的警探主角阿邁亞・薩拉札來說，既是威脅也是撫慰。

系列第一部《看不見的守護者》（*The Invisible Guardian*, 2013）中，薩拉札的同事之一在森林中意外中彈，醒來時發現「一個生物蹲在我身邊，他的臉幾乎全被毛髮蓋住，但不像動物，更像是從眼睛下緣開始長鬍鬚的人，眼神睿智同情，幾乎就像人；除了瞳孔幾乎佔滿整個眼睛之外，幾乎沒有眼白部分，就像狗眼一般」。

巴斯克神話中充滿類似的半人半獸形象。「巴沙德蕾」（*basandere*）或「野女」，是女版巴沙璜；有時吃人的獨眼巨人稱為「塔爾塔羅」（*tartalo*），像狗的猛獸同伴則是「歐拉諾」（*olano*）；住在森林中的美麗精靈是「拉米亞斯」（*lamias*），擁有女性的上半身與羊腿、貓腿或魚尾，整晚在水邊梳理長金髮，並在黃金洗衣板上洗滌白袍。庇里牛斯山其他區域也有地方版本——從阿拉貢與加泰隆尼亞山區流行的「哈達」（*hadas*）或「迷魂」（*encandadas*）精靈，到法屬庇里牛斯山的「白衣女士或少女」（*demoiselle* or *dames blanches*）。

一八五九年，查爾斯·理查·威爾德對於呂—聖索弗農民間仍流傳這類「奇妙迷信」而感到訝異。此中包括「盧—蓋豪（Lou-Garou），這種惡鬼類似愛爾蘭的女妖」；「稱為尤納·戈利（Yona Gori）的奇詭惡魔，通常是紅色，卻能在驚恐農民面前變換各種顏色」；以及會從山頂灑落冰雪的「黑人」（L'Homme Noir）。11

這類神話幻想通常跟洞穴有關。根據威爾德，尤納·戈利據說住在阿尼峰（Pic d'Anie）上的洞穴中，當陌生人靠近時，「以暴風雷雨肆虐大地」；而「白衣女士」在想像中也是穴居者。上庇里牛斯省蒙太喬（Montréjau）以南的加爾加斯岩洞以斷掌手印的線條畫聞名，可追溯至舊石器時代晚期。根據傳說，這些洞穴曾住有名叫加爾加斯的巨人，它們也跟一七七九至九〇年間庇里牛斯山的「連環殺手」布萊斯·菲哈杰（Blaise Ferrage）所犯下的殘暴罪行有關。菲哈杰後來成為薩德侯爵（Marquis de Sade）在《茱麗葉，或喻邪惡的喜樂》（*Juliette*）書中食人巨人明斯基的原型。

菲哈杰的身世所知不多，出生於一七五七年，曾擔任石匠，直到二十二歲時斷然離家，住進加爾加斯洞穴之一裡。由於洞穴極小，必須爬行進入。以此為基地的菲哈杰展開一連串強暴、戀屍與食人行為，肆虐周遭谷地。三年多的時間，他射殺、勒斃、有時還食用超過二

庇里牛斯山野獸：食人者布萊斯・菲哈杰。（阿拉米圖庫）

十名男女兒童，多數是外出照看羊群的牧人或牧女。一個多世紀後，沙賓．巴靈—顧爾德造訪此地時，他的事蹟仍舊為人津津樂道。

巴靈—顧爾德描述菲哈杰「身材矮小，寬肩，手長過人……擁有猛力」，有時受害者被帶回洞穴時仍活著，因此「慘叫聲遠方可聞，讓膽小村民震顫恐懼」。菲哈杰正是某種庇里牛斯山黑暗傳說與恐懼的現身——兇猛穴居人，且正如巴靈—顧爾德所說，「可以轉化成野獸，拋棄同種族社會，住在岩石之間，跋涉雪原，除了風聲嚎嘯、鳥鳴與狼吠，餘皆不聞」。[12] 一度菲哈杰在大白天進入蒙太谷村（Montagu），讓當地人陷入恐慌，拋棄市集攤位，將自己鎖進家中。當天稍後雖然被捕，他仍舊設法逃出，繼續犯下更多罪行。

雖有懸賞，卻無人敢接近他的躲藏地，深怕遭到射擊。直到警方說服一名線人與他交好，共享洞穴，最終引他受襲，才抓到菲哈杰。一七八〇年，隆格多克議會進行審判；一七八三年十二月十三日星期五，「庇里牛斯山食人者」遭判車裂之刑，屍首曝於土魯斯聖喬治廣場絞刑台上。

## 女士戰爭

庇里牛斯山農民也非總是畏懼荒野及分不清虛實的山野居民。一八二九年春天，卡斯提隆的古瑟洪區（Castillon-de-Couserans）的森林警備、燒炭工、鐵匠與王室官員遭到一群農民威脅襲擊。這些農民揮舞著火槍與其他武器，有時還劫掠燒毀房屋。政府官員回報，許多人自稱「女士」（*demoiselles*），並打扮成女性，穿著像裙子一樣的過膝長襯衫。有些「女士」把臉塗上紅黑色，或戴上紙板做的嘉年華面具，或以羊皮狐皮蓋頭。一八二九年七月，一名在烏斯圖（Ustou）被捕的「女士軍官」，身上帶有「法國（士兵）帽、一節狼尾權充帽上羽飾、遮掩臉面的網、一把步槍、兩袋彈藥與一件藍色褲子」。13

「女士戰爭」是對法國政府一八二七年施行《森林法》的直接反應，這個法案對過去為共有地的庇里牛斯山森林使用權施加限制。部分以使用效率為藉口，這些限制實則設計來圖利鋼鐵廠與燒炭業者，有損當地農民的利益。這些農民運用森林資源取得燃料、放牧或進行小規模農耕。農民為何選擇打扮成女性或動物來進行抗爭，從來沒有清楚的答案。有些歷史學者認為這些「變裝」與嘉年華及對抗權威的瞎鬧（charivari）抗爭傳統有關。其他人則視「女士」為阿列日民俗傳統的產品：他們將自己轉變成「鬼怪」、精靈與野人，以保護「他們的」森林，免受官僚壓榨。

無論原因為何，如此變裝明顯是要讓敵人感到害怕，特別是令人痛恨的森林警備——因其綠色制服又被稱為「蠑螈」（*salamagnos*），負責執行政府的新法案——效果也經常相當成功。面對揮舞槍枝、大刀與鋤頭，且威脅要挖出對方眼睛的「女士」團體時，森林警備迅速竄逃的情況讓法國官員經常心生不滿。抗議者獲得大量支持，導致法國政府派出六百多名士兵進入騷亂區域，試圖重建秩序。

這些軍隊一開始並不見成效，因為「女士們」在森林中自由來去，他們對此地熟悉於心。一八三〇年十月，政府成立委員會調查騷動，並建議以更寬容的方式來施行《森林法》，並對先前「犯罪與不軌者」給予特赦。這項政策達成目的。女士們失去了前一年展現的動能，但這些記憶仍舊存在。二〇〇六年，在阿赫巴村抗議熊隻引介計畫的人，對村民會館丟擲羊血彈，燒毀棕熊胸像，並大喊「女士朝你前進，女士將要再現」（*Les demoiselles marchent devant vous, les demoiselles sont de retour*）。這個口號也許讓外人摸不著頭緒，但許多阿列日人可是了然於心。

## 納瓦拉的女巫

動物、人類與超自然間的移動也並不總是趣味。蘇加拉穆爾迪（Zugarramurdi）位於納瓦拉北部，靠近法國邊界的哈雷塔區（Xareta）。從西班牙進入此地，需要開上彎曲的庇里牛斯山路，路況亟需修整。經過一連串狹窄山谷、森林與深峽，人類聚落相當罕見，除了偶現的鷹及禿鷲外，也少見其他生物。抵達俯瞰法國拉布爾省的尖銳山脊，並往蘇加拉穆爾迪下降時，令人鬆了一口氣。無趣的村落白屋擁有原木大椽及外露石緣。

就在村外，有一座巨大的石灰岩洞。白色石灰岩頂高達五十多英呎（十五公尺），停用的石灰岩窯留下惡靈般的煙痕，兩側向外延伸出許多次岩室。此地是令人驚訝的自然絕景，附近森林、田地及上方入口前緊窄峽谷內的溪流，更添奇詭之美。只有入口處販售的騎帚女巫紀念品向一六〇八年的悲劇事件致敬。當時名叫瑪麗亞・德・希米爾德古伊（María de Ximildegui）的年輕女性返回蘇加拉穆爾迪村，並指控一名鄰居是女巫。

希米爾德古伊宣稱自己是悔罪的女巫，說她曾在洞穴中參加過女巫狂歡（sabbath），鄰居之一也在其中。後續調查中，十名婦女坦承一連串恐怖犯罪，包含殺嬰、吸血與破壞屍體。審判過程一開始只在村中進行，被告也獲得令人驚訝的寬容。然而，一六〇九年，法國的亨利四世派遣一名來自波爾多議會的律師皮耶・德・朗克（Pierre de Lancre, 1553-1631），調查附近省分所傳來令人憂心的女巫報告。德・朗克抵達拉布爾時，剛好許多本地巴斯克人都上了聖尚—德呂茲的捕鱈魚船，前往紐芬蘭（Newfoundland）捕魚。他以刑求逼供，最小的受審者年僅六歲，並快速做出結論，這個偏遠省分確實充斥著巫術惡魔。逃出美洲、亞洲基督傳教士之手的巫師，就躲藏在拉布爾。[14]

庇里牛斯山位於法西邊陲的地理位置，居住著大批遭西班牙驅逐的吉普賽人，無疑強化了德・朗克的信念：拉布爾深受巫術之害。德・朗克更發自內心厭惡巴斯克人。後續在他描述此經驗的著作《論邪惡天使與惡魔的不一致性》（*Tableau de l'inconstance des mauvais anges et demons*, 1612）中，他主張巴斯克人天生就容易趨近巫術，因為「那些女人除了蘋果，什麼都不吃；除了蘋果汁，什麼都不喝。這就是她們經常給人禁果的原因」。[15]以聖尚—德呂茲為基地，德．朗克掀起一波道德恐怖的風暴，數百名男女老少遭到逮捕、刑求與處決。

這類調查，常伴隨著事件產生一些半情色證言。女性承認騎掃帚到蘇加拉穆爾迪與其他地方參加女巫狂歡，並向惡魔宣誓效忠，親吻他的臀部，並參與縱酒狂歡與淫靡舞蹈。其他人則宣稱曾吃過小孩、挖過死屍、製作毒藥咒語傷害他人，或導致莊稼歉收。如同其他案例，這些「索吉納克」（*sorginak*，女巫）的證言經常涉及動物。狂歡會通常在稱為「公羊地」（*akelarre*，巴斯克語）之處舉行，例如蘇加拉穆爾迪洞穴外沿的田地。與會者經常描述惡魔的外型是一隻大公羊，「尾巴下方則是一張黑人臉」。

許多女巫坦承曾變成動物掩蓋行蹤。當地人一開始支持德．朗克的行動，但很快數百人開始穿越西班牙邊境，假裝前往蒙特賽拉或聖地牙哥德孔波斯特拉朝聖。明顯地，在拉布爾人人自危。德．朗克則認定這些「難民」正是成功的證明，因此更強化他的行動。到了年底，德．朗克行動的消息終於傳到紐芬蘭的捕鱈船，漁人們提早返家保護自家婦女。關於德．朗克過分行徑的抱怨也傳進法王耳裡，因此將他召回波爾多。

德・朗克的調查行動也影響到納瓦拉周邊區域，導致強大的洛格羅尼奧宗教裁判所（Inquisition of Logroño）在一六一〇年重返蘇加拉穆爾迪，對一開始的巫術報告重啟調查。宗教法官唐璜・瓦耶・阿爾瓦拉多（Don Juan Valle Alvarado）花了數月時間，在蘇加拉穆爾迪與附近村落針對區域內三百多名疑似女巫者收集證詞。除了蘇加拉穆爾迪洞穴外的既有狂歡外，阿爾瓦拉多的報告中更指出這些女巫「喜愛變身，以避免被辨認，同時更外出驚嚇傷害旅人。惡魔似乎為了自己的目的，將他們變成豬、山羊、綿羊、母馬與其他動物」。[16]

最終，九名村裡的男女承認犯行；一六一〇年十一月在洛格羅尼奧盛大火刑中燒死的十一名女巫裡，蘇加拉穆爾迪的巫師也在其中。同時間，審判在北納瓦拉與奇普茲科亞（Guipúzcoa）掀起一波女巫恐慌，數千人遭到懷疑，洛格羅尼奧的宗教法官報告國王菲利普三世，一支庇里牛斯山的古老巫術教派在區域內傳播。一六一一年三月，宗教法官決議蘇加拉穆爾迪的三百九十人中，一百五十八人確為女巫，另外還有一百二十四人也有巫術嫌疑。此一結論遭到阿隆索・德・薩拉札・弗利亞斯（Alonso de Salazar y Frías）律師抗辯，他是洛格羅尼奧宗教裁判所中持懷疑態度的法官之一。裁判所下令對納瓦拉巫術蔓延一事進行進一步調查，薩拉札進行了數百次訪談，並發現證詞充滿前後不一的矛盾。最後判定多數證詞毫無可信度，並回報驚訝的上司：「我甚至找不出一點證據能夠推論任何巫術行為真的發生過。」[17]

裁判所接受薩拉札的報告，此後再也未曾以蘇加拉穆爾迪事件的力道迫害女巫。今日蘇加拉穆爾迪巫術博物館（Witchcraft Museum in Zugarramurdi）記錄這些悲慘事件，展覽中包含四個多世紀前，無辜遭禍的男女村人姓名。博物館認為納瓦拉獵巫行動是一系列迫害與不寬容事件之一，其他包含三K黨（Ku Klux Klan）、納粹與麥卡錫主義（McCarthyism）。借鏡偉大巴斯克民族學者胡立歐・卡洛・巴洛哈（Julio Caro Baroja）與其他現代巫術研究者，博物館所呈現的「公羊地」是身體、性慾與自然世界的正面肯定概念。我們無法確認，這些女巫是否如某些人主張的，是某種前基督教戴奧尼索斯（酒神）教派的殘餘，或者只是如歷史學者亨利・查爾斯・李（Henry Charles Lea）所稱，為了「迫害巫術者而創造激發」的「想像疾病」之隨機受害者。但是今日，庇里牛斯山巫術的記憶仍舊存在，在蘇加拉穆爾迪巫術博物館中、在騎著掃帚的仿像上、在上阿拉貢與庇里牛斯山許多村落仍可以看到的驅巫煙囪（*chimeneas expantabrujas*）上。

## 被詛咒的種族

十七世紀的女巫恐慌雖然殘暴，卻也僅是庇里牛斯山迫害史的一頁，比起對卡哥人（Cagots）數世紀的迫害，不過是小巫見大巫。卡哥人曾一度遍布庇里牛斯山、朗德（Landes）

及法國西部，遠至布列塔尼。卡哥人如何抵達庇里牛斯山，或其民族習性，均鮮為人知。卡哥人雖然經常被描繪為一個族群，然而我們甚至無法確認此事。「卡哥」一字，或其他常見稱呼如「阿哥特」（Agotes）、「蓋黑」（Gahets）或「卡貝」（Capets），都是「狗哥德人」（*chien Gots or cani Gothi*）的融合詞，後者可能指西元六世紀遭到法蘭克王克洛維一世（Clovis I）擊敗的雅利安哥德人（Arian Goths）。其他人則宣稱卡哥人是薩拉森人、遭迫害的卡特里人或中世紀痲瘋病人的後代。

無論起源為何，對這個族群的歧視都大同小異。四百年間，卡哥人不得住在非卡哥人附近，或從事低賤任務以外的職業。他們不可以走在街道中間，從公用噴泉飲水，或販售食物給非卡哥人。除了經由特別設立給卡哥人的矮門外，不得進入教堂。他們不可以受聖餐禮，不過部分庇里牛斯山村落允許神父透過長柄木叉交遞麵包。庇里牛斯山某些地方，禁止他們擁有超過二十頭羊，巴斯克的卡哥人則不得擁有羊隻。一六七二年，納瓦拉議會禁止卡哥人嫁娶非卡哥人。納瓦拉與波爾多的卡哥人必須在肩頭穿戴鵝掌或鴨掌型紅布。

一六九五年，西班牙政府下令從西班牙北方驅逐卡哥人，並對聽命的鄰居提供獎賞。數百名卡哥人逃入法國，卻遭拒絕入境，因而死在山中。迫害卡哥人的理由從未明示，即便進行迫害的人也不清楚。部分歷史學者認為卡哥人是痲瘋病患的後代。其他人則認為他們與呆小病或甲狀腺腫有關。某些程度上，對卡哥人的仇恨本身，就是數世紀迫害累積的產物，將他們視為「被詛咒的種族」（*race maudit*），不過是自圓其說。

一般認為卡哥人並非完全人類，而是生來有尾，父母親在出生時截尾以隱藏出身。古老巴斯克民謠中也捕捉了想像中的卡哥人「野性」：

「你可以這樣指認卡哥人：
首先看耳朵；
一隻較大，另一隻
是圓的，並蓋滿
四邊都是長毛。」[18]

卡哥人據聞會散發一種特殊臭味。一六〇〇年，納瓦拉醫生給二十二名卡哥人放血，尋找「血中某種新鹽」，當然什麼都沒找到。其他熱門迷思包含指責他們食人，以及將水果握在手上就能令其枯萎的力量。十七與十八世紀，庇里牛斯山的法國政府當局偶爾立法遏止這些歧視。卡哥人本身也未只被動接受歧視。一七八九年，法國卡哥人利用法國大革命時機，毀去所有能指認他們身分的文件。許多卡哥人最後成功融入當地社群，或遷移到不會認出他們身分的地方。但仍有些人遭到地方傳統或法律指認，因此遭到排拒。

對許多十八、十九世紀前往庇里牛斯山的人，及英國小說家蓋斯凱爾女士（Mrs. Gaskell）這類遠方觀察者，卡哥人帶著病態吸引力。她曾寫過一篇強而有力的文章，描述迫害卡哥人正是非理性偏見之惡的普世警訊。[19]哈蒙德也經常在庇里牛斯山健行路上碰到卡哥人。一方面他宣稱卡哥人「退化、呆板且愚蠢……他們身上看不到最後一絲人類智慧，也不見人類形體的痕跡」。[20]然而，他又描述卡哥人是「尚未遭到社會腐化的生物。我曾碰過一對兄弟，他們的親愛之情正是孤單人們的迫切需求」。[21]

查爾斯・理查・威爾德在一八五九年寫下：「在庇里牛斯山，卡哥人一詞脫離譴責的時間點仍然遙遠，患有甲狀腺腫的可憐農人仍將他們視為『被詛咒的種族』。」[22]庇里牛斯山兩側仍舊可以看到這些「庇里牛斯山賤民」遺留的足跡；六十多間教堂仍有以磚塊擋起的「卡哥門」或卡哥人聖水壇。就像他們對十九世紀訪客的神祕吸引力一般，他們受迫害的原因仍舊模糊未知；正是這群訪客將卡哥人的困境公諸於世。如同變形人、野人兒童與其他曾在庇里牛斯山想像中盛行的野東西，卡哥人也屬於那個多半已經不復存在的世界。

# 第十二章　鬼城

我們是一群希望住在自己土地上的人，如您一樣，我們深愛這片土地。我們建立了活生生社群，有自己的家人、鄰居與朋友，有勞動與謀生之道，傳統與習俗，節慶競賽，說話方式，回憶及對先人的忠誠。失去這些猶如謀殺我們的靈魂……我們恐懼流亡……我們是阿拉貢人……與您無異。

——致烏埃斯卡省坎波（Campo）市議會之水庫建設抗議公開函，一九七六[1]

西班牙小說家胡立歐·拉馬薩雷斯（Julio Llamazares）精采的中篇小說《黃雨》（*La lluvia amarilla*）中，阿拉貢的烏埃斯卡省索布雷普埃爾托區（Sobrepuerto）的艾涅爾村（Anielle）最後一位居民，說起村莊與自己的生命故事。帶著讓他趨近瘋狂的回憶，僅有一條狗排遣寂寞，拉馬薩雷斯小說中有如隱士一般的主角，在艾涅爾村傾圮屋舍、雜草叢生的街道上度過最後歲月。為妻子自殺所苦，記憶中的家族成員與鄰居早已離世，或拋棄這個村落。蒼涼詩意中，拉馬薩雷斯描述這個阿拉貢農村緩慢崩毀，「每家的崩毀過程都一樣，也同樣無法阻擋。首先是黴菌濕氣悄悄啃噬牆角，接著移上屋頂，接著像某種爬行的痲瘋病，進入屋頂橫樑的骨架。接著是野生地衣，苔蘚與蛀蟲的死亡黑爪，最終整間房子爛進骨髓，一陣風或大雪就能讓它傾倒。」

烏埃斯卡省確實有個叫艾涅爾的村莊。一九二〇年，艾涅爾擁有八十三位村民。內戰期間，村莊半遭棄置，到了五〇、六〇年代，死亡與外移逐漸掏空人口，直到七一年終遭廢村。艾涅爾是阿拉貢高地遭到廢村（*pueblos abandonados*）的數百個村莊之一。部分狀況就像艾涅爾，已經高度崩解。其他則是架構仍存，卻沒有居民。阿拉貢部分地區，這些村莊更成為地景的一部分，廢墟凋零的憂鬱景象本身成了某種小觀光勝景。不僅有專書、部落格進行討論，包含無頂教堂、倒塌建築、草木雜長的村落廣場，甚至還有規劃廢墟遊歷路線的地圖。最近，業餘導演運用無人機拍攝這些廢墟。索布雷普埃爾托區還有些旅行社提供「地圖上找不到的廢村」健行路線。

某種程度上，庇里牛斯山的廢墟熱呼應了一股「廢墟潮」現象，先前也曾在車諾比、底特律或美國鐵鏽帶的崩毀城市與棄置工廠出現過。這些廢墟景象有其特殊象徵意涵，無論蘇聯的核能傲慢與人類共有核能未來的象徵、資本主義景氣循環、國家功能撤退，或者每個社群的岌岌可危與等待著整體人類的最終毀滅。阿拉貢鬼城則有自己的憂鬱象徵。一方面，這些崩毀或遭棄的村落，是鄉村社群過度貧窮而難以為繼的證明，又或者在遭遇現代化過程中敗北。這些廢墟同時也為過去兩百年間庇里牛斯山各地經歷的重大社會經濟轉變，留下實質證明。這些轉變讓邊界兩側山區人口大量流失，更催化了拉馬薩雷斯筆下崩解過程的後勁。

## 失去人口的山區

人口流失並非現代阿拉貢庇里牛斯山獨有的現象。伊格納西歐・德・阿索在阿拉貢政治經濟史著作中，描述八世紀時曾逃離摩爾人入侵的基督徒，十二世紀又「隨著征服前往平原」，在「難以為繼的困苦生活條件下」，拋棄村落。[2]隨著一六〇九至一四年驅逐莫里斯科人，許多阿拉貢村落再次遭到棄置或流失部分人口，雖然多數最終又有基督徒入住。然而庇里牛斯山歷史上最重要的人口遷徙，發生在最近一百五十年間。根據某些學者，十六到十九世紀中葉，西庇里牛斯山人口實際增加的程度，導致整個山區百分之五十六的區域變成牧地，陡峭台階地也開墾農耕。

約從十九世紀下半開始，邊界兩側的庇里牛斯山人口就開始下降。一八五六至一九五六年間，法屬庇里牛斯山的人口下降了百分之五十六，某些鄉鎮甚至因為人口外移，流失超過半數人口。今日併入阿列日省一部分的前省分古瑟洪，在十九世紀中擁有上萬居民；今日則不到一千五百人。阿拉貢庇里牛斯山，人口外移在一九五〇及六〇年代達到高峰，這段期間許多村落人口大量流失。邊界兩側的鄉村人口外移，來自推與拉的混合作用：鄉村窮困、傳統放牧經濟無力對抗工業生產；庇里牛斯山與山下世界間的交通與通訊提升，帶來工作、較高薪資、就學及都市服務等新機會。

一九五三年，烏埃斯卡省巴爾巴斯特羅主教培德羅・卡恩德洛（Pedro Cantero）在馬德里報紙上，抱怨教區人口竟比一八五〇年人口普查時還少，並歸因於村落鄉鎮間「缺乏溝通管道，令人窒息」。部分歷史學者則認為庇里牛斯山「家戶體系」的崩潰，是導致人口外移的另一股推力。根據這種在庇里牛斯山多數地區相當風行的體系，同一家戶的不同世代對於家戶生存負有共同責任。個別家戶成員雖然同樣對大家庭負有責任，但家戶財產通常只由長男繼承，並擔任實質上的家戶長。相對地，「無繼承權」的孩子通常沒有任何翻身的可能，有時就像自己家戶內的奴隸，或其他家戶的僕役。

婚姻有時是逃離這類奴役的管道。然而這些山區小聚落中，配偶選擇相當有限，在阿拉貢稱為提翁（*tiones*）的無繼承權孩子們，有時必須嫁／娶地位較低的配偶，或離鄉尋找配偶。小說家羅倫佐・梅迪安諾（Lorenzo Mediano）的《肩上之雪》（*La escarcha sobre los hombros*, 2012）強烈呈現出這類家戶體系的壓制封閉性格。書中描述一九三〇年代一處阿拉貢庇里牛斯山村落中發生的災難事件，當時牧羊人拉蒙迎娶當地望族之女無望後，轉而挺身挑戰「家戶制度」（*casa*）的權威。

除了地位低下的職業，拉蒙還是無繼承權的兒子，亦即「提翁」。後來成為拉蒙導師的老師，充滿罪惡感地總結提翁的未來：

「每每想到提翁，總令我心碎，因為他們就像一棵樹發育不良的枝幹。他們跟比較幸運的兄長坐上同一張餐桌，但也僅此而已。從日出勞動到日落，他們只能獲得基本所需，絕對必要時才能得到新衣服，好年冬時來點菸草。就這樣，日復一日，先服務父親，接著是哥哥，然後是姪子……直到年老。此時他們的勞作可能會輕鬆一些，例如用草及牛糞製作蜂巢格子，或照顧孩童，或收集柴火……最後有一天，鬆了一口氣，終於能永遠休息了。」[3]

這類男性不可能越過階級上娶，因此拉蒙的不肯認命導致暴力叛變。不過許多庇里牛斯山提翁則選擇外移改變命運。法國於一八〇四年通過《民法》，提供另一層外移誘因。新法中承認個人財產權與繼承權，因此可能將「家戶」分割成小單位，並威脅庇里牛斯山家戶體系倚賴的長子繼承制。因此，許多家庭積極施壓「無繼承權」的兒女外移，甚至提供旅行資金，以免他們試圖分割家戶財產。

## 庇里牛斯人的離散

外移很少只有內部推力，還需要「未來可能更好」的認知。十九世紀的年輕男女離開庇里牛斯山，前往波爾多、巴黎、札拉戈薩或巴塞隆納工作。他們的出發點與其他外移人群差不多：因為愈來愈容易前往這些地方，而關於這些地方的工作機會，其資訊也愈來愈多。尚．路易．馬托克（Jean Louis Matocq）在二戰後，十六歲時離開貝恩村落，前往巴黎餐廳工作。一九五八年移民到舊金山，並在知名的偉克商人餐廳（Trader Vic's）工作，後來成為知名的餐廳與旅館業者。

許多拋棄烏埃斯卡省農村的男女則前往巴塞隆納工作。一九九八年，烏埃斯卡省超過百分之十五的人口住在巴塞隆納，某些庇里牛斯山區的比例可能超過百分之五十。其他人甚至移得更遠，前往加拿大、烏拉圭、阿根廷或美洲地區。一八六〇年淘金熱期間，許多巴斯克牧羊人也外移到美國，成為礦工；淘金夢滅後，倒是在內華達州、加州、愛達荷州與奧勒岡州東部開始牧羊。這些巴斯克牧羊人受到美國牧場主與農場主的高度讚賞，在尋找新牧地、保護羊群不受攻擊及確保母羊產下最多後代上，能力過人。

也因此，巴斯克牧羊人竟成了美國西部地景的一部分。如同在庇里牛斯山，他們孤身一人入山數月，帶著狗群，以樹雕（在樹皮上留下銘文或繪畫）度日，或留下稱為「石頭男孩」（*arrimutilak*）的堆石界標指引方向。二十世紀大半時間中，南加州與內華達的牧羊業高度仰賴巴斯克勞力，直到一九七〇年代巴斯克移民減少後，牧場主才開始轉向南美洲尋求牧羊人。

部分巴斯克牧羊人抵達美國時雖身無分文，最後卻能擁有自己的牧群。內華達作家羅伯特．拉索特（Robert Laxalt, 1923-2001）的父親多明尼克．拉索特（Dominique Laxalt）一九〇六年從法國的蘇勒省抵達內華達。他在內華達山脈中工作，最後成為兼牧牛羊的牧場主人。拉索特在經典回憶錄《甜美的承諾之地》（*Sweet Promised Land*, 1957）中，描述巴斯克父親在「失蹤」四十七年後，返回塔伯附近的故鄉。這部向牧羊人父親致敬的溫柔之作，也歌頌庇里牛斯山根源：「浸潤露水的溫和低地山丘轉為高山，渴望的陰影令山勢看來更顯嚴峻。現在村中屋舍並未裝飾著歡樂的紅紅綠綠，而是岩石，就像堡壘一樣的冷硬荒涼，難以靠近。」[4]拉索特描寫父親返鄉，失蹤四十七年後與家人重聚的文字，是美國書寫中最美且動人的篇章之一。同時也觸碰所有移民都會經歷的拋棄、分離、思鄉與失落的苦甜痛楚心情，這樣的心情也經常帶領著他們返回當初必須離開的地方。

## 美國人的谷地

阿列日省古瑟洪區的加貝谷地不是會讓人聯想起貧窮、外移與農村困頓的地方。夏天的谷地是一幅鄉野風情畫，加貝河（Garbet River）從奧盧—勒—班恩上方的山頭逶迤而下，經過一連串和緩的階梯狀草原牧地。兩側覆滿森林的陡峭山丘上，則散布著度假小屋。不消幾分鐘，就會抵達加貝谷地的中心艾爾塞村（Ercé）。兩條平行街上的卡其色建築與粉色百葉窗，更添谷地慵懶的魅力。只有以老人為主卻不見兒童的足跡，才嗅出一絲移民史掏空加貝人口的氣息。

一八五〇年，加貝與附近阿列谷地（Alet Valley）有一萬居民。今日兩個谷地的人口卻少於一千五百人，其中五百六十人住在艾爾塞村內。十九世紀的艾爾塞以馴熊師知名，有些人甚至帶著動物前往加貝以外的地方表演。一八九〇年，出身艾爾塞村的尚與約瑟夫．巴哈（Jean and Joseph Barat）兄弟，帶著三頭熊前往英國，在五月五日維多利亞女王前往溫莎堡的「長行」中表演即興舞蹈。女王相當喜歡這場演出，因此宣召巴哈兄弟與熊進入城堡，在王子公主群面前再次起舞。這場演出讓他們聲名大噪。

今日，這段過往的唯一殘跡是在前村落學校中的「熊博物館」。當地人則稱加貝為「美國人的谷地」，並不只因為許多人移往美國生活工作，更因為許多人返鄉定居在此。二次戰後，阿列日的第三波大移民潮中，許多加貝谷地居民前往土魯斯、巴黎與美國的餐旅業工作，因此讓谷地獲得這個名聲。在村裡走上幾分鐘，我就遇到尚—皮耶・伊卡爾（Jean-Pierre Icart）。這位前主廚曾在紐約上西區俱樂部中工作了四十年，業主則是已故的百萬富翁旅館大亨莉奧娜・赫姆斯利（Leona Helmsley）。曾有一度，伊卡爾的客戶包含丹尼爾・帕特里克・莫尼漢（Daniel Patrick Moynihan）、甘迺迪兄弟這類政治家，與其他紐約上流社會人士。

此刻，就像許多返鄉的「美國人」，伊卡爾在艾爾塞村有一間夏日度假屋，在土魯斯還有房子跟土地。許多前往美國工作的移民也循類似路徑。瑪麗亞・沛希耶（María Perrier）是個在美國過了六十二年的寡婦，曾住在曼哈頓、紐約州與佛羅里達州，最近丈夫死後搬回艾爾塞村。在她跟妹妹瑪德蓮及妹夫羅傑（也是在紐約工作的英國廚師）共住的村中小屋，我們展開閒聊。這位活潑的八十多歲婦人，於一九五二年二十四歲時抵達紐約，一句英文也不懂，卻很快找到打工換宿的機會，接著開始在上西區的餐廳工作。她曾在不同餐廳中工作，包含法國丈夫所擁有的餐廳，也住過紐約州的威徹斯特郡（Westchester）與佛羅里達州。五年後，妹妹瑪德蓮也追隨姊姊的腳步。

兩姊妹來自一個親密的傳統家庭，五個兄弟姊妹，愛家的父親是個牧羊人，以製作棺木並在當地墓地挖墳賺錢貼補家用。沛希耶先生試著維持家庭完整，但拗不過瑪麗亞的堅持，只好同意讓她滿二十一歲時離村。對沛希耶姊妹來說，外移提供新機會，並逃離山區男女都必須背負的艱苦勞力工作。十六歲的瑪德蓮就必須在夏天提食物給高山牧地上的哥哥與叔伯，從「歐希」石砌雪屋帶回二十公斤奶油——這種小屋是山上牧羊人的冰箱。此外每天還要花六到八小時照顧馬匹。「這實在太多了，」她回憶道，「我實在太累了，工作量跟男人一樣。」

就像許多移民，雖然離家數十載，沛希耶家的子女從未遺忘故鄉或過往。前往紐約五年後，瑪麗亞首先帶著弟弟返回艾爾塞村。他們搭乘的黑色雪佛萊喪禮禮車，在這個道路仍不足以容納車輛通行的區域，掀起一波轟動。「年輕人看到我們搭的車，大叫：『我的天啊！葛麗絲．凱莉（Grace Kelly）跟摩納哥親王來了！』」她大喊，「我弟弟下車時，所有孩子都看著他大叫：『他來了！摩納哥親王來了！』我們都快笑死了！」

聽著這些女士歡樂真摯地談論親愛的牧羊人父親、童年回憶與在美國打造的生活，我驚訝發現，勇氣、樂觀與希望雖讓她們困難痛苦地告別過去，卻又受到回憶牽引；這些回憶，經常帶著改變後的移民返回他們留在背後的世界。若貧困曾迫使她們離開庇里牛斯山家鄉，她們同時也懷念著過往生活，甚至願意以紐約及佛羅里達相對舒適的環境，交換古瑟洪的寒冬及一度曾逃離的安穩鄉村小鎮。

## 哈諾瓦斯的沒落與復振

對於過往鄉村生活的強烈情感依附，不是法屬庇里牛斯山獨有。每年九月第二週，前艾涅爾村民會回鄉，在施洗者聖約翰教堂（Church of Saint John the Baptist）的遺跡中野餐並受領聖餐；這座教堂是村中最後完整的建築。從薩維納尼哥（Sabiñánigo）往西，沿著號稱「庇里牛斯山軸心」（Eje Pirenaico）的全新N260公路車行約四十分鐘，會看到一群無頂的高聳石造建築，出現在左側阿拉河（Ara River）畔的綠意中。不久後，一面粗糙繪製的標示告知通往哈諾瓦斯村（Jánovas）。多數遊客將車停在土路上，步行穿過吊橋，右轉另一條土路，進入錯落在綠意環境中的石造建築群。

直到通過舊村洗衣場（*lavadero*）外的窄橋時，才會意識到哈諾瓦斯的殘破程度，讓此地成為所有阿拉貢廢村中最惡名昭彰的一員。窄路上雜草叢生，草木灌木從無窗無頂的房屋中竄出，這些建築曾經住有人類與動物。同樣雜亂的廣場外，一條土路通往洞開的教堂，仍有一些模糊的羅馬式濕壁畫與最近添加在祭壇上方的希臘正教壁畫。這些壁畫是以科索沃戰爭為背景的二〇〇二年西班牙電影《戰士》（Guerreros）在此地拍攝時所繪。

哈諾瓦斯本身看起來也像是受到戰爭破壞的村落，實情相去不遠。直到一九五〇年，此地屬於索拉納山谷（Solana Valley）村落群，兩百多位居民主要以農業為生。一九五一年，西班牙政府通過計畫，要在山谷中建造水壩。十年後的一九六一年，伊比杜洛電力公司（Iberduero）在哈諾瓦斯與索拉納山谷其他十六個村落間，展開一連串徵收迫遷行動，造成一百五十多戶人家失去家園。當時，電力公司尚未進行水壩建設的可行性評估，哈諾瓦斯部分村民拒絕離開，或拒絕接受公司提出的微薄補償。因此他們遭到強力迫遷，伊比杜洛炸毀房屋，讓他們無法返家。不顧民主法治規範，這間公司繼續砍倒櫻桃與橄欖樹，阻斷灌溉渠道，切斷村落的水電供應。即便如此，仍有一小批家庭拒絕離開，當地政府必須維持學校運作，因為孩子仍舊住在村裡。一九六六年二月四日，一名伊比杜洛職員撞開地方學校大門，扯著老師的頭髮將她拉出學校，並將孩子趕到路上。

然而部分居民仍舊拒絕離開，直到一九八四年——已經進入民主時代——哈諾瓦斯村最後兩位居民艾米利歐與法蘭西絲卡．蓋爾塞斯（Emilio and Francisca Garcés）才離開此地。二〇〇一年，水壩的可行性評估法定報告終於出爐，發現這項計畫完全不符合歐盟環境標準；但整項水壩計畫卻直到二〇〇五年才正式喊停。二〇〇八年六月，西班牙環境部宣布終結計畫，並向伊比杜洛公司的計畫繼承者恩德薩電力公司（Endesa），展開補償與財產返還的冗長官僚程序。當恩德薩與艾伯洛河水道聯盟（Ebro Hydrographic Confederation）只肯對伊比杜洛徵收案提供非常有限的賠償時，前居民開始自行募款重建村落。這項艱苦工程很可能長達數十年，也許永遠都無法完工。

目前為止，重建進度已經完成前社區中心的整建，數輛挖土機與砂石車也預計將持續興建工程，讓村落重生；然而眼前並沒有讓村落重生的必要理由。這些工程並未獲得阿拉貢政府的財務支持。哈諾瓦斯的部分重建完全依靠前居民與後代的努力，持續榮耀前人的反抗精神——為了一個從未興建的水庫，他們的社區毀在獨裁者手中。

## 重建

哈諾瓦斯是個迫遷特例。阿拉貢的廢村多是在時間與自然的侵襲下，導致類似崩解的狀態；部分也在新住民手中展開重建過程。這些新住民帶著與原住民十分不同的期待，進入庇里牛斯山。伊伯特村（Ibort）距離哈諾瓦斯約四十多分鐘的車程，位於烏埃斯卡至薩維納尼哥公路邊、庇里牛斯山腳的孤單土路上。要抵達此地，得先沿著土路穿越不少松樹林，北方是庇里牛斯山景，延伸至札拉戈薩的廣闊平原與下方的艾伯洛河。就像哈諾瓦斯，伊伯特也因為靠近前線，在內戰時便遭部分棄置。

戰後人口雖然回升，卻又再度遭到一九五〇及六〇年代的大外移潮掏空。到了七〇年代初期，伊伯特已經變成另一個搖搖欲墜的鬼村。一九八六年，三個人住進廢墟，開始在阿拉貢政府協助下重建村落，政府並在此舉辦國際夏令營。到了二〇〇一年，村裡擁有十七名長居住民，當地政府提供為期二十年的重建許可。今日的伊伯特幾乎已完全重建。看過哈諾瓦斯的殘敗後，再度看到充滿水果花卉與蔬菜的庭園、果園及田地，再度聽見孩子與狗在卵石地上奔跑的聲音，令人感到相當喜悅。

約有八十位居民，即二十多個家庭，全年住在村中；伊伯特屬於阿拉貢政府支持的烏埃斯卡村落重建計畫的一員。所有人都是新住民。五十多歲蓄鬍黧黑的西班牙人李卡多於一九九四年來此，先前也在附近瓜拉山脈另一處半廢村中短暫住過。出身潘普洛納，他一直尋找庇里牛斯山中可以落地生根的地方，因為「對我來說鄉村與山岳就是解放」。

除了對鄉村生活的喜愛外，伊伯特村並沒有任何特別的意識形態或生活方式；雖然前者正是原住民逃離此地的原因。某些居民，如李卡多的荷蘭籍妻子柏娜黛特希望能自給自足，但實務上卻很難達成。多數居民通勤到附近的薩維納尼哥市，結合菜園農耕與其他副業。根據李卡多所說，沒有任何伊伯特原住民想回鄉居住，雖然有些人每年會受邀參加十一月的聖拉蒙節（San Ramón）聚餐，到村裡走走，與現任居民分享回憶。理論上這些房子是不能出售的，雖然部分已經售出；村落的法定地位仍舊模糊不清。伊伯特村雖保障私有產權，卻只有政府提供的一張通用契約。因此李卡多形容居民的狀態是「非常不清楚的狀態。法律上是個真空、不穩定的地位」。

像伊伯特村這樣復振的「嬉皮村落」，是二十世紀最後幾十年開始展開的庇里牛斯山緩慢復振運動的一部分。這股現象，至少包含一部分重返土地的「新鄉村」生態主義者與更有身家的居民，他們在廢村與半廢村中買入房屋、修道院進行重整。加戴谷地（Gardet Valley）上方的山丘散布別具特色的古瑟洪式穀倉（*granges*），在往下的坡地台階上建造金字塔型外牆，每一階都有外延屋頂，是過去缺乏大空間的小農用來圈養牲口的建築。部分穀倉破損廢棄；有些則被法國度假客修繕成第二間房子。

在庇里牛斯山的其他地區，棄屋也開始變成荷蘭與英國觀光客的度假屋與投資機會，或由餐旅業者轉成旅館民宿。餐廳業者也想利用西屬庇里牛斯山最近興起的「綠色觀光」（*turismo verde*），復興當地飲食傳統。對部分庇里牛斯山村落來說，新住民移入是維持人口、避免村落崩解的唯一辦法。古老村落塞內蓋（Senegüé）座落在薩維納尼哥通往泰納谷地比耶斯卡斯村的主要道路上，居民的主要組成包含少數原住民年長成員，與購買或租用度假屋的新來者。這些居民努力讓村落不至於進一步崩壞。透過村民努力，老教堂得到整修，並在流經村落的蓋耶格河畔蓋了一座美麗的吊橋。目前為止，本地倡議加上度假屋主確實擋住了人口流失浪潮。這股伴隨庇里牛斯山步入現代世界的人口流失潮，讓許多阿拉貢村落變成杳無人跡或半廢棄的空殼。

今日約有一百五十萬人長住在庇里牛斯山兩側：比起全世界七億五千萬的山岳住民來

說是小巫見大巫。如同前人，這些住民也學會了山岳世界的生活可能困苦艱難，卻也愉悅，但絕不是遊客以為的理想浪漫。西班牙作家暨庇里牛斯山學者賽貝利諾・帕拉魯埃洛（Severino Pallaruelo）的故事集《庇里牛斯—悲傷之山》（*Pirineos: tristes montes*, 2011），強力召喚出舊庇里牛斯山黑暗嚴苛的一面：封閉守舊的鄉村世界，充斥不情願的懷孕、隔離、孤單、瘋狂與熾熱的村落仇恨。故事之一，兩名松露獵人是一處廢村最後僅餘的居民，在村落崩毀中，仍舊算計著破壞、殺害對方。然而那個世界已經遠去，近年來到庇里牛斯山尋求度假屋或地產投資的人，可能也不會記得導致許多前任居民棄此遠去的原因。

## 坎夫蘭克

廢棄崩解的歷史並不完全是庇里牛斯山與現代性接觸的結果。庇里牛斯山最奇詭難忘的廢墟之一，是坎夫蘭克村的國際火車站，位於連通西法兩國的松波特隧道的阿拉貢側。建於二十世紀頭二十年、受當時新藝術／新古典風格影響，七百九十英呎（兩百四十一公尺）寬的大廳，更適合歐洲主要都市，而非人口從未超越六百人的邊境村落。大型中央穹頂，與兩側較小的穹頂側廳，三百扇窗戶與一百五十六道門，明顯廢棄的狀態更映襯出山岳背景與壯麗建築的突兀感。車站的起源可以追溯至一八五三年，一群阿拉貢商政界人士首先倡議在松波特隘口下方打通穿越庇里牛斯山的隧道。經歷數十年遊說才讓法西兩國政府接受馬德里與巴黎之間鐵道建設所帶來的商業利益。由於途經札拉戈薩與波城，將會帶動阿拉貢高地經濟復甦。

一八八二年，深具影響力的西班牙政治家華昆・柯斯塔（Joaquín Costa）發表聲明支持這項計畫。他宣稱：「經由坎夫蘭克鐵路，西班牙將進入現代生活。」一八九三年，西班牙側的鐵路建設已經抵達哈卡，當地報紙宣稱「現代機械」的抵達，強化了鐵路北延的要求。這類要求反映出法西兩國新的合作精神，兩國工程師代表團造訪坎夫蘭克，評估這項明顯移山倒海的工程計畫之可行性。坎夫蘭克的年度降雪量驚人，直到一八七六年，當地人都必須負責清理連結西班牙與阿斯貝谷地的唯一道路，以維持暢通。鐵路線延伸進入庇里牛斯山，同時需要兩國付出龐大規模的土木工程與財務投資。

一九〇八年，工程終於在隧道兩側展開。也因此，過去以走私及販賣毛皮知名的村莊，突然間湧入大批工人，開始爆破開挖隧道，並建築支持工程。鐵路計畫在一次大戰期間擱置，車站本身遲至一九二八年才正式啟用。對兩國來說，這是一項驚人創舉。除了隧道本身及供旅客更換西班牙窄軌火車的特大車站，數千名工人花費二十載時間，在山脈兩側興建幾十座橋樑、高架橋、堤防與小型隧道。早在十五及十六世紀，現今仍存的阿拉貢與貝恩官方文件就描述過兩區頻受山洪、雪崩與大雪侵襲。一九一五年冬天，約有三萬五千三百一十五立方英呎（一千立方公尺）的雪量落在阿拉貢河與穿越坎夫蘭克的主要道路上，遮蔽了車站預定地。為了消除這類風險，邊界兩側的工程師將數條河流改道，挖掘隧道，建造擋雪牆與堤防，並種植森林作為天然擋雪牆。光是在阿拉貢地區，西班牙工程師就種了超過八百萬棵樹。

一九二八年，報紙《阿拉貢之聲》（Voz de Aragón）迎接「野蠻之泉」阿拉貢河變成穩定運河。當年七月十八日，在西班牙國王阿方索十三世（Alfonso XIII）、獨裁者米格爾・普里莫・德里維拉（Miguel Primo de Rivera）及法國總統加斯東・杜梅格（Gaston Doumergue）與貝恩政治家路易・巴赫杜（Louis Barthou）的見證下，新車站正式啟用。路易・巴赫杜是推動整個計畫的關鍵人物。面對無政府主義者可能掀起動亂的焦慮，啟用儀式上出現數千名軍人、國民警衛隊與卡賓槍隊員。安全措施嚴格到火車站旅館中的餐點幾乎都沒有動，因為當天實際上只有當局認識的人才獲准進入坎夫蘭克。

西班牙及法國報紙都喜迎最新的「庇里牛斯山消失」說，並預估穿越庇里牛斯山的貨物人流將讓鐵路大發利市，為兩國帶來繁榮。然而這些期待卻從未實現。多數穿越庇里牛斯山的貨物運輸仍舊利用山脈兩端較易通行的隘口，或比較容易通行的伊倫鐵路線。大蕭條（Great Depression）蔓延也給予坎夫蘭克一記經濟重擊。不過幾年，經過坎夫蘭克的火車多數空車。隨著一九三六年西班牙內戰爆發，坎夫蘭克遭國民軍控制，隧道關閉。

內戰結束後，隧道重新開放，卻成了試圖脫離納粹法國前往里斯本的難民通道。隨著一九四二年納粹佔領延伸至南法，坎夫蘭克被納粹用來北運佛朗哥政權提供給納粹戰爭機器的鎢、鋁及其他原料，交換黃金、失竊藝術珍寶，以及集中營被害人身上剝奪下來的金牙與手錶。一九四四年，一場大火燒毀坎夫蘭克大部分建築，車站再次關閉。一九四六年車站再度開放並持續運作，直到一九七〇年法國側的出軌事件導致一座橋樑斷裂。

此時，由於這條鐵路的使用率實在太低，法國人甚至懶得整修橋樑。雖然時不時出現重啟鐵路線的呼聲，坎夫蘭克此後持續關閉。二〇〇三年，十一英哩（十八公里）長的松波特公路隧道啟用，更讓鐵路看來不合時宜，僅維持每日兩班坎夫蘭克與札拉戈薩之間的載客火車。今天，火車站成了坎夫蘭克地下實驗室（Canfranc Underground Laboratory）的入口，實驗室由西班牙政府與札拉戈薩大學合資設於松波特隧道底下，用來測試暗物質。火車站本身仍舊關閉，這座搖搖欲墜且格格不入的都市優雅前哨站，圍繞著銹蝕的鐵路線與巴士，仍舊等待著時常提起卻從未實踐的整建。

二〇一三年夏天，阿拉貢區政府重新開放車站進行導覽，試圖突顯建築的文化價值，避免進一步崩壞。就像庇里牛斯山間其他案例，坎夫蘭克的過往成了它的核心賣點。每年七月十八日，數千名西班牙人參與鐵路開通儀式的再現，有些人穿上歷史服裝，打扮成阿方索十三世與其他名流人物。二〇一七年十月，在西班牙政府與歐盟資金挹注下，阿拉貢區政府宣布將重啟旅館與隧道的計畫。然而目前為止，往法國的鐵路仍舊停止運作，車站本身則持續腐朽，一如過去半個多世紀，扮演著庇里牛斯山史上最大鬧劇之一的淒美絕望紀念物。對它所代表的「進步」概念，二十一世紀初的想法顯然與二十世紀初截然不同。[5]

# 後話：過去的未來——二十一世紀中的庇里牛斯山

將伊比利半島與歐洲大陸其他區域分隔開來，白雪皚皚的庇里牛斯山一直都是一塊特殊領域，傳說與迷信的源頭。欲完整探索庇里牛斯山，包含動植物、地方料理、偏遠的冰河湖溪與上千農戶間的羅馬式藝術，可能要花上一生的時間。

——福多爾庇里牛斯山旅行指南，Fodors.com

一九七四年，作家羅伯特．拉索特前往庇里牛斯山，為《國家地理雜誌》撰文。[1]在阿拉貢當地牧羊人的伴隨下，從法西邊界望向奧索山谷，拉索特細緻地描繪了一幅古典庇里牛斯山景，也是許多十九世紀旅人追尋悅納的景象：「灑滿六月的金黃毛茛，從旁切開的山澗水花四射。有如原始矛尖的崎嶇頂峰圍繞著我們，大量瀑布在白羽中向谷地流瀉。」拉索特同時也寫到此一地景已然面對的轉變：「加強武裝的教堂尖塔守護著中世紀的灰石屋舍村落，其外圍錯落的是塗上漆的新木屋與度假飯店。滑雪纜車衝向高峰。大型雙管水道，沿著山坡直下，進入水電廠。一度封閉的草原，布滿藍黃紅色露營帳篷。」拉索特的牧羊人同伴公開哀嘆這些不受歡迎的現代入侵，並形容這些「進步」象徵曾迫使他的兩個兒子放棄庇里牛斯山，「為了金錢到大都市去」。

拉索特對「不朽庇里牛斯山」的思索，是對庇里牛斯山持續轉變與山區傳統生活失落，比較持平的反思，因為他仍能透過移民父親的眼睛看到這些傳統生活。即便對地景消逝感到焦慮，他也承認「進步」為庇里牛斯山帶來的益處。在聖拉希村（Saint-Lary），一名法國歷史學者告訴他，觀光業阻止了年輕人流往都市，給予他們農業之外新的、收入更好的職業選擇。這類想法也影響了拉索特的樂觀結論：「進步也許改變了庇里牛斯山的面貌，但要抹去此地居民本質，還需要一段很長的時間。」

拉索特寫下這段觀察文字後四十多年的此刻，「進步」仍舊對庇里牛斯山展開毫不留情的進擊。今日，一度孤立的阿蘭山谷中步調緩慢的首府維耶拉（Vielha），已經被毫無特色的滑雪高樓設施佔領。加泰隆尼亞谷地如佛斯卡山谷及波伊谷地，都因為滑雪木屋及度假公寓而大幅開發；法屬庇里牛斯山則布滿看起來就像一夜之間蓋起來的毫無特色滑雪村。滑雪纜車、造雪機、快餐廳及無名旅館更增添暴力侵略感。新闢道路也讓庇里牛斯山加速進入人類世，為過去只聞鳥鳴的谷地帶來交通流量、噪音與汙染。一九九〇至二〇〇〇年間，穿越庇里牛斯山的總交通量增加了百分之八十，部分谷地的貨車穿越數量甚至成長了百分之一百三十。每天都有一千七百多輛大貨車穿越畢希亞度（Biriatou）與勒白度隘口。

西屬與法屬庇里牛斯山的生態學者曾多次試圖阻撓滑雪度假村擴張，降低交通流量，以及高壓電塔與瓦斯管線的設立。一九九〇年代，法國開鑿松波特公路隧道時，遭到共黨屬性的法國總工會（Confédération Générale du Travail）及鬥爭性格更強烈的「生態行動者」阿斯貝谷地保護行動委員會（Comité pour la Sauvegarde Active de la Vallée d'Aspe，簡稱 CSAVA）的強力反對，警告貨運量大增對阿斯貝谷地造成環境影響。即便 CSAVA 視隧道為「歐洲商業迫切尋求新利益」的象徵，「歐洲公路」仍舊受到山脈兩側許多當地居民支持，就像前一代人看待坎夫蘭克，他們也視此為收入來源與經濟復甦的工具。一九九四年，六千人在波城遊行支持隧道興建，一位講者宣稱：「在這片土地上生活、工作，光寫寫詩或戴頂羽毛帽是不夠的。你們值得擁有新世紀的公共建設。」[2]

這些互相衝突的利益持續伴隨著庇里牛斯山的進步過程。許多訪客覺得，例如奧博內附近的古爾黑特（Gourette）樂高滑雪村，或者杳無人煙的夏季滑雪站，看著很難不心涼。但就像拉索特曾觀察的，整個社區現在仰賴觀光客生存。外來者也許哀嘆「傳統」庇里牛斯山的沒落，與現代性的殘酷輾壓，但此轉變並非全然負面。一八〇九年，約瑟夫．威爾森

（Joseph Wilson）與羅伯特・安德魯（Robert Andrew）就描述冬天的巴赫吉溫泉鄉「也許是自然界中最淒涼的地方之一」，多數居民「不敢待在屋裡，而是將家具財產移走，躲避雪崩與落石」，只剩下「少數虛弱士兵留下來保護硫磺溫泉免於覆沒危險；這些溫泉正是此地惡名昭彰的原因」。[3]

這類雪崩持續不斷的主因之一，根據十八世紀法國工程師安東─法蘭索瓦・洛邁（Antoine-François Lomets）所說，是因為當地人民將附近的橡樹林砍伐殆盡。「這些山坡在日照與雪崩下是首先融雪的地區，成為羊群的早春牧地。」洛邁觀察到「他們在此放牧時，完全忘了自己冬天時，在家如何顫抖害怕被頑固造就的雪崩所掩埋」。[4]今日，巴赫吉上方的山坡因為保育及植林的關係已滿覆森林，許多旅客形容為「陰鬱的庇里牛斯山傷兵煉獄」的村落，也轉變成輕鬆宜人的休閒旅遊基地。

其他庇里牛斯山村也有類似狀況。數世紀以來，俯瞰奧博內上方奧索谷地的阿斯村（Aas），也經常遭受光裸山坡的雪崩襲擊。村裡某些房子還設有古老的「雙門廊」，讓雪可以從房子前後兩側都開設的門中穿過。然而，一九八九年，當地政府在村落上方設立擋雪牆，並開始重新造林。透過有控制的常態性焚林刺激再生，成功讓大雪崩完全消失。

因此，即使從環保觀點，現代性對庇里牛斯山的影響並不能簡化成「傳統」與「進步」之間的衝突。法國政府重新引介熊隻的計畫，試圖讓一部分庇里牛斯山返回前現代的野生狀態，然而「傳統」庇里牛斯山牧羊人經常反對這類努力。若「進步」為庇里牛斯山帶來道路、汙染與重商主義，同時也帶來國家公園與保護區，保護山林免於進一步的蹂躪。與某些指責相反，庇里牛斯山的環境破壞並不只是來自外來者的行為。早在一六八三年，部分法屬庇里牛斯山森林與林地就已經遭到大規模砍伐，導致政府下令每家每年要種一棵樹。一七八〇年，阿斯貝谷地王冠峰（Trône du Roi）山坡上的松樹已經幾乎被砍伐殆盡，供法國海軍艦桅桿之用。庇里牛斯山的放牧經濟也造成傷害，綿羊山羊群毀壞幼苗，啃咬樹叢。

比起當代，對保育興趣較低的十九世紀旅人，也經常對當地居民濫用資源的情況感到咋舌。理查・福特注意到許多庇里牛斯山林地「因為本地人的忽視、浪費與缺乏先見遭到破壞，他們毀壞的比消費的更多，卻很少補種」。[5]穆瑞在安道爾哀嘆「無知燒炭工與伐木工砍樹時的草率混亂」以及原始工具，導致他們從樹的高處開始砍伐，讓「最好最強壯的樹幹留著腐爛」。[6]

也許二十一世紀初對庇里牛斯山生態最嚴重的威脅，來自山脈之外的遠方。過去百年中，庇里牛斯山冰河衰退了百分之八十五，衰退速率在過去數十年中加劇。一八四二年，湯瑪斯・克利夫頓・巴黎試圖經由法國側加爾瓦涅「斜向遠方冰斗的平滑冰河」，爬上羅蘭隘口。看到距離上方隘口約四分之一英哩遠的「平滑冰面大斜坡，持續不斷往下，愈來愈陡」，沒有冰爪的巴黎「鼓不起勇氣嘗試這條路」，只好打退堂鼓。[7]

二〇一五年秋天我從另一側穿越隘口，那條冰河只剩下一小塊不起眼的冰雪，不到五十碼長（四十公尺）。二〇〇八年西班牙研究者回報，庇里牛斯山冰河自一九八〇年起就開始劇烈衰退，預估當前僅剩的二十一條冰河將會在二〇五〇年消失。這些劇烈變化很可能對庇里牛斯山生態造成長期影響。當山岳變得愈乾，愈可能乾枯、失去森林。雪量減少也會讓部分低地失去水源，並影響庇里牛斯山觀光經濟的基礎之一。二〇一〇年歐洲環境署（European Environment Agency）已經預估庇里牛斯山超過半數滑雪場「未來將面臨失去遊客與冬季運動愛好者的危機」。這個危機將讓某些滑雪村與木屋小鎮走向廢村以及前溫泉鄉同樣的命運。[8]

走在庇里牛斯山間，經歷每年看似愈來愈高的破紀錄高溫，我經常切身感受這些可能性。在七〇年代電影《超世紀諜殺案》（Soylent Green）中，愛德華．羅賓遜（Edward G. Robinson）飾演的憤世退休者索爾住進協助自殺的機構，逃避過度擁擠、噩夢一般的現代世界，此時自然界已經大幅消失，或為水泥建築取代。羅賓遜進入睡夢中，平靜看著年輕時代的湖泊、山脈與森林照片，這些風景今日皆已不存。換成是我，我並不需要靠著影片追憶往事。這些庇里牛斯山健行的影像，已經永久刻印在我腦中：夏日風暴後，阿斯貝谷地頂端滴著水的白樺林；佩特拉切馬峰下方覆滿碎石的險坡，從我們左方穿透浮霧，像一面岩石銅牆升起；起霧的午後穿越馬爾卡道谷地下行時，經過清澈透藍的山溪；我跟妻子走向群山之上的奧博內，頭頂上禿鷹群相互嘎鳴；卡尼古山下羱羊獨立的身影；雄偉的加爾瓦涅冰斗，令人摒住呼吸；下行前往奧盧—勒—班恩的路上，覆滿森林的山岳往四面八方開展。

我一再發現自己置身如斯雄偉、純淨、情感澎湃的地景之中，一如許多過往旅人曾留下的描繪。步行之中，我發現自己更常思考庇里牛斯山的過往，而非未來。今日的庇里牛斯山以過往與歷史為號召，星羅棋布的紀念步道與「回憶之路」，是難民、朝聖者、旅人、科學家與士兵曾經踏履之處。這些夥伴也經常伴我進行我自己的探索之旅。

我試著展現庇里牛斯山被想像與再想像的許多方式；不同時刻，這些方式將岩石、泥土與石塊的隨機組合，轉化成美好、恐怖與迷幻之地，也是一面鏡子，照出我們最美好的希望與最低限的自我。也許此刻，即便在困難的時代中，當科學家提議移民火星是某種人類未來的家鄉時，庇里牛斯山可以提醒我們，除了我們擁有的這個星球，沒有其他更好的選擇。

在這個看似崩解破碎的世界中，也許刻在卡尼古山頂紀念碑上，哈欣特·貝爾達格爾的勝利話語能給予我們一點安慰：

> 一個世紀所建立的，下個世紀將撤下
> 但神的不朽象徵仍屹立不搖

狂風、戰爭、人性
都不能推翻卡尼古山
崇高的庇里牛斯山不會屈服。

# 致謝

書籍寫作鮮少未承蒙他人協助。我想感謝阿拉貢自治區艾丘市（Hecho, Aragon）孜孜不倦的地方史學者馬塔・馬琳・布拉維茲（Marta Marín Bráviz），提供她出版的傑出雜誌《蘇博丹河》（Subordán），以及許多有用的提點建議。已故的史考特・顧德爾（Scott Goodall, 1935-2016）更超出職責所在，協助我參與「自由之路」（Chemin de la Liberté）。藝術空間畫廊（ArtSpace Gallery）的邁可・理查森（Michael Richardson）在引介雷・阿特金斯（Ray Atkins）的作品上，給予我諸多協助。同時感謝史蒂夫・華特斯（Steve Waters）、安德烈・蒞內（Andreu Jené）及許多與我共享這些山徑的人士，他們以自己可能也不清楚的方式，貢獻了本書寫作。

一如以往，我將許多愛獻給我的妻子珍與女兒蘿拉，她們陪伴我多次前往庇里牛斯山。克里斯・馬爾克（Chris Marker）的電影《無日》（Sans Soleil）中的無名旁白，曾形容冰島兒童在火山沙灘上玩耍的場景是「幸福情景」。對我來說，二〇一六年我與珍、蘿拉徒步穿越山脈、森林、流水與動物的庇里牛斯山樂園時，那片畢烏斯（Bious）放牧地，正是地球上的幸福完美景象，將永遠深刻印在我的腦海中。她們的陪伴是無可取代的。

# 註解

## 前言：來自聖山

1. 尼采，《快樂的科學》（*The Gay Science*），伯納德・威廉斯（Bernard Williams）編，劍橋大學出版社，一八八二初版，二〇〇一再版，頁230。
2. 西蒙・夏瑪，《地景與記憶》（*Landscape and Memory*），Vintage出版，一九九六。
3. 羅伯特・麥克法倫，《心向群山：人類如何從畏懼高山，走到迷戀登山》，大家出版，二〇一九。
4. 威廉・哈茲利特，〈論死亡恐懼〉，《論文與評論選集》，亞歷山大・愛爾蘭（Alexander Ireland）編，Frederick Warne出版，一八八九。
5. 哈蒙德，〈冰河觀察〉，收於海倫・瑪麗亞・威廉斯（Helen Maria Williams）著《瑞士之旅》（*A Tour in Switzerland*），卷二附錄，G.G. and J. Robinson出版社，一七九八，頁348-49。
6. 松尾芭蕉，《奧之細道》英文版（*The Narrow Road to the Deep North and Other Travel Sketches*），企鵝出版社，一九六六，頁143。

7. 尼采，《快樂的科學》，頁230。

## 第一章　土地

1. 《地理期刊》，卷三第二期，一八九四年二月號，頁52。
2. 引述於《發現庇里牛斯山》（*À la découverte des Pyrénées/El descubrimiento de los Pirineos*），露德市庇里牛斯山城堡博物館出版，二〇一一，頁62-63。（作者自譯）
3. 羅賓・費登，《迷人的山》（*The Enchanted Mountains*），John Murray出版，二〇〇二，頁32。
4. 哈洛德・史班德，《穿越庇里牛斯山》（*Through the High Pyrenees*），A.D. Innes出版，一八九八，頁240。
5. 朱勒・米歇雷，《山》，Thomas Nelson and Sons出版，一八八六，頁83。
6. 西利烏斯・伊塔利庫斯，《布匿戰爭》（*Punic*），卷一，Loeb Classical Library版本，William Heinemann出版，一九二七，頁147。
7. 西西里的迪奧多羅斯，《歷史叢書》，〈西西里的迪奧多羅斯全集〉卷三，Loeb Classical Library版本，Loeb出版，一九三九，頁197。
8. 史特拉博，《史特拉博地理學》，卷二，H.C. Hamilton and W. Falconer譯，Henry G. Bohn出版，一八五六。
9. 阿赫麥德・伊本・穆罕默德・馬卡力，《西班牙穆罕默德朝代史》（*The History of the Mohammedan Dynasties in Spain*），卷一，Pascual de Gayangos，Routledge出版，二〇〇二，頁21-22。
10. 史湯達爾，《南法行旅》（*Travels in the South of France*），伊莉莎白・阿伯特（Elizabeth Abbott）譯，One World Classics出版，二〇〇九，頁102。
11. 艾曼紐・德馬東，《法國地理區》（*Geographical Regions in France*），Heinemann出版，一九六二，頁184。

12. 布利坦・傑克曼（Britan Jackman），〈庇里牛斯山：與鷹同行〉（The Pyrenees: Walking with Condors），《每日電訊報》，二〇〇二年二月九日。

## 第二章　消失的邊界

1. 羅利傑（F.J. Routledge），《英國與庇里牛斯條約》（*England and the Treaty of the Pyrenees*），利物浦大學出版，一九五三，頁66。
2. 關於維拉茲奎茲的雉雞島不幸任務與其中工作細節，請見卡爾・朱斯提（Carl Justi），《維拉茲奎茲與他的時代》（*Velázquez and His Times*），Parkstone Press International出版，二〇〇六。
3. 艾利賽・賀可呂，《世界地理》（*The Universal Geography*），卷二，J.S. Virtue & Co., Limited出版，一八七六，頁97。
4. 普利尼，《博物志》，前言與卷一至七，拉克漢姆（H. Rackham）翻譯，Folio Society出版，二〇一二，頁147-48。
5. 湯瑪士・葛利克（Thomas Glick），《中世紀初期的伊斯蘭與基督教西班牙》（*Islamic and Christian Spain in the Early Middle Ages*），Brill出版，二〇〇五，頁53。
6. 關於庇里牛斯山和平與庇里牛斯山邊界總論，請見彼德・薩林（Peter Sahlins），《邊界：庇里牛斯山中誕生的法國與西班牙》（*Boundaries: The Making of France and Spain in the Pyrenees*），加州大學出版社，一九八九。

## 第三章 「非洲始於庇里牛斯山」

1. 史湯達爾，《拿破崙生命》（*Vie de Napoléon*），Arvensa Éditions出版，二〇一五，頁93。（作者自譯）
2. 多明尼克—喬治—費德列克．德富爾德普拉特，《西班牙革命中的歷史回憶》，Perronneau出版，一八一六，頁70。（作者自譯）
3. 威廉．雷普利，《歐洲的人種：社會學研究》，D. Applen出版，一八九九，頁272。
4. 《羅蘭之歌》，羅伯特．哈里森（Robert Harrison）譯，Signet Classics出版，二〇〇二。
5. 亞伯特．德洛卡，《我與法國騎兵在半島》（*In the Peninsula With a French Hussar*），Greenhill Books, Lionel Levanthal Limited出版，一九九〇，頁21。
6. 引述自查爾斯．艾斯戴爾（Charles Esdaile），《法國戰爭中的大眾抵抗》（*Popular Resistance in the French Wars*），Palgrave Macmillan出版，二〇〇五，頁210。
7. 維塔．薩克維爾—威斯特，《貝比塔》，Virago出版，一九八六，頁3。
8. 引自彼德．薩林，《邊界：庇里牛斯山中誕生的法國與西班牙》，加州大學出版社，一九八九，頁282。
9. 路易—嘉布耶．蘇歇，《西班牙戰爭回憶錄，一八〇八至一八一四》（*Memoirs of the War in Spain, from 1808 to 1814*），卷一，Henry Colburn出版，一八二九，頁46-47。
10. 理查．福特，《西班牙旅人手冊》（*A Handbook for Travellers in Spain*），John Murray出版，一八八八，頁514。
11. 蓋拉博．庫辛，《回憶西班牙：國家、人民、歷史與紀念物》（*Reminiscences of Spain, the Country, Its People, History, and Monuments*），Carter, Hende出版，一八三三，頁4。

12. 阿道夫・提耶爾，《一八二二年十一、十二月的庇里牛斯山與南法》（*The Pyrenees and the South of France During the Months of November and December 1822*），Treuttel and Würtz, Treuttel, Jun. and Richter 出版，一八二三，頁114。

13. 福特，《西班牙旅人手冊》，頁1103。

14. 朱勒・米歇雷，《山》，頁74。

15. 璜・巴雷拉，〈論今日西班牙形成之因〉（Sobre el concepto que hoy se forma de España），《西班牙評論》（*Revistade España*），卷一第一期，一八六八；引自《全集》（*Obras completas*），卷二，Aguilar 出版，一九五八，頁737-51。（作者自譯）

16. 丹尼爾・亞歷山大・戈梅茲—伊巴涅茲（Daniel Alexander Gómez-Ibáñez），《西庇里牛斯山：法國與西班牙邊境的不同演變》（*The Western Pyrenees: Diferential Evolution of the French and Spanish Borderland*），Clarendon Press 出版，一九七五，頁47。

17. 維克多・費倫・吉倫，《庇里牛斯山國際牧地規範研究》（*Una encuesta sobre las regulaciones internactionales de pastos en los Pireneos*），Instituto de Estudios Políticos 出版，一九五二。

18. 埃曼紐・勒華・拉杜里，《蒙大猷》，企鵝出版，一九九〇，頁107。

## 第二部：跨越庇里牛斯山

1. 威爾・杜蘭與愛麗兒・杜蘭，《文明的故事：盧梭與革命——一七五六年以來的法國、英國與德國史，與一七一五至一七八九的其他歐洲史》（*The Story of Civilization: Rousseau and Revolution—A History of*

*Civilization in France, England, and Germany from 1756, and in the Remainder of Europe from 1715 to 1789*），Simon & Schuster出版，一九六七，頁293。

## 第四章　學者、朝聖者與吟遊詩人

1. 引自約翰．托蘭（John Tolan），《伯多祿．阿方索與中世紀讀者》（*Petrus Alphonsi and His Medieval Readers*），佛羅里達大學出版，一九九三，頁172-73。
2. 尼可拉斯．恩特利金與文森．伯多萊（J. Nicholas Entrikin and Vincent Berdoulay），〈庇里牛斯山作為地點：列斐弗爾作為嚮導〉（The Pyrenees as Place: Lefebvre as Guide），《人文地理學進程》（Progress in Human Geography）卷二十九第二期，二〇〇五，頁129-47。
3. 關於熱貝爾在伊比利半島的生活與知識探險，請見南西．瑪莉．布朗（Nancy Marie Brown），《算盤與十字架：將科學之光帶入黑暗時代的教宗》（*The Abacus and the Cross: The Story of the Pope Who Brought the Light of Science to the Dark Ages*），Basic Books出版，二〇一〇。另見馬可．祖卡托（Marco Zuccato），〈奧里亞克的熱貝爾與十世紀阿拉伯科學傳進西方的猶太管道〉（Gerbert of Aurillac and a Tenth-Century Jewish Channel for the Transmission of Arabic Science to the West），《Speculum》卷八十第三期，二〇〇三年七月，頁742-63。
4. 《馬梅斯伯利的威廉的英國國王紀史，從早期至史蒂芬國王統治時代》（*William of Malmesbury's Chronicles of the Kings of England. From the Earliest Period to the Reign of King Stephen*），傑爾斯（J.A. Giles）譯，Henry G.Bohn出版，一八四七，頁173。
5. 菲利浦．胡利．希提，《從早期到現代的阿拉伯人史》（*History of the Arabs from the Earliest Times to the*

*Present*），Macmillan 出版，一九五一，頁589。

6. 約翰·托蘭，頁xiii。
7. 我們並不知道彼得進出西班牙的路線，但他造訪許多克呂尼房舍、接受卡斯提爾的阿方索七世捐贈，並在拉里歐哈（La Rioja）的納荷拉（Nájera）組織翻譯團隊來看，他應該採取穿越庇里牛斯山的朝聖路徑。
8. 《前往聖地牙哥德孔波斯特拉的朝聖者指南》（*The Pilgrim's Guide to Santiago de Compostela*），威廉·梅爾澤（William Melczer）譯，Italica Press 出版，一九九三，頁93。
9. 關於這趟淒美驚人的旅程，請參見索森（R.W. Southern），《中世紀的形成》（*The Making of the Middle Ages*），耶魯大學出版，一九五三，頁20-25。
10. 引自安德莉亞·波佐德（Andreas Petzold），《羅馬式藝術》（*Romanesque Art*），George Weidenfeld and Nicolson 出版，一九九五，頁18。
11. 見傑弗瑞·波曼（Jeffrey A. Bowman），〈主教蓋橋：中世紀庇里牛斯山的神聖與權力〉（The Bishop Builds a Bridge: Sanctity and Power in the Medieval Pyrenees），《天主教歷史評論》（Catholic Historical Review），卷八十八第一期，二〇〇二，頁1-16。
12. 引自羅傑·波亞斯，〈歐洲愛情詩歌中的阿拉伯影響〉（Arab Influences on European Love Poetry），《穆斯林西班牙的遺產》（*The Legacy of Muslim Spain*），沙爾瑪·傑優西（Salma Jayyusi）編輯，Brill 出版，一九九二，頁465-66。
13. 同上，頁466。
14. 馬塞林·狄福諾，《十一、十二世紀的法國人與西班牙人》（*Les Français en Espagne aux xIe et xIIe siècles*），Presse universitaires 出版，一九四九。（作者自譯）

15. 亨利・凱門（Henry Kamen），《現代早期的歐洲社會》（*Early Modern European Society*），Routledge出版，二〇〇五，頁186。

16. 彼德・薩林，《邊界：庇里牛斯山中誕生的法國與西班牙》，頁174。

## 第五章 戰區

1. 約翰・馬爾坎，《回憶一八一四年的庇里牛斯山與南法戰爭》（*Reminiscences of a Campaign in the Pyrenees and the South of France, in 1814*），Constable出版，一八二八，頁254。
2. 約翰・馬爾坎，《回憶一八一四年的庇里牛斯山與南法戰爭》，頁260。
3. 約翰・馬爾坎，《回憶一八一四年的庇里牛斯山與南法戰爭》，頁261。
4. 李維，《羅馬史》（*The History of Rome*），坎農・羅伯茲（Canon Roberts）牧師譯，E.P. Dutton出版，1912年，卷二十一第三十章。
5. 麥克德維特（W.A. MacDevitt）譯，《凱薩大帝高盧戰記與內戰記》（*De Bello Gallico & Other Commentaries of Caius Julius Caesar*），Cosimo出版，二〇〇六，頁238。
6. 尚・弗瓦薩爾，《尚・弗瓦薩爾的英國、法國、西班牙與鄰近國家紀史》（*Sir Jean Froissart's Chronicles of England, France, Spain, and the Adjoining Countries*），Longman, Hurst, Rees, and Orme出版，一八〇八，頁273。
7. 琳恩・尼爾森（Lynne H. Nelson）譯，《聖瑣德拉貝涅編年史：十四世紀阿拉貢王世正史》（*The Chronicle of San Juan de la Peña: A Fourteenth-Century Official History of the Crown of Aragon*），賓州大學出版，一九九一，頁76。

8. 關於這件鮮為人知的事件，請見耶穌・蓋斯空・培瑞茲（Jesús Gascón Pérez），〈貝恩日：阿拉貢人反抗菲利普二世的尾聲〉（La 'Jornada de los bearneses': epílogo de la resistencia aragonesa contra Felipe II），《西班牙公報》（Bulletin hispanique）卷一〇六第二期，二〇〇四，頁471-96。

9. 威廉・納皮爾，《半島與南法戰爭史：一八〇七至一八一四》（*History of the War in the Peninsula and in the South of France: From the Year 1807 to the Year 1814*），D. & J. Sadlier出版，一八七三，頁617。

10. 伊恩・弗萊徹（Ian Fletcher）編，《半島戰爭的聲音：威靈頓軍隊士兵的見證，一八〇八至一八一四》（*Voices from the Peninsular War: Eyewitness Accounts by Soldiers of Wellington's Army, 1808-1814*），Frontline Books出版，二〇一六，頁205。

11. 羅傑・帕金森（Roger Parkinson），《半島戰爭》（*The Peninsular War*），Words worth出版，二〇〇〇，頁185。

12. 查爾斯・艾斯戴爾（Charles Esdaile），《半島戰爭》《*The Peninsular War*》，企鵝出版，二〇〇三，頁462。

13. 艾斯戴爾，《半島戰爭》，頁463。

14. 約翰・林恩，《路易十四的戰爭，一六六七至一七一四》（*The Wars of Louis XIV, 1667-1714*），Longman出版，一九九九，頁159。

15. 路易—嘉布黎・蘇榭，《西班牙戰爭回憶錄，一八〇八至一八一四》（*Memoirs of the War in Spain, from 1808 to 1814*），卷一，Henry Colburn出版，一八二九，頁56-57。

16. 關於卡尼古附近的反抗行動與納粹／維希政權反應，請見蘿絲瑪莉・貝利（Rosemary Bailey），《庇里牛斯山中的愛與戰爭》（*Love and War in the Pyrenees*），Phoenix出版，二〇〇八。

17. 貝雷思・德・蒙路克，《法國元帥貝雷思・德・蒙路克評論》（*The Commentaries of Messire Blaise de*

*Montluc Mareschal of France*），伊凡斯（A.W. Evans）譯，F.G. Browne出版，一九一三，頁446。

18. 愛德華・貝爾・史帝芬斯，《巴斯克各省：政治情勢、景色與居民，與卡洛斯派及克莉絲提諾派的冒險》（*The Basque Provinces: Their Political State, Scenery and Inhabitants, with Adventures Amongst the Carlists and Christinos*），Whittaker出版，一八三七，頁v-vi。

19. 查爾斯・費德列克・海寧森，《在納瓦拉及巴斯克各省與祖馬拉卡瑞古伊共同戰鬥的十二個月》（*The Most Striking Events of a Twelvemonth's Campaign with Zumalacarregui, in Navarre and the Basque Provinces*），卷一，John Murray出版，一八三六，頁136。

20. 詹姆士・厄爾斯金・穆瑞，《一個夏天在庇里牛斯山》（*A Summer in the Pyrenees*），卷一，John Macrone出版，一八三六。

21. 喬治・惠勒，《讓人再次微笑》（*To Make the People Smile Again*），Zymurgy Publishing出版，二〇〇三，頁42。

22. 理查・巴克瑟爾（Richard Baxell），《不可能的戰士：西班牙內戰與對抗法西斯政權的英國人》（*Unlikely Warriors: The British in the Spanish Civil War and the Struggle Against Fascism*），Aurum Press出版，二〇一二，電子書位置1525。

23. 文森・布洛姆（Vincent Brome），《西班牙國際縱隊：一九三六至三七》（*The International Brigades: Spain 1936-37*），Mayflower Dell出版，一九六七，頁40。

24. 布洛姆，《西班牙國際縱隊：一九三六至三七》，頁45。

25. 巴克瑟爾，《不可能的戰士》，電子書位置1536。

26. 巴克瑟爾，《不可能的戰士》，電子書位置1536。

27. 關於李的庇里牛斯山冒險與短暫參與西班牙內戰過程，請見洛里・李，《戰爭一刻：西班牙內戰回憶錄》（*A Moment of War: A Memoir of the Spanish Civil War*），The New Press出版，一九九四。然而他的敘述遭前國際縱隊成員批評，比爾・亞歷山大也指責他過分美化與造假。

28. 關於「西班牙再征服行動」完整說明，請見費蘭・桑切斯・阿古斯提（Ferran Sanchez Agustí），《間諜、走私、游擊隊和逃亡：二次世界大戰中的庇里牛斯山》（*Espias, contrabando, maquis y evasion: La II Guerra Mundial en los Pireneos*），Editorial Milenio出版，二〇〇三。最近出版的羅伯特・吉爾德亞（Robert Gildea），《陰影中的戰士：法國反抗軍新史》（*Fighters in the Shadows: A New History of the French Resistance*），哈佛大學出版，二〇一五。本書提供西班牙共和流亡者在南法參與法國反抗軍的詳實資料。

29. 關於二次戰後在阿拉貢庇里牛斯山區的反佛朗哥行動，請見摩賽迪斯・尤斯達（Mercedes Yusta）編，《阿拉貢庇里牛斯山游擊隊史》（*Historias de maquis en el Pirineo aragones*），Piraeum Editorial出版，一九九九。

30. 沙巴泰傳記請見安東尼歐・泰耶茲・索拉（Antonio Téllez Solà），《沙巴泰：與眾不同的游擊隊》（*Sabaté: Guerrilla Extraordinary*），Cienfuegos Press出版，一九七四。

31. 關於克魯格在庇里牛斯山工作的完整紀錄，請見貝利的《庇里牛斯山中的愛與戰爭》。

## 第六章　安全天堂

1. 馬克斯・奧伯，《全集》（*Obras completas*），卷4B，第二篇故事，Valencia出版，二〇〇六。（作者自譯）

2. 引自貝利的《庇里牛斯山中的愛與戰爭》，頁26。

3. 伊格納西歐・德・阿索，《阿拉貢的政治經濟史》（*Historia de economía política de Aragón*），Zaragoza出

版，一七九八，頁300。（作者自譯）

4. 引自馬修・卡爾，《血與信仰：肅清西班牙的穆斯林》（*Blood and Faith: The Purging of Muslim Spain*），Hurst出版，二〇一七，頁308。
5. 阿道夫・提耶爾，《一八二二年十一、十二月的庇里牛斯山與南法》，頁82。
6. 沙賓・巴靈—顧爾德，《庇里牛斯山之書》（*A Book of the Pyrenees*），E.P. Dutton出版，一九〇七，頁88。
7. 亞瑟・庫斯勒，《地球糟粕》，Eland Publishing出版，二〇〇六，頁114。
8. 瑪莉・羅溫塔・菲絲緹娜爾（Mary Lowenthal Festiner），《畫出她的生命：夏洛特・索羅門與納粹時代》（*To Paint Her Life: Charlotte Salomon and the Nazi Era*），Harper Collins出版，一九九四，頁119-20。
9. 庫斯勒，《地球糟粕》，頁94。
10. 利翁・福伊希特萬格（Lion Feuchtwanger），《一九四〇年夏天與法國惡魔的相遇》（*The Devil in France: My Encounter with Him in the Summer of 1940*），伊莉莎白・阿伯特（Elisabeth Abbott）譯，The Viking Press出版，一九四一，頁148。
11. 荷賽普・卡爾維特，《自由之山》（*Las montañas de la libertad*），Alianza Editorial出版，二〇〇八，頁46。
12. 關於費特科敘述的班雅明跨越過程，請見麗莎・費特科，《逃過庇里牛斯山》（*Escape Through the Pyrenees*），西北大學出版，一九九一，頁103-15。
13. 菲德烈克・格倫菲爾德（Frederic V. Grunfeld），《失去榮譽的先知：佛洛伊德、卡夫卡、愛因斯坦與他們所處的世界背景》（*Prophets Without Honour: A Background to Freud, Kafka, Einstein and Their World*），Holt, Rinehart and Winston出版，一九七九，頁248。
14. 費特科，《逃過庇里牛斯山》，頁111。

15. 卡爾米娜・畢爾曼，《狹窄的立足之地》（*The Narrow Foothold*），Hearing Eye出版，二〇〇六。值得注意的是，畢爾曼關於旅程及班雅明之死的說法，與前述並不吻合。也許出於記憶出入，費特科甚至並未提及畢爾曼本人。另一種不可信的理論認為班雅明並未自殺，而是死於史達林令下。見〈史達林殺手是否清算華特・班雅明？〉（Did Stalin's Killers Liquidate Walter Benjamin?）《衛報》，二〇〇一年七月八日。

16. 許多書籍討論二次大戰逃亡路線。關於派特・歐萊利路線比較特殊的觀點，請見安東尼歐・泰耶茲・索拉（Antonio Téllez Solà）所寫的法蘭西斯可・朋贊・維達爾傳記《無政府主義者扁桃腺：西班牙內戰與二戰同盟軍逃亡路線中的無政府主義者》（*The Anarchist Pimpernel: The Anarchists in the Spanish Civil War and the Allied Escape Routes of WWII*），Christie Books出版，一九九七。

17. 見卡爾維特，《自由之山》。

18. 見羅素・布萊登（Russell Braddon），《南西・威克：特殊行動局最偉大的女英雄》（*Nancy Wake: SOE's Greatest Heroine*），History Press出版，二〇〇九。

19. 引自愛德華・史都爾登（Edward Stourton）《殘酷的跨越：跨越庇里牛斯山逃離希特勒》（*Cruel Crossing: Escaping Hitler Across the Pyrenees*），Black Swan出版，二〇一三，頁248。

## 第三部：魔法山脈

1. 《亨利希・海因回憶錄：作品、書信與對話》（*Heinrich Heine's Memoirs: From His Works, Letters, and Conversations*），卷二，古斯塔夫・卡佩爾（Gustav Karpeles）編，William Heineman出版，一九一〇，頁118。

## 第七章　拓荒者：「發現」庇里牛斯山

1. 路易─哈蒙德，《佩杜山與附近庇里牛斯山高地之旅》，Chez Berlin出版，一八〇一，頁347。（作者自譯）
2. 亨利．史溫本，《史溫本先生的巴約讓至馬賽之旅續篇》（*Supplement to Mr. Swinburne's Travels, Being a Journey from Bayonne to Marseille*），P. Elmsly出版，一七八七，頁28-29。
3. 史溫本，《史溫本先生的巴約讓至馬賽之旅續篇》，頁18。
4. 《發現庇里牛斯山》，頁165。
5. 《發現庇里牛斯山》，頁129。
6. 亨利．貝哈爾迪，《庇里牛斯山一百年》七卷前言，一八九八至一九〇四期間編纂，Les amis du livre Pyrénéen再版，一九七七。（作者自譯）
7. 哈蒙德．德．卡邦尼耶荷，《庇里牛斯山之旅：包含主要頂峰、隘口與谷地的描述》（*Travels in the Pyrenees: Containing a Description of the Principal Summits, Passes, and Vallies*），F. Gold譯，Longman, Hurst, Rees, Orme, and Browne出版，一八一三，頁132-33。
8. 朱勒．米歇雷，《山岳》，頁79。
9. 朱勒．米歇雷，《山岳》，頁43。
10. 引述自《發現庇里牛斯山》，頁118。（作者自譯）
11. 哈蒙德，《庇里牛斯山之旅》，頁58。
12. 關於羅素傳記，請見蘿絲瑪莉．貝利，《與山結婚的男人：穿越法屬庇里牛斯山之旅》（*The Man Who Married a Mountain: A Journey Through the French Pyrenees*），Transworld Publishers出版，二〇〇五。

13. 貝利，《與山結婚的男人》，頁348。
14. 貝利，《與山結婚的男人》，頁16。
15. 貝利，《與山結婚的男人》，頁337。
16. 伯特杭．德．拉蘇斯男爵，〈偉大維涅馬雷峰上的午夜與黎明〉（Midnight and Dawn on the Summit of the Great Vignemale），《山岳期刊》（Alpine Journal），第一〇二期，一九九七，頁197-205。
17. 引述自凱夫．雷諾茲（Kev Reynolds），《庇里牛斯山脈》（*Mountains of the Pyrenees*），Cicerone Press出版，一九八二，頁27。
18. 雷諾茲，《庇里牛斯山脈》，頁279。
19. 查爾斯．派克，《庇里牛斯山指南：專為登山者而寫》，Longmans, Green出版，一八六七，頁12。
20. 派克，《庇里牛斯山指南：專為登山者而寫》，頁26。
21. 法蘭西斯．蓋爾頓，《生命回憶錄》（*Memories of My Life*），E.P. Dutton出版，一九〇九，頁189。
22. 關於庇里牛斯山學者與其後代的「英勇之舉」，請見雷諾茲，《庇里牛斯山脈》。
23. 貝利，《與山結婚的男人》，頁188。
24. 道格拉斯．布斯克，《愉悅的山》（*The Delectable Mountains*），Hodder & Stoughton出版，一九四六，頁44。
25. 見傑洛姆．拉米（Jerome Lamy），〈庇里牛斯山並非中空：作為邊境主角的山脈〉（'The Pyrenees Are Not Hollow': The Mountain as a Boundary Object），《馬金荷斯—歷史、科學與健康》（História, ciências, saúde—Manguinhos），第三期，二〇〇九年七至九月。
26. 諾貝爾．卡斯特黑，《地下十年》（*Ten Years Under the Earth*），原版1939，Zephyrus Press再版，一九七五，頁91。

27. 卡斯特黑，《地下十年》，頁11。
28. 亨利．布萊克本，《庇里牛斯山：法國水鄉夏日生活描繪》（*The Pyrenees: A Description of Summer Life at French Watering Places*），Sampson Low, Marston, Searle, & Rivington出版，一八六七，頁179-80。
29. 雨果，《雨果致妻子與他人書信集，阿爾卑斯山與庇里牛斯山》（*Victor Hugo's Letters to His Wife and Others,the Alps and Pyrenees*），Nathan Haskell Dole譯，Estes and Lauriat出版，一八九五，頁297。

## 第八章　訪客

1. 喬治．桑，《我畢生的故事—喬治桑自傳》（*Story of My Life: The Autobiography of George Sand*），紐約州立大學出版，一九九一，頁855。
2. 亨利．史溫本，《西班牙之旅：一七七五及一七七六年》，J.Davis出版，一七八七，頁4。
3. 引自傑．威廉斯（Jay Williams）編，《中世紀生活》（*Life in the Middle Ages*），劍橋大學出版，一九六七，頁256。
4. 更多關於山岳文化態度轉變的討論，請見羅伯特．麥克法倫，《心向群山：人類如何從畏懼高山，走到迷戀登山》；雷貝嘉．索爾尼（Rebecca Solnit），《浪遊之歌：走路的歷史》（*Wanderlust: A History of Walking*），麥田出版，二〇一〇。
5. 盧克萊修（Titus Lucretius Carus），《論萬物的本質》（*De rerum natura*），門羅（H.A.J. Munro）譯，Deighton Bell and Co.出版，一八六四。
6. 佩特拉克，〈登上馮圖山〉（The Ascent of Mount Ventoux），《歌集與其他作品選集》（*Selections from the Canzoniere and Other Works*），馬克．慕沙（Mark Musa）譯，牛津出版社，一九九九。

7. 引自道格拉斯・福來許菲爾德（Douglas W. Freshfield），《何瑞斯・班乃迪克・德・索敘爾的人生》（*The Life of Horace Benédict de Saussure*），Edward Arnold出版，一九二〇，頁9。
8. 馬喬莉・荷普・尼可森（Marjorie Hope Nicolson），《山之鬱與山之光：論無限美學的發展》（*Mountain Gloom and Mountain Glory: The Development of the Aesthetics of the Infinite*），華盛頓大學出版，一九九七，頁277。
9. 艾德蒙・柏克，《論崇高與美兩種觀念的根源》（*A Philosophical Inquiry into the Origins of Our Ideas of the Sublime and the Beautiful*），牛津平裝本，二〇〇八。
10. 查理—法蘭索瓦・布希索・德・米爾貝爾，《世界各國的山區冒險：知名旅人故事選集》（*Mountain Adventures in the Various Countries of the World: Selected from the Narratives of Celebrated Travellers*），Roberts, Brothers出版，一八六九，頁114。
11. 安・拉德克里夫，《奧多芙的神祕》，牛津大學出版，一九九八，頁42。
12. 露易莎・史都華・柯斯代羅，《貝恩與庇里牛斯山：亨利四世之國的傳說旅程》（*Béarn and the Pyrenees: A Legendary Tour to the Country of Henri Quatre*），卷二，Richard Bentley出版，一八四四，頁12-13。
13. 雨果，《雨果致妻子與他人書信集，阿爾卑斯山與庇里牛斯山》，頁298。
14. 約瑟夫・威爾森與羅伯特・安德魯・李德爾（Joseph Wilson and Robert Andrew Riddell），《山岳、地理與礦產史》，卷二，Nicol出版，一八〇九，頁81-83。
15. 威廉・吉爾平，《三篇論文：論圖像之美；論圖像旅行；及論地景素描及詩作〈論地景繪畫〉》（*Three Essays: On Picturesque Beauty; On Picturesque Travel; and On Sketching Landscape: To Which Is Added a Poem, On Landscape Painting*），R. Blamire出版，一七九四。

16. 亨利・大衛・英格利斯，《瑞士、南法與庇里牛斯山》（*Switzerland, the South of France, and the Pyrenees*），Whittaker and Co. 出版，一八三五，頁80。
17. 伊迪絲・華頓，《駕車穿越法國》，Charles Scribner's Sons 出版，一九〇八，頁104。
18. 貝利，《與山結婚的男人》，頁323。
19. 貝利，《與山結婚的男人》，頁111。
20. 夏爾・波特萊爾，〈互不相容〉（Incompability），PoemHunter.com，二〇〇四。
21. 夏爾・波特萊爾，《巴黎的憂鬱》，Louise Varèse 出版，一八六九，New Directions 再版，一九六九，頁28。
22. 全文請見阿爾吉儂・查爾斯・史溫本，《詩選》（*Selected Poems*），Routledge 出版，二〇〇二，頁246-49。
23. 阿爾吉儂・查爾斯・史溫本，〈雨果：在路上〉（Victor Hugo: En Voyage），《北美評論》（North American Review）卷一百五十一第四〇九期，一八九〇年十二月，頁650-61。
24. 《海因里希・海涅的回憶錄：作品、書信與對話》（*Heinrich Heine's Memoirs: From His Works, Letters, and Conversations*），卷二，古斯塔夫・卡佩爾（Gustav Karpeles）編，William Heineman 出版，一九一〇，頁119。
25. 全文請見，海因里希・海涅，《阿塔・特羅爾》，赫曼・薛佛爾（Herman Scheffauer）譯，Sidgwick & Jackson 出版，一九一三。
26. 貝琳達・傑克（Belinda Jack），《喬治・桑：大寫的女人生命》（*George Sand: A Woman's Life Writ Large*），Vintage 出版，二〇〇一，頁124。喬治・桑為庇里牛斯山地景迷醉，也受到同時發生的複雜親密關係影響。她的庇里牛斯山之旅與婚姻危機同時發生，後者最終演變成分居。在庇里牛斯山中，她也首度意識到自己是雙性戀；這一發現造成她先生與一男一女之間的三角關係。

27. 引自派屈克・衛丁頓（Patrick Waddington），《屠格涅夫與喬治・桑：不可能的相遇》（*Turgenev and George Sand: An Improbable Entente*），Barnes & Noble Books出版，一九八一，頁25。

28. 希萊爾・貝洛克，《庇里牛斯山》，Methuen & Co. 出版，一九〇九，頁314。

29. 多明尼克・賈哈瑟（Dominique Jarrassé），《水療兩千年：經濟、傳統、儀式與實務》（*2,000 ans de hermalisme: Economie, patrimoine, rites et pratiques*），Pu Blaise Pascal出版，一九九九，頁168。（作者自譯）

30. 關於施瑞德對於藝術與製圖關係的有趣角度，請見海倫・掃爾—索爾貝（Hélène Saule-Sorbé），〈論法蘭茲・施瑞德在西屬庇里牛斯山中製作的某些地形測量儀〉（En torno a algunas orografías' realizadas por Franz Schrader en los Pirineos españoles），《Ería》第六四至六五期，二〇〇四年，頁207-20。

31. 「麥金塔之路」的建立，主要來自胡西庸的查爾斯・雷尼・麥金塔協會會長羅賓・克里希頓（Robin Crichton）的大力推動，他同時也是《麥金塔之路：查爾斯・雷尼・麥金塔在東庇里牛斯山的旅行與畫作，一九二三至一九二七》（*On the Trail of Monsieur Mackintosh: The Travels and Paintings of Charles Rennie Mackintosh in the Pyrénées Orientales 1923-1927*）（Robin Chrichton出版，二〇一四）一書作者。關於麥金塔晚年更多細節，請見約翰・麥克金（John McKean），《查爾斯・雷尼・麥金塔：建築師、藝術家與象徵》（*Charles Rennie Mackintosh: Architect, Artist, Icon*），Lomond Books出版，二〇〇〇。

32. 安娜・克倫普克（Anna Klumpke），《羅莎・邦賀：藝術家（自）傳》（*Rosa Bonheur: The Artist's (Auto) Biography*），密西根大學出版，二〇〇一，頁139。

33. 史丹利・梅斯勒（Stanley Meisler），《震動巴黎：蘇丁、夏卡爾與蒙帕納斯的外來者》（*Shocking Paris: Soutine, Chagall and the Outsiders of Montparnasse*），St. Martin's Press出版，二〇一五，頁39。

34. 葛蘭姆・羅布，《非典型法國》（*The Discovery of France*），衛城出版，二〇一一，頁307-10。
35. 莎拉・貝恩哈特，《我的雙面生活：莎拉・貝恩哈特回憶錄》（*My Double Life: The Memoirs of Sarah Bernhardt*），William Heinemann出版，一九〇七，頁60。
36. 亨利・布萊克本，《庇里牛斯山：法國水鄉夏日生活描繪》，頁97。
37. 法蘭索瓦—雷內・德・夏特布里昂，《墳墓之外的回憶錄》，基爾恩（A.S. Kline）譯，〈翻譯中的詩〉（Poetry in Translation），二〇〇五，卷三十一，第一章第一節，網址：https://www.poetryintranslation.com/PITBR/Chateaubriand/Chateaubriand MemoirsBookXXXI.php。
38. 史帝夫・克拉克奈爾（Steve Cracknell），《若你走得夠遠：探索庇里牛斯山》（*If You Only Walk Long Enough: Exploring the Pyrenees*），史帝夫・克拉克奈爾出版，二〇一六，頁86。
39. 賈哈瑟，《水療兩千年》，頁168。
40. 艾德溫・阿薩・迪克斯，《仲夏駛過庇里牛斯山》，G.P. Putnam's Sons出版，一九八〇，頁269。
41. 泰納一點也不喜歡奧博內，花上四頁篇幅盡其可能嚇退潛在訪客，見希波萊特・泰恩的《庇里牛斯山之旅》，Henry Holt and Company出版，一八七五，頁120-24。
42. 奧克塔夫・米爾博，《精神衰弱者的二十一天》，賈斯汀・維卡利（Justin Vicari）譯，Dalkey Archive Press出版，二〇一四，頁3。
43. 布萊克本，《庇里牛斯山》，頁84。
44. 萊斯利・史蒂芬，《歐洲遊樂場》（*The Playground of Europe*），Archivum Press出版，二〇〇七。
45. 湯瑪斯・克利夫頓・巴黎，《一八四二年夏天三月漫步庇里牛斯山信件集》（*Letters from the Pyrenees During Three Months' Pedestrian Wanderings Amidst the Wildest Scenes of the French and Spanish Mountains in*

*the Summer of 1842*），John Murray出版，一八四三，頁iv。

46. 英格利斯，《瑞士、南法與庇里牛斯山》，頁99。

47. 喬治・桑，《我畢生的故事——喬治桑自傳》，頁856。

48. 貝恩哈特，《我的雙面生活》，頁60。

49. E・約翰・艾倫，《滑雪運動與文化：古代至二戰》（*The Culture and Sport of Skiing: From Antiquity to World War II*），麻州大學出版，二〇〇七，頁111。

50. 見比爾・麥甘恩與卡蘿・麥甘恩（Bill McGann and Carol McGann），《環法自行車賽的故事》（*The Story of the Tour de France*），卷一，比爾・麥甘恩與卡蘿・麥甘恩出版，二〇〇六。另見傑佛瑞・惠特克洛夫特（Geoffrey Wheatcroft），《環法自行車賽》（*Le Tour*），Simon & Schuster出版，二〇一三。

51. 伊迪絲・華頓，《駕車穿越法國》，頁106。

52. 引自邁可・福特（Michael Foot），〈托洛茨基的日記——淒美的文件〉（Trotsky's Diary—a Poignant Document），《國際社會主義評論》（International Socialist Review），卷二十第四期，一九五九年秋季，頁122。

53. 對蘭恩比較公平的說法，他並非唯一一位如此書寫卡特里派的作家。十九世紀法國歷史學者拿破崙・貝哈（Napoléon Peyrat）描述蒙特賽古爾附近的洞穴隧道為「我們荒野上的卡彼托山（Capitoline），我們的天幕禮拜堂，我們的方舟在血海中護衛著亞基丹的餘物」。引自史蒂芬・歐席亞（Stephen O'Shea），《完美異端：卡特里人的生與死》（*The Perfect Heresy: The Life and Death of the Cathars*），Profile Books出版，二〇〇〇，頁251。

54. 請見如奈吉爾・葛拉登（Nigel Graddon），《奧圖・蘭恩與聖杯追尋：真正「印第安那瓊斯」的精采生命》（*Otto Rahn and the Quest for the Holy Grail: The Amazing Life of the Real "Indiana Jones"*），Adventures Unlimited Press出版，二〇〇八。

55. 關於波默思的生涯與祖先遺產學會的歷史，請見海瑟・普林格（Heather Pringle），《偉大計畫：希姆萊的學者與大屠殺》（*The Master Plan: Himmler's Scholars and the Holocaust*），Hachette Books出版，二〇〇七。

56. 葛拉罕・基利（Graham Keeley），〈揭露希姆萊的「雅利安聖杯」祕密追尋行動〉（Revealed: Himmler's Secret Quest to locate the 'Aryan Holy Grail,'），《獨立報》（The Independent），二〇〇七年二月六日。

## 第九章　失落王國

1. 哈欣特・貝爾達格爾，《卡尼古山：加泰隆尼亞的故事》（*Mount Canigó: A Tale of Catalonia*），羅納德・普波（Ronald Puppo）譯，Barcino-Tamesis出版，二〇一五。
2. 諾曼・戴維斯，《消失的王國：半遺忘的歐洲史》（*Vanished Kingdoms: The History of Half-Forgotten Europe*），企鵝出版，二〇一二。
3. 詹姆士・厄爾斯金・穆瑞，《一個夏天在庇里牛斯山》，卷二，頁102。
4. 法蘭西斯・米爾頓，《舊納瓦拉與巴斯克省分的城堡宮殿》，L.C. Page & Company出版，一九〇七，頁v。
5. 強納森・蘇普頓（Jonathan Sumption），《百年戰爭》（*The Hundred Years War*），卷二，Faber & Faber出版，二〇一一。關於菲比斯的英文傳記以及他與法國及周遭鄰居的政治關係，請見理查・維尼爾（Richard Vernier），《庇里牛斯山之主：富瓦伯爵加斯東・菲比斯，一三三一至一三九一》（*Lord of the Pyrenees: Gaston Febus, Count of Foix (1331-1391)*），劍橋大學出版，二〇〇七。
6. 《弗瓦薩爾紀史》（*Froissart's Chronicles*），約翰・喬利夫（John Joliffe）編譯，Harvill Press出版，一九六

七，頁283。

7. 引自維尼爾，《庇里牛斯山之主》，頁167。

8. 露易莎・史都華・柯斯代羅，《貝恩與庇里牛斯山》，卷二，頁178。

9. 喬治安娜・查特頓女士，《庇里牛斯山與深入西班牙之旅》（*The Pyrenees: With Excursions into Spain*），卷一，Saunders and Otley出版，一八四三，頁267。

10. 柯斯代羅，《貝恩與庇里牛斯山》，卷二，頁55-56。柯斯代羅宣稱自己遇到這些歷史幽魂之一，在城堡附近散步時瞥見「戴著頭盔、全副武裝的透明灰色身影」。

11. 引自葛蘭姆・羅布，《非典型法國》，頁20-21。

12. 亨利・史溫本，《西班牙之旅》，頁13。

13. 朱勒・米歇雷，《山》，頁75。

14. 詹姆士・厄爾斯金・穆瑞，《一個夏天在庇里牛斯山》，頁162。

15. 哈洛德・史班德，《穿越庇里牛斯山》，頁58。

16. 巴雅德・泰勒，《庇里牛斯山的共和國》，G.B. Putnam and Son出版，一八六九，頁267。

17. 路易斯・蓋斯頓・李瑞，《隱藏的共和國安道爾》，McBride, Nast & Company出版，一九二二，頁97。

18. 維克多・史考特・歐康諾，《庇里牛斯山之旅：包含安道爾與巴塞隆納至卡卡頌的海岸》（*Travels in the Pyrenees: Including Andorra and the Coast from Barcelona to Carcassone*），Forgotten Books出版，二〇一七，頁278。

19. 〈被遺忘的共和國〉（An Unknown Republic），《錢伯斯愛丁堡週報》，卷十第二四四期，一八四八年九月二日，頁165-66。

20. 迪克斯，《仲夏駛過庇里牛斯山》，頁174。
21. 華特・基欽納，〈心靈、山岳與歷史〉（Mind, Mountain, and History），《概念史期刊》（Journal of the History of Ideas），卷二第四期，一九五〇年十月，頁412-47。
22. 史蒂芬・歐席亞，《完美異端：卡特里人的生與死》，頁251。
23. 引自查爾斯・阿弗烈・當諾（Charles Alfred Downer），《菲德希克・密斯特哈爾：普羅旺斯的詩人與領袖》（*Frédéric Mistral: Poet and Leader in Provence*），哥倫比亞大學出版，一九〇一，頁93。
24. 維克多・巴拉蓋爾（D. Víctor Balaguer），《庇里牛斯山三部曲：加泰隆尼亞散文與西班牙文翻譯》（*Los Pireneos; Trilogía en Verso Catalán con Traducción en Prosa Castellana*），Talleres de Henrich y Ca出版，一八九二，頁55-56。（作者自譯）
25. 羅伯特・休斯，《巴塞隆納》（*Barcelona*），Harvill出版，一九九二，頁348。
26. 休斯，《巴塞隆納》，頁348。
27. 伊莉莎白・安德赫、法蘭西斯可・拉加戴拉・歐泰羅與葛羅莉亞・洛薇拉・巴西優（Elisabet Andreu, Francisco Lagardera Otero, and Glòria Rovira Bahillo），〈加泰隆尼亞戶外行動者運動與山岳運動〉（El excursionismo Catalán y los deportes de montaña），《Apunts體育與運動期刊》（Apunts educación física y deportes），第四十一期，一九九五，頁80-86。

## 第十章　山民

1. 哈蒙德・德・卡邦尼耶荷，《庇里牛斯山之旅》，頁63。
2. 史特拉博，《史特拉博地理學》，卷二，頁232。

3. 威廉・梅爾澤，《前往聖地牙哥德孔波斯特拉的朝聖者指南》，頁92。
4. 梅爾澤，《前往聖地牙哥德孔波斯特拉的朝聖者指南》，頁94-95。
5. 亨利・大衛・英格利斯，《瑞士、南法與庇里牛斯山》，頁86。
6. 德・聖索德伯爵，《西班牙庇里牛斯山地圖貢獻》，Édouard Privat, Libraire-Éditeur出版，一八九二，頁17。
7. 大衛・布蘭克斯，〈中世紀的游牧季移：東庇里牛斯山〉（Transhumance in the Middle Ages: The Eastern Pyrenees），《鄉村研究期刊》（Journal of Peasant Studies），卷二十三第一期，一九九五年十月，頁64-87。
8. 關於此時期牧羊人生活細節，另見埃曼紐・勒華・拉杜里，《蒙大猷》。
9. 史黛芬妮—費莉西蒂・德・讓利，《革命以來德・讓利夫人言行短記，附致查特夫人書信與庇里牛斯山牧羊人殘篇》（*A Short Account of the Conduct of Madame de Genlis, Since the Revolution, to Which Is Subjoined a Letter to M. de Chartres, and the Shepherds of the Pyrenees, a Fragment*），R. Morison & Son出版，一七九六。
10. 哈蒙德，《庇里牛斯山之旅》，頁64-65。哈蒙德對於山民的觀察，也是這個時期對山岳與山民態度轉變的另一個指標。對山岳學者何瑞斯・班乃迪克・德・索敘爾來說，「人類對阿爾卑斯山的興趣不僅是物理上的……若在歐洲有任何地方，可以找到脫去野蠻轉向文明，卻又不失自然單純的人，那就是阿爾卑斯山。」引自道格拉斯・福來許菲爾德的《何瑞斯・班乃迪克・德・索敘爾的人生》，頁289。哈蒙德認為庇里牛斯山牧羊人體現出「相當於自由概念的情感」，也是出於類似精神。
11. 引自沙賓・巴靈—顧爾德，《庇里牛斯山之書》，頁30。
12. 艾德溫・阿薩・迪克斯，《仲夏駛過庇里牛斯山》，頁245。
13. 艾德溫・阿薩・迪克斯，《仲夏駛過庇里牛斯山》，頁246。

14. 尚・路易・馬托克，《我從庇里牛斯山到加州》（*My Journey from the Pyrenees to California*），Page Publishing出版，二〇一五。
15. 詹姆士・厄爾斯金・穆瑞，《一個夏天在庇里牛斯山》，卷一，頁49-50。
16. 埃曼紐・勒華・拉杜里，《蒙大猷》，頁114。
17. 關於巴達西家族史，以及這段時期阿拉貢邊境的歷史，請見賽貝利諾・帕耶魯埃洛（Severino Pallaruelo）的《巴達西》（*Bardaxí*），Severino Pallaruelo Campo出版，二〇〇二。
18. 泰奧菲爾・高提耶（Théophile Gautier），《西班牙羅曼史》（*A Romantic in Spain*），Signal Books出版，二〇〇一，頁15。
19. 查爾斯・費德列克・海寧森，《在納瓦拉及巴斯克各省與祖馬拉卡瑞古伊共同戰鬥的十二個月》，頁135。
20. 哈蒙德，《庇里牛斯山之旅》，頁104。
21. 貝利，《與山結婚的男人》，頁339。
22. 彼德・薩林，《邊界：庇里牛斯山中誕生的法國與西班牙》，頁241。

## 第十一章　野東西

1. 彼德・薩林，《森林儀式：十九世紀法國的女士戰爭》（*Forest Rites: The War of the Demoiselles in Nineteenth Century France*），哈佛大學出版，一九九四，頁6。
2. 數世紀以來，菲比斯的致敬，手冊有多種版本與改編。此處引文與插畫取自《中世紀狩獵場景》（加斯東・菲比斯的《狩獵之書》）（*Medieval Hunting Scenes ("The Hunting Book" by Gaston Phoebus)*），嘉布黎耶・比塞（Gabriel Bise）撰文，彼得・泰隆（J. Peter Tallon）譯，Miller Graphics出版，一九七八。

3. 關於這些粗暴過程的完整描述，請見查爾斯・理查・威爾德，《庇里牛斯山的西與東》（*The Pyrenees: West and East*），Longman, Brown, Green, Longmans & Roberts 出版，一八五九，頁 220-30。

4. 詹姆士・厄爾斯金・穆瑞，《一個夏天在庇里牛斯山》，卷一，頁 243。

5. 愛德華・諾斯・巴克斯頓，《短暫跟蹤或東南西北的狩獵營》（*Short Stalks or Hunting Camps North, South, East, and West*），G.P. Putnam's Sons 出版，一八九二，頁 254。

6. 霍林斯沃斯，〈一種巴斯克迷信〉（A Basque Superstition），《民間傳說》（Folklore），卷二第一期，一九八一，頁 132-33。

7. 亨利・布萊克本，《庇里牛斯山：法國水鄉夏日生活描繪》，頁 143-44。

8. 關於熊隻引介計畫的簡短英文說明，請見米克・偉伯（Mick Webb），《熊山：拯救庇里牛斯山棕熊之戰》（*Bear Mountain: The Battle to Save the Pyrenean Brown Bear*），Guardian Books 出版，二〇一二。另見萊恩斯（M. Lyons），〈卡奈爾之死與重塑庇里牛斯山〉（The Death of Canelle and the Re-invention of the Pyrenees），《法國史與文明：喬治・魯德研討會倫文集》（*French History and Civilisation: Papers from the George Rudé Seminar*），卷六，二〇一五，頁 279-91，網址：www.h-france.net /rude/rudepapers.html。

9. 查爾斯・伏海杰，《野人：野蠻的影像》（*Wilder Mann: The Image of the Savage*），Dewi Lewis Publishing 出版，二〇一二。

10. 蘿絲瑪莉・葛蘭・湯普森（Rosemary Garland Thompson）編，《怪誕：特殊身體的文化奇觀》（*Freakery: Cultural Spectacles of the Extraordinary Body*），紐約大學出版，一九九六，頁 78。

11. 威爾德，《庇里牛斯山的西與東》，頁 225。

12. 沙賓・巴靈—顧爾德，《庇里牛斯山之書》，頁 217。

13. 彼德・薩林，《森林儀式》，頁30。

14. 關於德・朗克在拉布爾的恐怖統治有許多說法。見胡立歐・卡洛・巴洛哈，《巫師的世界》（*The World of the Witches*），Phoenix Press出版，二〇〇一；麥克斯—史都華（P.G. Maxwell-Stuart），《獵巫者：文藝復興時代的專業巫刺、去巫者與尋巫人》（*Witch Hunters: Professional Prickers, Unwitchers & Witch Finders of the Renaissance*），Tempus出版，二〇〇五。

15. 馬克・庫蘭斯基（Mark Kurlansky），《巴斯克世界史》（*The Basque History of the World*），Vintage Books出版，二〇〇〇，頁95。

16. 胡立歐・卡洛・巴洛哈，《巫師的世界》，頁176。

17. 亨利・查爾斯・李，《西班牙宗教裁判史》（*A History of the Inquisition in Spain*），卷三，Bibliobazaar出版，二〇〇九，頁234。

18. 羅尼・蓋洛普（Rodney Gallop），《巴斯克人之書》（*A Book of the Basques*），內華達大學出版，一九七〇，頁58。

19. 伊莉莎白・蓋斯凱爾（Elizabeth Gaskell），《被詛咒的種族》（*An Accursed Race*），Floating Press出版，二〇一六。

20. 哈蒙德，《庇里牛斯山之旅》，頁228。哈蒙德對於卡哥人與「呆小病」的看法，與當時代的觀點一致；無論對方是否卡哥人，山民都經常如此被描述。阿爾卑斯山的瓦萊區（Vallais）山民也經常被描寫成呆小症，盧梭是少數幾位挑戰這種刻板印象的十八世紀知識分子。他在描述瓦萊歷史的註釋中讚揚瓦萊居民。

21. 哈蒙德，《庇里牛斯山之旅》，頁251。

22. 威爾德，《庇里牛斯山的西與東》，頁99。

## 第十二章　鬼城

1. 伊斯馬耶爾・瓦卡羅與歐利歐・貝爾特蘭（Ismael Vaccaro and Oriol Beltran）編，《庇里牛斯山的社會生態史：國家、市場與地景》（*Social and Ecological History of the Pyrenees: State, Market, and Landscape*），Left Coast Press出版，二〇一九，頁97。
2. 伊格納西歐・德・阿索，《阿拉貢的政治經濟史》，頁302。
3. 羅倫佐・梅迪安諾，《肩上之雪》，麗莎・迪爾曼（Lisa Dillman）譯，Europa Editions出版，二〇一九，頁29。
4. 羅伯特・拉索特，《甜美的承諾之地》，內華達大學出版，二〇〇七，頁104。
5. 此一情況即將改變。二〇一七年十月，阿拉貢區政府宣布將重啟車站，成為旅館。同月，波爾多區政府告訴英國國家廣播公司，將募集所需的兩億歐元重啟法國側的鐵路線。經過五十年後，也許坎夫蘭克即將迎向未來。見〈歐洲最大的鬼車站是否將復起？〉（Is Europe's ghostliest railway station about to rise again?），《BBC新聞雜誌》，二〇一七年十月一日，網址：www.bbc.co.uk/news/magazin-41445860。

## 後話：過去的未來——二十一世紀中的庇里牛斯山

1. 羅伯特・拉索特，〈不朽庇里牛斯山〉（*Enduring Pyrenees*），《國家地理雜誌》卷一百四十六第六期，一九七四年十二月。
2. 海斯（G. Hayes），《法國環境抗爭與國家》（*Environmental Protest and the State in France*），Palgrave Macmillan出版，二〇〇二，頁190。

3. 約瑟夫・威爾森與羅伯特・安德魯・李德爾，《山岳、地理與礦產史》，頁95。
4. 安東—法蘭索瓦・洛邁（Antoine-François Lomet），《簡報庇里牛斯山礦泉與溫泉建制》（*Mémoire sur les eaux minérales et les établissements thermaux des Pyrénées*），一七九四。引自史帝夫・克拉克奈爾，《若你走得夠遠：探索庇里牛斯山》，頁114-15。
5. 理查・福特，《西班牙旅人手冊》，頁515。
6. 詹姆士・厄爾斯金・穆瑞，《一個夏天在庇里牛斯山》，卷一，頁155。
7. 湯瑪斯・克利夫頓・巴黎，《一八四二年夏天三月漫步庇里牛斯山信件集》，頁182。
8. 歐洲環境署，《阿爾卑斯山—今日歐洲氣候變遷影響》（*Alps—the Impacts of Climate Change in Europe Today*），二〇一〇年三月十七日。

【Eureka】ME2099

**寫給庇里牛斯山的情書：**蠻荒與瑰麗、澎湃與抒情，一個歷史與想像中的野蠻邊境

**The Savage Frontier:** The Pyrenees in History and the Imagination

作　　者❖馬修・卡爾（Matthew Carr）
譯　　者❖林玉菁
封面設計❖Bianco Tsai
內頁排版❖張彩梅
總 編 輯❖郭寶秀
特約編輯❖席　芬
責任編輯❖力宏勳
行銷業務❖許芷瑀

發 行 人❖凃玉雲
出　　版❖馬可孛羅文化
10483台北市中山區民生東路二段141號5樓
電話：(886) 2-25007696
發　　行❖英屬蓋曼群島商家庭傳媒股份有限公司城邦分公司
10483台北市中山區民生東路二段141號11樓
客服服務專線：(886) 2-25007718；25007719
24小時傳真專線：(886) 2-25001990；25001991
服務時間：週一至週五9:00～12:00；13:00～17:00
劃撥帳號：19863813　戶名：書虫股份有限公司
讀者服務信箱：service@readingclub.com.tw
香港發行所❖城邦（香港）出版集團有限公司
香港灣仔駱克道193號東超商業中心1樓
電話：(852) 25086231　傳真：(852) 25789337
E-mail：hkcite@biznetvigator.com
馬新發行所❖城邦（馬新）出版集團【Cite (M) Sdn. Bhd.(458372U)】
41, Jalan Radin Anum, Bandar Baru Seri Petaling,
57000 Kuala Lumpur, Malaysia
電話：(603) 90578822　傳真：(603) 90576622
E-mail：services@cite.com.my
輸出印刷❖中原造像股份有限公司
初版一刷❖2021年4月
定　　價❖499元

ISBN：978-986-5509-71-2

城邦讀書花園
www.cite.com.tw



國家圖書館出版品預行編目（CIP）資料

寫給庇里牛斯山的情書：蠻荒與瑰麗、澎湃與抒情，一個歷史與想像中的野蠻邊境／馬修・卡爾（Matthew Carr）著；林玉菁譯. -- 初版. -- 臺北市：馬可孛羅文化出版：英屬蓋曼群島商家庭傳媒股份有限公司城邦分公司發行, 2021.04
面；　公分 --（Eureka；ME2099）
譯自：The Savage Frontier: The Pyrenees in History and the Imagination
ISBN 978-986-5509-71-2（平裝）
1.歷史　2.庇里牛斯山
746　　110003274